本书系国家社会科学基金西部项目"缅甸政治转型与新政府内外政策调整研究"（项目批准号：12XGJ009）成果。

云南大学
周边外交研究丛书

祝湘辉　张添◎著

缅甸政治转型研究

中国社会科学出版社

图书在版编目（CIP）数据

缅甸政治转型研究／祝湘辉，张添著 . —北京：中国社会科学
出版社，2019. 5（2019. 11 重印）
（云南大学周边外交研究丛书）
ISBN 978 - 7 - 5203 - 4299 - 5

Ⅰ. ①缅… Ⅱ. ①祝…②张… Ⅲ. ①政治体制改革—
研究—缅甸 Ⅳ. ①D733. 721

中国版本图书馆 CIP 数据核字（2019）第 071362 号

出 版 人　赵剑英
责任编辑　马　明
责任校对　任晓晓
责任印制　王　超

出　　　版　中国社会科学出版社
社　　　址　北京鼓楼西大街甲 158 号
邮　　　编　100720
网　　　址　http://www.csspw.cn
发 行 部　010 - 84083685
门 市 部　010 - 84029450
经　　　销　新华书店及其他书店

印　　　刷　北京君升印刷有限公司
装　　　订　廊坊市广阳区广增装订厂
版　　　次　2019 年 5 月第 1 版
印　　　次　2019 年 11 月第 2 次印刷

开　　　本　710 × 1000　1/16
印　　　张　15.25
字　　　数　231 千字
定　　　价　68.00 元

云南大学周边外交研究中心
学术委员会名单

主 任 委 员：郑永年

副主任委员：邢广程　朱成虎　肖　宪

委　　　员：（按姓氏笔画排序）

王逸舟　孔建勋　石源华

卢光盛　刘　稚　许利平

李一平　李明江　李晨阳

杨　恕　吴　磊　陈东晓

张景全　张振江　范祚军

胡仕胜　高祖贵　翟　崑

潘志平

《云南大学周边外交研究丛书》
编委会名单

编 委 会 主 任：林文勋

编委会副主任：杨泽宇　肖　宪

编 委 会 委 员：（按姓氏笔画排序）
孔建勋　卢光盛　刘　稚
毕世鸿　李晨阳　吴　磊
翟　崑

总　序

　　近年来，全球局势急剧变化，国际社会所关切的一个重要议题是：中国在发展成为世界第二大经济体之后，其外交政策是否会从防御转变为具有进攻性？是否会挑战现存的大国和国际秩序，甚至会单独建立自己主导的国际体系？的确，中国外交在转变。这些年来，中国已经形成了三位一体的新型大外交，我把它称为"两条腿，一个圈"。一条腿是"与美、欧、俄等建立新型的大国关系，尤其是建立中美新型大国关系"；另一条腿为主要针对广大发展中国家的，即"一带一路"；"一个圈"则体现于中国的周边外交。这三者相互关联，互相影响。不难理解，其中周边外交是中国外交的核心，也是影响另外两条腿行走的关键。这是由中国本身特殊的地缘政治考量所决定的。首先，周边外交是中国在新形势下全球谋篇布局的起点。中国的外交中心在亚洲，亚洲的和平与稳定对中国至关重要，因此能否处理好与周边国家关系的良性发展，克服周边复杂的地缘政治环境将成为影响中国在亚洲崛起并建设亚洲命运共同体的关键。其次，周边外交是助推中国"一带一路"主体外交政策的关键之举。"一带一路"已确定为中国的主体外交政策，而围绕着"一带一路"的诸多方案意在推动周边国家的社会经济发展，考量的是如何多做一些有利于周边国家的事，并让周边国家适应中国从"韬光养晦"到"有所作为"的转变，并使之愿意合作，加强对中国的信任。无疑，这是对周边外交智慧与策略的极大考验。最后，周边外交也是中国解决中美对抗、中日对抗等大国关系的重要方式与途径。中国充分发挥周边外交效用，巩固与加强同周边国家的友好合作关系，支持周边国家的发展壮大，提升中国的向心力，将降低美日等大国在中国周边地区与国家中的影响力，并化解美国与中国对抗的可能性与风险，促成周边国家自觉地对中国的外交政策做出适当的调整。

从近几年中国周边外交不断转型和升级来看，中国已经在客观上认识到了周边外交局势的复杂性，并做出积极调整。不过，目前还没能拿出一个更为具体、系统的方案。不难观察到，中国在周边外交的很多方面既缺乏方向，更缺乏行动力，与周边国家的关系始终处于"若即若离"的状态。其中导致该问题的一个重要原因是对周边外交研究的不足与相关智库建设的缺失，致使中国的周边外交还有很大的提升和改进空间。云南大学周边外交中心一直紧扣中国周边外交发展的新形势，在中国周边外交研究方面有着深厚的基础、特色定位，并在学术成果与外交实践上硕果颇丰，能为中国周边外交实践起到智力支撑与建言献策的重要作用。第一，在周边外交研究的基础上，云南大学周边外交中心扎实稳固，发展迅速。该中心所依托的云南大学国际问题研究院从 20 世纪 40 年代起就开始了相关研究。21世纪初，在东南亚、南亚等领域的研究开始发展与成熟，并与国内外相关研究机构建立了良好的合作关系，同时自 2010 年起每年举办的西南论坛会议成为中国西南地区最高层次的学术性和政策性论坛。2014 年申报成功的云南省高校新型智库"西南周边环境与周边外交"中心更在中央、省级相关周边外交决策中发挥着重要作用。第二，在周边外交的研究定位上，云南大学周边外交中心有着鲜明的特色。该中心以东南亚、南亚为研究主体，以大湄公河次区域经济合作机制（GMS）、孟中印缅经济走廊（BCIM）和澜沧江—湄公河合作机制（LMC）等为重点研究方向，并具体围绕区域经济合作、区域安全合作、人文交流、南海问题、跨界民族、水资源合作、替代种植等重点领域进行深入研究并不断创新。第三，在周边外交的实际推动工作中，云南大学周边外交中心在服务决策、服务社会方面取得了初步成效。据了解，迄今为止该中心完成的多个应用性对策报告得到了相关部门的采纳和认可，起到了很好的资政服务作用。

云南大学周边外交中心推出的"云南大学周边外交研究丛书"与"云南大学周边外交研究中心智库报告"等系列丛书正是基于中国周边外交新形势以及自身多年在该领域学术研究与实践考察的深厚

积淀之上。从周边外交理论研究方面来看，这两套丛书力求基于具体的区域范畴考察、细致的国别研究、详细的案例分析，来构建起一套有助于建设亚洲命运共同体、利益共同体的新型周边外交理论，并力求在澜沧江—湄公河合作机制、孟中印缅经济合作机制、水资源合作机制等方面有所突破与创新。从周边外交的具体案例研究来看，该套丛书结合地缘政治、地缘经济的实际情况以及实事求是的田野调查，以安全合作、经济合作、人文合作、环境合作、边界冲突等为议题，进行了细致的研究、客观独立的分析与思考。从对于国内外中国周边外交学术研究与对外实践外交工作的意义来看，该丛书不仅将为国内相关研究同人提供借鉴，也将会在国际学界起到交流作用。与此同时，这两套丛书也将为中国周边外交的实践工作的展开提供智力支撑并发挥建言献策的积极作用。

郑永年

2016 年 11 月

目　录

第　一　章

政治转型的系统机制理论和研究假设

第一节　概念界定与理论框架

一　转型与政治转型

转型是指事物发生根本性变化的过程，常指社会经济结构、政治制度、文化形态等发生变化。[1] 学术领域谈转型，往往多指体制转型。就政治体制而言，现代意义上的转型往往被西方学者塑造为"民主转型"：纵向上，该转型被认为是挑选出一种"最不坏的"、符合现代国家政治参与且符合"政治平等原则"的产权保护与政治分权制度，通过定期合法的竞争性投票来实现政权的制度性更迭，保证政治治理的正当性；[2] 横向上，该转型则被赋予西方自由民主意识形态向前世界扩散的"使命意识"，并自觉渗透到欧美国家对外政策中，意图通过外科手术式的改造或扶植代理人实现西方民主制度在"非民主国家"中生根发芽。[3] 在国别政治领域，大部分国家所涉及的转型都是"民主转型"，缅甸也不例外。

---

　① 李国炎等主编：《新编汉语词典》，湖南出版社 1988 年版，第 1167 页。

　② 关于"民主转型"的概念，参见［英］安德鲁·海伍德《政治学》，张立鹏译，中国人民大学出版社 2013 年版，第 75 页；［美］塞缪尔·亨廷顿《第三波：20 世纪后期的民主化浪潮》，欧阳景根译，中国人民大学出版社 2013 年版，第 11 页；Seymour Martin Lipset, "Some Social Requisites of Democracy: Economic Development and Political Legitimacy", *American Political Science Review*, Vol. 53, No. 1, March 1959, pp. 69 – 105。

　③ 代表观点参见［美］弗朗西斯·福山《历史的终结及最后之人》，黄胜强、许铭原译，中国社会科学出版社 2003 年版；Dietrich Rueschemeyer, Evelyne Huber Stephens and John D. Stephens, *Capitalist Development and Democracy*, Chicago: University of Chicago Press, 1992。

　　为尽量避除西方语境下意识形态"民主化"横向意义的干扰，本书探讨的"转型"既着重缅甸"民主转型"的纵向特点，也不限于其政治民主建制的躯壳，而更重视基于缅甸国情之下的国家政治构建。即便如此，"转型"仍然要限定于从威权（如军人威权）向责任制政权的完全或不完全转变，因为"从威权到威权"体现不出体制意义的改变，而"从民主到威权"并非当前大部分国家转型的主流，不具备时代性，往往也不被称为"转型"。

　　转型的操作化，往往通过阶段性分类来实现，尽管所谓的"阶段"并不存在严格的周期或时间节点，但作为过程概念的"转型"必然存在从量变到质变的过程，其中导致事物呈现集中性变化特征并导致质变的关节点便是阶段周期的分割点。本书根据缅甸一届政府执政 5 年为大周期，以大选完毕后新政权履政一周年作为执政过渡期、以大选前一周年备选竞选阶段作为执政变动期，其中间阶段作为执政的巩固期，对三个期间缅甸政府对内对外政策的研究来考察政治转型机制的影响、调节与反馈，研究不同期间的特点，同时对不同周期（主要是吴登盛政权周期和昂山素季周期）的同一阶段进行对比研究，从而发掘规律性所在。

　　总体而言，在研究强西方概念的"政治转型"时，本书将部分借鉴和参考西方有参考意义的理论及理论框架，但为了避免有关概念在缅甸"水土不服"的问题，也将结合缅甸自身的历史和现实特点来让"历史回归国际关系研究"①。同时为了避免阶段周期律使本书所探讨的"转型"陷入"历史宿命论"，本书还对昂山素季周期后半周期，进行所谓的"规律"反思与探讨。

二　转型的系统机制：影响机制、反馈机制、调节机制

　　系统（System）广泛存在于自然世界和社会世界中，是一群相互关联个体的集合。罗伯特·杰维斯认为，要达成系统需要具备两个基本要素，一是个体的相互联系，二是系统整体有不同于部分的特性的

---

　　① 卢凌宇、林敏娟：《外交决策分析与国际关系范式革命》，《世界经济与政治》2015 年第 3 期。

行为状态。① 任意系统包含三种要件，分别是要素/单元（elements/u-nit）、连接（interconnections）和功能（function/purpose）。② 要素/单元是组成元件，连接是整合要素的关系，功能则表达了系统的性质、行为、表现，其中功能是通过连接的不同排列规则来实现的，这被华尔兹认为是体系中的"结构"（structure）。

关于系统之各类概念，无论如何简化，都脱离不了单元、结构和功能三大基本构成，本书为方便后文行文，将其称之为行为体③、结构和功能，其中"功能"根据自功能（self-function）和互动功能（interaction）区分为行为体功能和行为体的互动，引入时间要素后，将这些功能所引发的结果称之为系统效应（effects）。④ 行为体、结构、功能与效应成为系统研究的四个核心概念。

根据系统核心概念来考察"（政治）转型系统"，则可以将其定义为政治转型中相互关联的各要素的集合，研究对象包括政治转型的行为体、政治转型的结构、政治转型中各行为体通过互动所产生的功能以及这些功能的效应。罗伯特·杰维斯指出，单元之间的关系会发生变化，而且系统的整体变化不等同于单元变化的简单相加，这使得系统会产生多层多元多样的复杂效应。⑤ 杰维斯提出了三种系统效应，本书将其概括为多因效应（要素取决于其他要素的状态）、因果效应（行为体的行为取决于其他行为体对该行为的反应）以及环境效应（行为体的行为会改变环境）。⑥ 复杂系统效应即是这三种效应多样化的结合，但其如果引入转型的阶段性概念来理解，实际上便没有那么"复杂"。

---

① 系统（system）又译作体系，因对该概念理解不同学者间有分歧，但本书沿用杰维斯的界定，实际上该概念也结合了华尔兹、霍夫曼等人的界定。参见［美］罗伯特·杰维斯《系统效应：政治与社会生活中的复杂性》，李少军、杨志华、官志雄译，上海人民出版社 2008 年版，第 3 页。

② Donella H. Meadows and Diana Wright, *Thinking in Systems*, *A Primer*, London：Chelsea Green Publishing, 2008, p. 11.

③ 原因在于，此前研究系统的单元/要素（unit/factor）概念更多是静态的概念，但实际上引入了"时间"要素后，必然出现行为体之间的互动，为了使系统研究具有动态性，现在大部分研究采取了单元/要素的动态概念，也就是行为体（actor）的概念。笔者注。

④ Robert Jervis, *System Effects*：*Complexity in Political and Social Life*, Princeton, NJ：Princeton University Press, 1997, pp. 5 – 6.

⑤ Ibid. .

⑥ Ibid. , pp. 39, 44, 48.

　　首先，因果效应和多因效应的结合，或者多因效应与环境效应的结合，产生了系统的影响/被影响机制（后统称影响机制）。在该机制中，行为体之间的结构排列决定了在其互动过程中产生若干种效应，这些影响因为"延时性"（delays）会产生效应的即时性与延时性的差异，进而产生直接和间接效应的区分；① 同理，环境对行为体所产生的多因效应和因果效应，会让行为体产生意料之中的效应和意料之外的效应。这些不同分类的效应说明"影响/被影响"（即产生效应的过程）并非简单的"1 + 1 = 2"的因果过程。

　　其次，因果和环境效应的结合，产生了系统的反馈机制。在该机制下，行为体对环境产生的效应和环境对行为体产生的效应同样通过即时或者延时的互动反映出来，最终形成了对影响机制的反馈。阶段性反馈是国际关系系统中必要的一项环节，因为这恰恰回应了沃尔兹等人在研究系统时提出的一个"行为体主观性"问题，即富有主观能动性的行为体往往能够认知自身行为及行为互动所产生的效应，进而为下一步决策做准备。这一过程是行为体认识"1 + 1 ≠ 2"的认知过程。

　　再次，多因效应、因果效应和环境效应的结合，产生了系统的调节机制。在该机制下，通过影响机制的作用及反馈机制带来的认知，行为体（们）将会根据自身的判断做出下一步的决策，而这些决策所产生新的效应便形成了对系统的调节。遗憾的是，这些调节有时候无法发挥意想中的效用，进而产生新的反馈机制。正是在"影响—反馈—调节"这一有机动态循环中，系统保持符合其基本结构的运转，只要这些运转未引发行为体本身的质变，那么系统就基本处于稳定状态。这一过程是行为体根据"1 + 1 ≠ 2"的认知做出的调节机制，因为调节往往不能够按行为体的意料走向发展，系统中"1 + 1 ≠ 2"的情况便会一直存在。

　　基于以上概念，有关三种效应的操作仍可围绕着效应产生的阶段性/周期性来进行，这又同转型的周期性相连。那么，转型系统中行

① 杰维斯仅提到"即时"和"延时"效应的区分，但并没有做出界定，但保罗·皮尔逊通过时机和时序两个概念做出了界定，参见［美］保罗·皮尔逊《时间中的政治：历史、制度与社会分析》，黎汉基、黄佩璇译，江苏人民出版社2014年版，第64—66页。

为体围绕着某种结构原则进行互动所产生的影响，在转型大周期内首先发挥影响机制，再是通过反馈机制进行调节，再在调节机制中产生新的反馈，最终在调节机制无法应对反馈机制的效应时进入转型的"变动期"。在变动发生之前，很难有效区分"过渡期"和"巩固期"对应怎样的机制，因此可以用两种不同的操作方式：要么区分不同时期内的"调节—反馈"机制，要么根据不同时期内行为体与环境的具体情况来判断机制所发挥的主要效应所在。一般而言，三种机制是不可割裂开来的，但是可以通过认识其中某一种机制来发掘同一时期其他机制的效应，进而对比不同时期，或者不同周期下同一周期的效应机制。

国家政治转型是一项复杂而重大的工程，其对内对外政策的影响跟随着政权性质更迭而来，虽然首要的表现似乎是合法性的变迁，但合法性本身也是一个复合概念。借助系统机制来解释，主要目的是为了探析政治转型的复杂性，通过系统的影响机制、反馈机制和调节机制来认清其规律。诚然，每个国家的政治转型有着千变万化的规律，只有结合该国国情所进行的经验观察和实证研究才是有意义的。但在这些千变万化中，万变不离其宗的是转型本身的系统机制，每个政治转型的国家行为体，只要是现代意义上的国家政权，就必然包含着首要的（政治）合法性问题、社会经济问题、国家安全问题、价值认同问题和与外界交往的问题。

首先，在明确政治转型是一个过程之后，转型系统便成为一个动态的系统。在此系统中，主权国家是主体，其他国家构成的国际环境同国内的政治、经济、社会、文化等要素及其互动的变迁构成了国家的变迁，这些变迁便是国家转型所造成的影响机制。这个影响机制可以理解为整个转型系统的行为结构，正是在该结构之下，政治、经济等因素塑造了行为体的角色——国家的政治行为、经济行为、社会行为、文化行为（意识价值）等。这些因素作为影响国家转型的要素行为体，在逻辑上具有平等的地位，一是一定程度上塑造了国家对内政策，二是通过与外部要素互动塑造了国家对外政策。

其次，政治转型经过阶段性影响之后，各要素行为体及其互动因为功能的不同，形成了不同的效应。这些效应体现在，国家的政治行为、经济行为等改变了国家的社会经济状态、社会状态（民心民意），这些国内状态正是对国家对内政策的反馈；而国家与外部互动也会形成一定的状态，如外交的亲疏、贸易和人文交流的量化指标等，这些状态也会对国家对外政策形成反馈。

再次，内外政策的反馈将成为一国政权制定下一步政策的基础，为了调节国家内外政策中反馈出来的不利因素，或者延续有利因素，国家转型的要素行为体——国家的政治行为、经济行为等将会发生延续或调整。这些延续或调整均会对整个系统形成某种程度的调节。

最后，"影响→反馈→调节"往往形成一个政策周期，所谓的"政策变动"就是该周期内调节机制中，发生了要素行为体行为的变更，该变更因为会形成新的影响，又会进入下一个"影响→反馈→调节"的政策周期；而所谓的"政策延续"就是该周期内调节机制中，要素行为体延续其原有的行为，该行为仍然会形成新的影响，并且进入下一个"影响→反馈→调节"的政策周期。

无论如何变动，通过系统的三大机制来观察以上问题在不同时期的表现和变迁，是本书研究政治转型的主线所在。而由于转型本身是一个过程，因此通过阶段性、周期性的观察，可以观察到不同区间的差异性，用来比较这些区间的参照指标，就是转型系统三大机制。本书的理论框架设计可以通过表 1 - 1 来理解：

表 1 - 1　　　　　　　　　本书的理论框架设计

内外政策	对内政策			对外政策		
系统机制	影响机制	反馈机制	调节机制	影响机制	反馈机制	调节机制
周期 A	A1	A2	A3	AI	AII	AIII
周期 B	B1	B2	B3	BI	BII	BIII
……	……	……	……	……	……	……

第二节　文献综述

一　缅甸政治转型及其内外政策的既有文献

近现代以来尤其是二战后，大量新兴发展中国家开启了自身的政治现代化进程，伴随着一波又一波的政治变动、政权颠覆和社会紊乱。在这些过程中，一些国家及早理顺了国内政治发展道路，在转型过程中先拔头筹，成为成功的典范，而另外一些国家则进展缓慢或者反复波动，这些过程引发了学者们关于转型问题的新一轮思考和辩论。讨论转型问题的文章，一开始便同国家对内政策密切挂钩。

首先是亨廷顿在其 1968 年的著作《变化社会中的政治秩序》中提到的一个问题，即在社会结构从"传统"向"现代化"转型的过程中，往往会产生政治秩序的不稳定，① 这本著作中所构建的政治变迁大构架理论，在其 20 世纪末成书的《第三波：20 世纪后期的民主化浪潮》中进一步精粹化，即直接描述政治转型中的"民主化"问题（即由非民主向民主的转型）。尽管这本书主要是解释为何在 1974—1990 年出现了 30 个国家集中从非民主政治体制向民主政治体制发生转型的问题，但却为当代政治转型研究打上了浓烈的西方烙印。② 诚然，把"民主化问题"说成是"转型问题"，也是亨氏自己早期不愿意承认的，因为正是对后起发展中国家"政治衰朽"的研究，才让亨氏有胆量宣布西方所谓"政治现代化"的"破灭"。③ 不过"冷战"的结束让亨氏改变了自己的看法，他甚至敢于在《第三波：20 世纪后期的民主化浪潮》中宣扬"民主本身就是一件好东西"，且承认自己已经"放弃了社会科学家的角色，承担起了政治顾问的角色"，这使他直接将政治转型纳入到"如何民主化"中去思考。④ 尽管亨氏自己也无意成为一个"民主的马基雅维利者"，但其所描述的现状恰恰却是当前国际社会政治转型的最主流现象——大部分后起发展中国家把民主制度作为"救国良方"，

① 参见［美］塞缪尔·亨廷顿《变化社会中的政治秩序》，王冠华等译，上海人民出版社 2008 年版。

② 参见［美］塞缪尔·亨廷顿《第三波：20 世纪后期的民主化浪潮》，欧阳景根译，中国人民大学出版社 2013 年版。

③ 参见［美］塞缪尔·亨廷顿《变化社会中的政治秩序》，王冠华等译，上海人民出版社 2008 年版。

④ ［美］塞缪尔·亨廷顿：《第三波：20 世纪后期的民主化浪潮》，欧阳景根译，中国人民大学出版社 2013 年版，第 2—4 页。

意图通过政治民主化来改变国家衰弱的命运，且受到以美国为首的西方国家的大力扶持。

亨廷顿在其《变化社会中的政治秩序》中并未提及政治转型与一国对外政策的关联，但在《第三波：20世纪后期的民主化浪潮》中显著提到了"一个国家的民主化可能会受到外国政府或组织机构的影响，甚至是决定性的影响"，这里提到的影响，无论是"促进"还是"迟滞"，都具有很大"外部决定论"的色彩，也就是转型国家在面临外部干预时无力主导或者引导自身的转型。例如苏联解体被解释为"民主化干涉的消除"，而加入欧洲共同体的预设条件之一"必须是民主国家"被认为是促进民主化的"坚定措施"。[①] 亨氏之所以不去解释转型国家"对外政策"带来的影响或者由此所催生的转型，是因为当时还没有出现像东南亚一体化这样的基于参与国意愿，且容纳参与国不同制度选择，与成员国存在密切外交谈判与互动的情况。实际上，在越来越多主权国家能主导自身对外政策的今天，其对外政策所产生的效应至少已经不会受到外部压力的决定性影响。

对缅甸转型尤其是政治转型的探讨，早期大批文献并没有着眼于对外政策，而主要着眼于缅甸国情、文化等特殊性上，对内政策的研究远比对外政策的研究多。从缅自身国家建设中政治建制的角度来谈，既有文章一类是直接讨论缅甸转型的文章，[②] 另外一类则以"转型"为切入点，从转型的效应如其造成的经济、政治、社会

[①] ［美］塞缪尔·亨廷顿：《第三波：20世纪后期的民主化浪潮》，欧阳景根译，中国人民大学出版社2013年版，第77—79页。

[②] 参见李晨阳《缅甸有现代化进程吗？——兼论第三世界国家现代化进程的起点》，《南洋问题研究》2006年第1期；祝湘辉《制度设计与现代化的挫折——试论1947年〈缅甸联邦宪法〉与缅甸发展战略的选择》，《东南亚研究》2009年第5期；林开彬《曲折缓慢的现代化历史进程》，《宜宾学院学报》2010年第1期；Thant Myint U. , *The Making of Modern Burma*, Cambridge：Cambridge University Press, 2001；Kaung, K. May, *Modernization, Breakdown and Structural Configurations：Retrogression in Burma* (1962 – 1988), Ph. D. Dissertation, University of Pennsylvania, 1994；Jonathan Rigg, *Southeast Asia：The Human Landscape of Modernization and Development*, 2nd ed. , London：Routledge, 2003；T. Chong, *Modernization Trends in Southeast Asia*, Singapore：Institute of Southeast Asian Studies, 2005；Mya Than & Joseph L. H. Tan, eds. , *Myanmar Dilemmas and Options：The Challenge of Economic Transition in the 1990s*, Singapore：ASEAN Economic Research Unit, Institute of Southeast Asian Studie, 1990；John F. Cady, *A History of Modern Burma*, Ithaca：Cornell University Press, 1958。

变迁等来分析。[①] 前者给予缅甸转型合乎其自身历史与现状的定位，如李晨阳教授整理分析了军人政权与转型的理论范式，对缅甸自身特殊性进行了充分、深入的论述。[②] 后者则结合缅甸国情，从具体的转型领域来关注其动态过程，一般以具体的问题着眼，并且提出有针对性的建议，如何立仁（Ian Holliday）在《缅甸的投票与暴力：民主转型中的国家建设》中指出，民主化在缅甸的土壤中艰难前行，民族多元矛盾使得民主化（政治转型）举步维艰。[③] 这些文章的特点是：

从时间上，对缅甸进行历史与现状的对比分析。按照不同领导人执政时期划分了缅甸转型进程及其中转型的阶段，大都强调缅甸独立运动领导人昂山将军的转型思想，对昂山转型思想剖析较深。由于缅甸转型长期处于压制状态，许多文献着眼于"挑战"，相对悲观。部分文献解释了昂山之后的缅甸领导人对其思想的继承或者扭曲，有些文章将其称之为"倒退"或者"挫折"，忽略了这些阶段实际上也属于转型进程的有机组成部分；有些文献受到冷战思维影响，缺乏较为理性的分析，进而对前景预测也缺乏较为合理的判断；[④]

---

① 参见祝湘辉《试析缅甸新商业精英阶层的崛起》，《东南亚纵横》2011 年第 5 期；祝湘辉、李晨阳《2011 年的缅甸：在改革中前进》，《东南亚纵横》2012 年第 2 期；姜永仁《论佛教与缅甸现代化进程》，《东南亚南亚研究》2001 年第 3 期；Minoru Kiryu ed., *Industrial Development and Reforms in Myanmar：ASEAN and Japanese Perspectives*, Bangkok：White Lotus Press, 1999；Christopher Roberts, *ASEAN's Myanmar Crisis：Challenges to the Pursuit of a Security Community*, Singapore：Institute of Southeast Asian Studies, 2010；Khin Maung Kyi et al., *Economic Development of Burma：A Vision and a Strategy*, Stockholm, Sweden：Olof Palme International Center；Singapore：Distributed by Singapore University Press, 2000；Maitrii Aung-Thwin, "Introduction：Communities of Interpretation and the Construction of Modern Myanmar", *Journal of Southeast Asian Studies*, Vol. 39, No. 2, 2008, pp. 187 – 192；Andrew Selth, "Modern Burma studies：A Survey of the Field", *Modern Asian Studies*, Vol. 44, No. 2, 2010, pp. 401 – 440；Nikolas Myint, *Myanmar-National Community Driven Development Project：Procurement Plan*, Washington, D. C.：World Bank Group 等。

② 李晨阳：《军人政权与缅甸现代化进程研究（1962—2006）》，香港：香港社会科学出版社有限公司 2009 年版，第 35—37 页。

③ Ian Holliday, "Voting and Violence in Myanmar：Nation Building for a Transition to Democracy", Asian *Survey*, Vol. 48, No. 1, 2008, pp. 1038 – 1058.

④ Kyi May Kaung, *Modernization, Breakdown and Structural Configurations：Retrogression in Burma*（1962 – 1988）, Scholarly Commons, 1994；Thant Myint U., *The Making of Modern Burma*, Cambridge University Press, 2001.

还有一些文献虽然提到"缅甸政治转型"时期的"对外政策"，但实际上进行得更多的是历史研究并将重心放在具体的对外政策上（对印、对美、对华），而并没有更多与政治转型有关的相关性研究。[①]

在空间上，注重对缅甸整体转型发展，以及分为政治、经济、社会等领域进行研究。对于缅甸政治、经济、社会发展与转型的文章较多，也覆盖到缅甸的国情与历史文化中，甚至深入到商业阶层等方面，但并不注重政治、经济、社会间的联系，认为转型可能会陷入单一发展困境（如经济发展好了但是民主推进困难，推进民主却陷入经济危机等）。[②] 陶德麟主编的《社会稳定论》一书指出对这一类国家的担心，包括：一是转型任务繁重，一旦社会动荡，目标就会落空；二是高速效应——缩短的转型必然会隐藏大量的失调和社会危机，反弹时必然带来不稳定；三是同步效应，各发展中国家同时进行转型，如何处理好经济与政治（民生与民主）、经济与社会（效率与公平）两对关系，成为各国不可回避的重大问题。一般情况下的不稳定，不管哪对矛盾都会影响社会稳定、滋生社会动荡。[③] 此外，关于少数民族地区转型的研究较少，止于对民族矛盾、难民的问题性研究，这也跟缅甸少数民族地区落后的现状和实际上未加入转型进程的状态有关。

---

① 参见闫德华《缅甸政治转型以来的对外关系（2011—2015）》，中国出版集团、世界图书出版公司 2016 年版。

② 此类文章参见司韦《加速进展的缅甸经济——转换为投资主导型并取得增长》，《南洋资料译丛》2013 年第 3 期；祝湘辉《试析缅甸新商业精英阶层的崛起》，《东南亚纵横》2011 年第 5 期；Mya Than and Loong-Hoe Tan, *Myanmar Dilemmas and Options: The Challenge of Economic Transition in the 1990s*, Institute of Southeast Asian Studies, 1990; Courtney Gordner, "Myanmar's Rapid Modernization is Making More Trades Obsolete", *The Moderate Voice*, November 21, 2013, 2014 - 3 - 2, http://themoderatevoice.com/189006/myanmars-rapid-modernization-is-making-more-trades-obsolete/; Minoru Kiryū ed., *Industrial Development and Reforms in Myanmar: ASEAN and Japanese Perspectives*, Tokyo: Sasakawa Peace Foundation, 1999; Anita Prakash, "The Economic Transition in Myanmar: Towards Inclusive, People Centered and Sustainable Economic Growth", *ERIA Policy Brief*, No. 03, Economic Researh Institue for ASEAN and East Asia, August 13, 2013。

③ 参见陶德麟《社会稳定论》，山东人民出版社 1999 年版。

在性质上，对缅甸政治转型已出现不少综合和透视性的研究。[①]
总的来说，不少文章将缅甸转型视为"失败型转型"进行研究，这
是符合缅甸长期积贫积弱的国情的，也是转型研究必要的视角。但随
着时间的推移，这类文献研究的时间段具有一定局限性，可能需要进
一步的补充、思考和探索，尤其是对 2011 年后缅甸开启的新一轮转
型进程的评估，[②] 以及对 2015 年大选后转型的可能发展趋势的展望，
是否会有"一种转型的缅甸范式"值得探讨和思索。

随着缅甸转型效应逐渐"涌出"其国境并日益受到国际社会的
关注和反馈，缅甸转型与其对外政策（尤其对华政策）的关系探
讨，成为中外学者一直以来非常关注的议题。既有文献对此问题的
关注主要点有三：第一，缅甸转型导致其对外政策变动的程度，究
竟是导致缅甸"亲西疏华""波动平衡"还是"先抑后扬"；第二，
影响对外政策的主要干预变量是什么，是内因主导还是外因主导抑
或是内外交互；第三，影响对外政策的动力机制是什么，在这样的
机制下缅甸对华政策会有怎样的发展。对这三点，当前文献分析特
点主要如下：

其一，基本认可缅甸对外政策变动有着从"亲西疏华"到"波
动平衡"再到"先抑后扬"的特点。首先，在转型初期，由于权
力主体性质变更，以及同缅甸新军人政府以来施行对华"一边倒"
政策的历史比较，缅外交政策从"亲华友华"变成"亲西疏华"，
也就是缅甸对中国日渐疏远，外交政策偏好趋向于与美、欧、日等

---

①　代表作品有：廖亚辉：《独立以来缅甸政治转型问题研究》，中国社会科学出版社
2016 年版；李晨阳主编：《缅甸国情报告（2011—2012）》，社会科学文献出版社 2013 年
版；李晨阳主编：《缅甸国情报告（2012—2013）》，社会科学文献出版社 2014 年版；Nick
Cheesman, Monique Skidmore and Trevor Wilson, eds., *Myanmar's Transition: Openings, Obstacles
and Opportunities*, Singapore, Institute of Southeast Asian Studies, 2012; K. Yhome, "Myanmar's
transition: A Comment", *Strategic Analysis*, Vol. 37, No. 1, 2013, pp. 113 – 114; Adam Simpson,
"Challenging Hydropower Development in Myanmar (Burma): Cross-border Activism under a Re-
gime in Transition", *The Pacific Review*, Vol. 26, No. 2, 2013, pp. 129 – 152; Li Chenyang and
Wilhelm Hofmeister, eds., *Myanmar: A Prospect for Change*, Singapore: Select Publishing, 2010.
②　参见李晨阳《军人政权与缅甸现代化进程研究（1962—2006）》，香港：香港社会
科学出版社有限公司 2009 年版。

国交好。① 其次，随着转型逐步稳固化，缅对华政策的调整在"消极变动"和"积极回摆"之间数度来回波动和保持平衡，并没有明显的偏离路径。不管是吴登盛时期还是昂山素季时期，缅甸调整对华政策只是为了使其"外交多元化、开放化"，以促进国内改革目标实现和缅国家利益最大化。② 再次，随着转型深化和进入"瓶颈期"，不少文章开始提出缅对华政策只是"回归常态"，缅中关系处于重启阶段，表现为"先抑后扬"，随着缅甸转型的深入和中缅良性互动的增加，将进入新的发展机遇期。③ 最后，作为西方传颂"民主女神"的昂山素季上台后，缅甸并未全面倒向西方，而随着西方国家对缅甸若开问题的干涉，缅中关系反而不断改善。④

其二，对影响缅对华政策的主要干预变量认知各异、莫衷一是，但总的来说，既有文献对缅甸对华政策调整规律的解释，主要是围绕

① 参见［日］西口清胜《转换为民政后的缅甸——以探讨"民主化"与国际关系为中心》，《南洋资料译丛》2012 年第 3 期；Yun Sun, "China and the Changing Myanmar", *Journal of Current Southeast Asian Affairs*, Vol. 31, No. 4, 2013, pp. 51 – 77; "Less Thunder Out of China", *The Economist*, October 6, 2012, https://www.economist.com/china/2012/10/06/less-thunder-out-of-china; Yun Sun, "Has China Lost Myanmar?", *Foreign Policy*, January 15, 2013, https://www.brookings.edu/opinions/has-china-lost-myanmar/。

② 参见李晨阳《2010 年大选之后的中缅关系：挑战与前景》，载李晨阳主编《缅甸国情报告（2011—2012）》，社会科学文献出版社 2013 年版，第 52 页；杜继锋《缅甸政治改革与中缅关系》，载李向阳主编《亚太地区发展报告（2013）》，社会科学文献出版社 2013 年版，第 167—179 页；宋清润《2014 年的中缅关系：热络中存隐忧》，载李晨阳主编《缅甸国情报告（2015）》，社会科学文献出版社 2015 年版，第 175—191 页；Bertil Lintner, *Aung San Suu Kyi & Burma's Struggle for Democracy*, Silkworm Books, 2011, pp. 66 – 67。

③ 参见翟崑、宋清润《缅甸转型过程中的动力与博弈》，载王缉思主编《中国国际战略评论 2014》，世界知识出版社 2015 年版，第 178—191 页；李晨阳《2010 年大选之后的中缅关系：挑战与前景》，《和平与发展》2012 年第 2 期；贺圣达《缅甸政局发展态势（2014—2015）与中国对缅外交》，《印度洋经济体研究》2015 年第 1 期；Sukmawani Bela Pertiwi, *Understanding Reforms in Myanmar: Linking External and Internal Factors*, Academiaedu, 2014, p. 14; Alistair Cook, "Myanmar's China Policy: Agendas, Strategies and Challenges", *China Report*, Vol. 48, No. 3, 2012, pp. 269 – 281。

④ 参见贺圣达《民盟新政与中缅关系》，《东南亚南亚研究》2017 年第 2 期；张添、宋清润《昂山素季访华与中缅关系走向》，《国际研究参考》2016 年第 10 期；龙羽西、范宏伟《昂山素季"大国首访"为何选中国?》，《时事报告》2016 年第 10 期；Stephen McCarthy, "Myanmar in 2016", *Asian Survey*, Vol. 57, No. 1, 2017, pp. 142 – 149; May Lai Win and Siwach Sripokangkul, "Myanmar Democratization Path: Role of Government, Reform Strategies and Arising Challenges", *Journal of MCU Peace Studies*, Vol. 5, No. 2, 2017, pp. 335 – 347。

着结构性要素（内因、外因）、过程性要素（内外联动的历史和现状）进行的。一部分文章强调内因要素，即缅甸转型与缅甸自身国家建设与经济发展诉求、缅甸安全状态的变化和战略需求、缅甸独立自主的国民性格和中立主义的外交传统等；或强调外因要素，国际环境对缅甸压力的缓解、美国"亚太再平衡"战略的积极拉拢、东盟等区域组织的积极协助等。① 不管是强调内因还是外因、强调行为还是认知，或兼而有之，这类文章都更注重探查缅甸对华政策调整中的结构要素或客观要素。另外一部分文章指出，缅甸对华政策是在整个转型前后的历史进程中，两国外交政策的联动与碰撞中进行调整的，而不是某个或某些孤立要素作用的结果，这类文章更重视政策制定者和决策执行者的互动，更注意分析两国互动的过程性要素和主观要素，包括探究中缅历史和现实中存在的"战略互疑"和"认同缺失"等。② 当然，还有一些文章既分析了结构性要素，也分析了互动性要素，并认为两者共同促进了缅甸对华政策的调整。③

其三，主要文献对影响缅对华政策主要干预变量分析，或多或少地呈现了阶段性差异。吴登盛政权转型早期，更多文章关注缅甸

---

① 马燕冰：《缅甸政治经济改革前景及对中国影响》，《亚非纵横》2012 年第 3 期；孔建勋、包广将：《不对称结构和本体性安全视角下的中缅关系：依赖与偏离》，《东南亚研究》2015 年第 3 期；杜兰：《美国调整对缅甸政策及其制约因素》，《国际问题研究》2012 年第 2 期；Robert G. Sutter, Michael E. Brown and Timothy J. A. Adamson, "Balancing Acts: The U. S. Rebalance and Asia-Pacific Stability", the George Washington University, August 2013, http://www2. gwu. edu/ ~ sigur/assets/docs/BalancingActs_ Compiled1. pdf; David Steinberg, *Burma/Myanmar: What Everyone Needs to Know?*, Oxford University Press, 2013.

② 宋清润：《2014 年的中缅关系：热络中存隐忧》，载李晨阳主编《缅甸国情报告 (2015)》，社会科学文献出版社 2015 年版，第 175—191 页；Kudo Toshihiro, "Myanmar's Economic Relations with China: Can China Support the Myanmar Economy?", *Institute Of Development Economics Discussion Paper*, No. 66, Instiute of Developing Economies, Japan External Trade Organization (JETRO), 2006; Yun Sun, "Has China Lost Myanmar?", *Foreign Policy*, January 15, 2013, https://www. brookings. edu/opinions/has-china-lost-myanmar/.

③ Yun Sun, "China and the Changing Myanmar", *Journal of Current Southeast Asian Affairs*, Vol. 31, No. 4, 2013, pp. 51 – 77; Sukmawani Bela Pertiwi, "Understanding Reforms in Myanmar: Linking External and Internal Factors", Academiaedu, 2014, https://www. academia. edu/download/31377173/Sukmawani_ Bela _ Pertiwi _ Understanding _ Reforms _ in _ Myanmar. pdf; Alistair Cook, "Myanmar's China Policy: Agendas, Strategies and Challenges", *China Report*, 2012, Vol. 48, No. 3, pp. 269 – 281.

"亲西疏华"的主要动因，并分析了包括缅中长期积蓄的信任矛盾、民间认知矛盾爆发，以及美国"亚太再平衡"战略积极拉拢等因素。[①] 在吴登盛政权转型中后期，更多文章则认为，造就缅对华政策"曲线式变化"的主要动因是缅自身经济发展需求、缅独立自主的民族性格、缅自身的安全认知以及缅美关系发展的局限性。[②]

二 对既有文献不足的分析

在"缅甸转型与其对外政策"这个话题中，"对外政策"主导了整个话语诠释体系，就周边国别研究而言，强政策导向对此种诠释体系也有较大的需求。而少有文章从缅甸自身的"转型特质"出发，思考缅自身转型对对外政策的"需求"，以及客观上对外政策所能"供给"缅转型的效应。然而，正是这里存在的"供需关系"的不匹配，导致缅甸在调整对外政策尤其是对华政策的过程中，数次出现在外界看来是"反常识"的现象。例如，缅中关系并没有一如西方所预料的那样会"一蹶不振"[③]，而缅美关系的改善或者说西方"民主符号"昂山素季的上台，并没有将缅对外政策进一步推向西方。[④]

部分涉及缅甸自身"转型特质"的文章着眼于三个角度。第一类文章提到了"合法性"的问题，如库克指出，转型前，缅甸国内

---

① Robert G. Sutter, Michael E. Brown and Timothy J. A. Adamson, *Balancing Acts: The U. S. Rebalance and Asia-Pacific Stability*, the George Washington University, August 2013, http://www2. gwu. edu/~sigur/assets/docs/BalancingActs_ Compiled1. pdf; Maung Aung Myoe, *In the Name of Pauk-phaw: Myanmar's China Policy Since 1948*, Singapore: Institute of Southeast Asian Studies, 2011; Yun Sun, "China and the Changing Myanmar", *Journal of Current Southeast Asian Affairs*, Vol. 31, No. 4, 2013, pp. 51 – 77; Yun Sun, "Has China Lost Myanmar?", *Foreign Policy*, January 15, 2013, https://www. brookings. edu/opinions/has-china-lost-myanmar/.

② 马燕冰：《缅甸政治经济改革前景及对中国影响》，《亚非纵横》2012 年第 3 期。David Steinberg, *Burma/Myanmar: What Everyone Needs to Know?*, Oxford University Press, 2013; Ko Ko Hlaing, "Myanmar' Reform: Current Situation and Future Prospects", in Li Chenyang, Chaw Chaw Sein and Zhu Xianghui, eds. *Myanmar: Reintegrating into the International Community*, World Scientific Publishing Co. Pte. Ltd. , 2016.

③ Robert G. Sutter, Michael E. Brown and Timothy J. A. Adamson, *Balancing Acts: The U. S. Rebalance and Asia-Pacific Stability*, the George Washington University, August 2013, http://www2. gwu. edu/~sigur/assets/docs/BalancingActs_ Compiled1. pdf.

④ Maung Myoe, "The NLD and Myanmar's Foreign Policy: Not New, But Different", *Journal of Current Southeast Asian Affairs*, Vol. 36, No. 1, 2017, pp. 89 – 121.

并没有一个广受民众认可的具备合法性的政体，各政治要素彼此竞争博弈，却都有着自身与外交（尤其是中国）的需求，只是军人集团的需求表现在官方层面上。转型后，对外政策因为合法性带来价值和需求的变化而需要再整合；[①] 孙蕴则表示，军政府延续合法性的需求及其"欠缺专业素养的治理能力"，加上其必须通过向美国和东盟证明自身"真实改革"，内外因素导致其将矛盾抛向中国。[②] 这一类文章事实上涉及缅甸政府对合法性的需求及在此基础上形成对华政策的调整，但并没有将这一需求的变动规律进行深入挖掘，部分文章还因为预设了"合法性"一词同西方民主制度的必然关联性，而将对华政策直接抛到"合法性"的对立面，这就解释不了中缅相互依赖的另一重要层面。

第二类文章从国家建设角度出发，诠释了转型在解决缅甸历史积累的弊病方面的作用，并将合法性和对外政策作为不同的供需要素进行阐述。例如笔者与翟崑、宋清润曾提出"（缅甸）执政者合法性危机的根本性缓解"是缅甸转型中国家建设困境难题缓解的内在逻辑之一，而改善外部环境压力同样也是缅甸转型难题缓解的重要因素。[③] 此外，还有不少文章提出，对外政策与缅甸解决国家建设中具体问题（特别是殖民地时期就留下来的民族冲突和"罗兴伽"问题）紧密相连，并在大国博弈中形成了对外政策（尤其是对华、对美）摆动的"警惕心"。[④] 这类文章对转型有着较为层次化的概括，但缺乏对规律性的挖掘，也缺乏解释规律的对应理论假设。

第三类文章则从缅甸"独立自主的中立主义"角度出发，认为

[①]　Alistair Cook, "Myanmar's China Policy: Agendas, Strategies and Challenges", *China Report*, 2012, Vol. 48, No. 3, pp. 269 – 281.

[②]　Yun Sun, "China and the Changing Myanmar", *Journal of Current Southeast Asian Affairs*, Vol. 31, No. 4, 2013, pp. 51 – 77.

[③]　张添、翟崑、宋清润：《昂山素季时代的缅甸转型难题》，载王缉思主编《国际战略评论》，世界知识出版社 2016 年版，第 215—216 页。

[④]　杜继锋：《缅甸政治改革与中缅关系》，载李向阳主编《亚太地区发展报告（2013）》，社会科学文献出版社 2013 年版，第 167—179 页；Sukmawani Bela Pertiwi, "Understanding Reforms in Myanmar: Linking External and Internal Factors", Academiaedu, 2014, https://www.academia. edu/download/31377173/Sukmawani_ Bela_ Pertiwi_ Understanding_ Reforms_ in_ Myanmar. pdf.

缅甸对外政策的变动是依据自身对"大国平衡战略"的评估进行的调整。首先，缅甸是一个有着强烈"独立自主"精神的国家，只是因为特殊的历史际遇以及长期的权威传统形成了"弱国对外依附"和"民族自主精神"的二元分裂型政治文化。[①] 其次，转型中的缅甸延续其独立自主的中立外交，讲求多边受益，不管是吴登盛还是昂山素季，既要减少对华依赖，也不会过分依赖美国等任何一个国家，是典型的"对冲型"对外战略和"平衡型"外交。[②] 再次，即便强调"独立自主"，中国也是缅甸无法选择的邻国，处理好对华政策是保证缅国家安全和政治稳定的必然选择，转型带来的对外政策调整，将有利于"中缅关系的重启"。[③] 虽然"独立自主"与"中立主义"是缅甸经历史佐证的外交传统，但仍难以解释缅甸转型期间对外政策变迁的特殊性，并不能反映出"转型"与"非转型"时期的变动有何不同。

第三节　研究假设

一　转型的影响机制：合法性供需与内外政策的变动

正如前文所指出的，政治转型的影响机制首先围绕着政权的变动

[①] Bertil Lintner, *Aung San Suu Kyi & Burma's Struggle for Democracy*, Silkworm Books, 2011.

[②] 李晨阳：《2010 年大选之后的中缅关系：挑战与前景》，载李晨阳主编《缅甸国情报告（2011—2012）》，社会科学文献出版社 2013 年版，第 50—69 页；杜继锋：《缅甸政治改革与中缅关系》，载李向阳主编《亚太地区发展报告（2013）》，社会科学文献出版社 2013 年版，第 167—179 页；Bertil Lintner, *Aung San Suu Kyi & Burma's Struggle for Democracy*, Silkworm Books, 2011, pp. 66 – 67.

[③] 孔建勋、包广将：《不对称结构和本体性安全视角下的中缅关系：依赖与偏离》，《东南亚研究》2015 年第 3 期；翟崑、宋清润：《缅甸转型过程中的动力与博弈》，载王缉思主编《中国国际战略评论》，世界知识出版社 2015 年版，第 178—191 页；贺圣达：《缅甸政局发展态势（2014—2015）与中国对缅外交》，《印度洋经济体研究》2015 年第 1 期。David Steinberg, *Myanmar-China-US: The Potential for Triangular Cooperation*, Asia Pacific Bulletin, East West Center, November 15, 2013, https://www. eastwestcenter. org/sites/default/files/private/apb241. pdf; Ian Holliday, "Myanmar in 2012: Toward a Normal State", *Asian Survey*, Vol. 53, No. 1, 2013, pp. 93 – 100.

产生——故转型的影响机制便转化为因政权的变迁而造成的影响，并且首要影响是通过合法性供需关系的变迁所体现出来的。值得注意的是，此处所述的"影响"强调的是"施加影响"而非"形成影响的效果"，后者对应的机制将在后文"反馈机制"中提及。

作为过程的转型，必然牵引出"阶段性"或者"周期性"问题，其围绕着"建制"和"反建制"的聚与离，会出现类似于亨廷顿所说的"波形"扩散或者"回潮"。① 结合转型程度和政权周期（一般由大选来界定），可分为转型变动期、转型过渡期和转型巩固期，分别对应大选与政府更迭期、新政权执政前期和新政权执政中期。是否为新的转型周期，判断标准是新政权是否对前政权有政策的延续性，如果有较强延续性，就可以视为新的周期。新的周期又会出现新的变动期、过渡期和巩固期，直至进入新的周期或者转型中止。值得注意的是，无论是转型周期的哪个时期，转型都具有反复（回归转型前的体制）的可能性，所谓的"不可逆转"只是基于其一旦反复，将对社会经济产生巨大摧残的"代价性"而言。

那么，在不同的转型时期，政权的合法性来源与对内、对外政策②有何联系呢？本书假设，政权合法性来源是转型国家政权（尤其是民选政权）施政、决策和继续推动转型的核心需求之一。该政权为满足合法性需求，就必须通过对内对外政策来建立相应的"合法性供给"机制。其中，对外政策既能提供国内所需的合法性供给，又能提供相应的国际合法性供给，而供给机制，是通过合法性的程序性、价值性和功能性指标来实现的。但是在转型不同时期，这些指标的"合法性供给"量是不同的，这就导致了两种结果：一是在同一个转型周期内不同阶段形成不同倾向性的内外政策，二是在不同的转型周期的同一个阶段形成相似或者相对倾向的内外政策。

---

① ［美］塞缪尔·亨廷顿：《第三波：20 世纪后期的民主化浪潮》，欧阳景根译，中国人民大学出版社 2013 年版，第 11 页。

② 对外政策有两种定义，一是理论层面的定义，指国家或国家行为体处理国际、对外关系问题、进行外交活动所遵循的基本原则和行动方针，如"和平共处五项原则"；二是实践层面的定义，指国家或国家行为体所实施的官方对外关系的集合，包括一定时期或某个阶段内该行为体进行外交活动所遵循的原则和方针。本书采取的定义是实践层面的定义。

对内、对外政策的倾向性标准，均可以根据合法性指标的程序性、价值性和功能性分类，合法性二元分野以及不同转型期间的阶段性划分来进行考察。首先，从时间上区分同一政权内的不同转型阶段，并区分该国不同政权周期内的同一转型阶段，形成对不同阶段行为体性质的系统性对比。

其次，从空间上界定，对内政策可以从国家政策和区域政策上来分类，其合法性当然也可以外化为全国性民意和区域性民意；而对外政策，第一层次是对某个国家的政策，可以根据外交亲疏的倾向性程度分为依赖、亲近、中立、偏离、远离，并不区分具体的领域（如经济、政治、安全），而是研究这些具体领域政策所造成的倾向性变动，如"从亲近到偏离"或者"从偏离到远离"，并且研究这种变动是否形成"合法性供给"；第二层次是对几个国家的政策资源分配，可以根据倾向性程度界定"亲 A 疏 B""左右逢源""亲 B 疏 A"或者其他特殊情况，同样可考察这些程度之间的转化是否形成"合法性供给"。

再次，从行为体的角度看待某国对内、对外政策的合法性供需转换。就对内政策而言，对内政策本身可根据要素行为体的行为，如经济行为、政治行为等来观察，但具体到某一个国家，实际上就是其经济政策、社会政策等。就对外政策而言，一方面，正是对外政策形成的对内对外效应，形成合法性的国内国际分野，调节外交亲疏或者对几个国家的政策资源分配，将从影响外国对本国的投资、认知及两国政府和民间互动上来影响国内合法性，并从国际互动上来影响该国的国际合法性；另一方面，研究这些对内对外效应的"合法性供给"与该国政权"合法性需求"的匹配性，从而形成对外政策的合法性供需转换。

最后，从性质上区分合法性指标的程序性、价值性和功能性，以评估"合法性"的供需程度，判断对内、对外政策倾向性变动是否通过"供给"对应上这些"需求"。有关三个维度指标的分类，将依照前文所述的分类来进行考察。值得指出的是，"去军人化"是政治体制转型永恒的主题。军人执政在现代国家中不具备程序合法性，原因在于军人是依靠强制力上台的，强制力通过专制性权力来发挥作用，不具备令国家制度化、与社会互动并在国家疆域内有效实施政治决策的能力，也就是并没有"建制性权力"所带来的合法性塑造与更新能力。① 军人政权要挽救自身合法性危机，必须长期依赖功能有效性和价值共识性，但正如前文所述，由于后两者缺乏制度刚性，合法性成为军人政权永恒的"阿喀琉斯之踵"。

虽然影响机制在每个阶段和周期都存在，但从合法性供需的角度来看，其肇始于转型过渡期的各项内外政策，因为这些早期的内外政策为政府初期合法性提供了保障。一般而言，政权过渡期是指政权交接结束后，新政权执掌的初期，但如果政权和前政权发生了体制上的质变，那么就形成了"转型过渡期"。转型过渡期一般符合三个特点：一是新政权只要是通过合法程序上台的，初期一般不存在程序合法性的额外需求，也很少存在程序性危机；二是政体新变，执政党和政府需要一段时间来适应政权合法性来源的变更；三是新政权为了表明自身与前政权的差别，会制定大量改革措施，但基本停留在口号阶段。过渡期往往不超过一年。

在程序合法性处于弱调节阶段、功能性政策暂时处于调整适应阶段的过渡期，价值共识性成为提高新政权合法性的最大供给源。一旦在初期通过某种价值上的凝聚力取得民意的支持，那么不仅将加强程序合法性的制度刚性，还将为功能有效性的发挥留出一定的空间。当然，"价值性供给"的主导性并不会掩盖合法性的功能性需求。

价值共识性最容易体现在制度主义层面，也是很多转型国家在新政权上台后言必宣扬民主制度优势的原因。就内而言，新政权针对其前任威权政府民意基础薄弱、负面绩效明显的特点，会选择对前政权利益集团进行一定程度的惩罚来拉近民意的价值认同。就外而言，选择亲近"民主国家"而疏远所谓"非民主国家"会成为新政权谋求国际价值共识的惯用手段。然而结果是，两种导向都会刻意将矛盾抛向一个与原威权有利益纠葛的国家。

其一，在发生主动转变的政权、清算原威权政权官员的政治代价

---

① Michael Mann, *The Sources of Social Power*, *Vol. II*, *The Rise of Classes and Nation-States*, *1760 – 1914*, Cambridge Universtity Press, 1993, p. 59.

远远超过道德上的收益，① 因此将价值矛盾转移到与原威权政权有关的其他目标上，例如前利益集团及其裙带运作的项目、包括外国项目会成为一种"容易见效"的选择，很多时候这些项目会因与现行法律相悖而被叫停甚至收归国有。

其二，前任威权政府往往在意识形态上与西方民主国家对立而受到制裁，这使得新政权上台后顾及自身稳定、巩固及发展，会寻求加大内部改革和对外开放，尤其是对外恢复与西方国家的往来以消减制裁。在此基础上，与原威权政权交往密切并建立了大项目合作（尤其涉及土地、资源、能源等）的国家，很有可能在该国利益受损；而在原威权集团时期支持和倡导该国转型的西方国家，则会成为新政权外交优先考虑交往的对象。

其三，如果前军人威权所亲近的国家，与支持该国转型以及新成立民主政权的西方国家存在价值差异和利益分歧，那么新政权会通过疏远该国来表明自己"民主转型"的决心和意志。在过渡期，新政权会将制度、价值认同乃至社会舆论上的"亲民主主义"转化为对外政策，一国与西方的差异、分歧与博弈越大，新政权与该国的疏远就会越明显地表现出来。

此外，价值共识性还体现在民族主义层面。② 对于转型过渡期的新政权而言，没有比民族凝聚力更可靠的政治资源了，越是正当合理的民族主义口号，其价值延续性就越强。民族主义的范畴可大可小，但就转型国家而言主要包括：以民族生存为口号的孤立主义或者中立主义的诉求，以国家稳定为口号的国家安全诉求，以国家独立自主发展为口号的经济诉求。此外还有一种特殊的外向型"负面"价值取向："同仇敌忾"式的民族主义，这对于内部分裂且面临外敌的国家而言效果尤其明显。③ 从现代转型国家的状况来看，这种"负面"价

---

① ［美］塞缪尔·亨廷顿：《第三波：20 世纪后期的民主化浪潮》，欧阳景根译，中国人民大学出版社 2013 年版，第 221 页。

② 按照亨廷顿的论述，此处的"民族主义"指的是一种传统形式的意识形态，即诉诸"同仇敌忾"的"大众凝聚力"来团结国内民众，使自身的统治合法化，参见［美］塞缪尔·P. 亨廷顿《第三波：20 世纪后期的民主化浪潮》，欧阳景根译，中国人民大学出版社 2012 年版，第 54—56 页。

③ 包刚升：《政治学通识》，北京大学出版社 2015 年版，第 149 页。

值越来越多被滥用，不少新兴政权将"树敌"作为保障国内合法性的有用手段。例如，如果前威权政权过度依赖某个国家，且将国家经济主要命脉（如能源、资源）交由该国与该政权裙带利益集团来管理，那么在主动转型的国家中，前执政集团给新政权留下的经济资源往往寥寥无几。那么，新政权为了回收这些命脉产业，就会以历史或现实原因，将原本与威权政权的密切来往的国家，宣传和打造成民意和社会舆论所仇视的对象。

再如，如果新政权无力通过清算前威权既得利益来获取经济发展的资本，那么只能通过获取更多外资来发展经济，该政权显然更愿意选择与原权威集团及裙带无瓜葛的其他外国资本来合作，此时如果这些外国资本愿意进入，且又与原来同威权政权密切的国家存在利益和价值分歧，那么国内合法性的供需效应，就会使得该国对外政策天平出现较大变动。

二　转型的反馈机制：经济与安全对内外政策的反馈

反馈机制往往出现在影响机制发生效应以后，其反馈直接体现了前期转型过程的阶段性成果。随着转型的发展，合法性本身从价值方面来整合国家对内、对外政策的效应已经在递减，尤其是通过对外转嫁危机，即一定程度的消极对外政策来"制造"合法性供给，从而为对内政策提供更多资源的做法。原因在于：其一，"转嫁危机"是有一定限度的，其不能超过被转嫁国的国家利益底线，否则后者可能会采取反制措施使转嫁国得不偿失；其二，由于信息化及民众的认识水平在不断提高，"转嫁危机"所能提供的合法性是在不断递减的，政府绩效不一定会因为"转嫁危机"而获得必然性的提升；其三，"转嫁危机"的效应存在"对称复制"的风险，一旦其他国家认识到该国尝试"转嫁危机"以巩固政权合法性的做法，便会在与该国往来时抱有戒心，致使该国面临外交孤立的风险，或将导致"转嫁危机"政策不可持续。

在政权巩固期，对前期内外政策影响的反馈往往通过经济与安全，也就是"国家发展了没有"和"国家有没有稳定"来表现出来。即便再强烈的价值共识，也会随着"发展"和"稳定"指标的变动而展现出强烈的反差。两者指标通过经济发展和安全共识表现出来，形成执政者对绩效的依赖性。不管是经济发展还是安全共识，都可以直观上反馈转型过渡期的政权绩效，但无论反馈结果是积极还是消极，绩效依赖都成为巩固期政权合法性供给的重要源头。

尽管不存在政权更迭问题，但合法性的程序性基础不同，其所需求的绩效也会形成差异。从程序合法性的取值来看，合法性基础越差的政权，利用绩效来巩固合法性的难度越大、周期越长。

如表1-2显示，转型国家的程序合法基础，决定了其利用绩效来进行合法性供给的主要方式和不同难度。

表1-2　　功能有效性（绩效合法性）在不同程序基础上的
供给与巩固取值

程序合法性	常见转型方式	合法性供给 （功能有效性）	合法性 巩固难度
完全合法	民主制度巩固	绩效增益	较易
可靠合法	推翻非法政府建立民主政府； 谈判型交相改变①； 主动改革转型	绩效增益 负面增益	一般
非可靠合法	推翻非法政府建立威权政府； 博弈型交相改变； 换装执政并建立形式民主	绩效依赖 负面增益	难
不合法	非正常情况下的政变夺权 （建立新的威权）	绩效依赖 负面依赖	较难

一方面，"绩效增益"是指通过直接的施政绩效来增加合法性供给，"绩效依赖"则是指必须依赖于绩效来进行合法性供给，两者往往对应经济发展。一般而言，如果某政权过渡期执政较为顺畅，经济发展往往会在 GDP 增速和人均 GDP 增加，以及在 CPI 等其他经济指标方面得以反馈，当然随着"社会经济"概念的提高，"社会福利"

---

① 所谓"交相改变"，指的是政府和反对派在无力单方面决定未来政治体制性质的情况下，通过谈判或者一系列斗争博弈最终达成政治妥协，使民主政权顺利组建的一种转型方式。参见［美］塞缪尔·亨廷顿《第三波：20 世纪后期的民主化浪潮》，欧阳景根译，中国人民大学出版社 2013 年版，第 142—143 页。

的社会指标和"可持续发展"的生态指标重要性日益凸显。如果影响期经济指标增长顺畅，则在巩固期可以通过"绩效增益"来直接提供合法性，施政压力小、试错空间大；但如果该政权过渡期执政不畅、效果不彰，则必须在巩固期依赖绩效来避免可能产生的危机，以满足其基本的合法性需求。

另一方面，"负面性"要素往往对应安全认知。负面因素的利用方式往往是通过打击前政权给整个社会造成的压力和负担，通过稳定社会和建立安全来形成绩效。如果转型过渡期的政策未能建立起安全共识，那么说明转型并未能在安全环境或者社会稳定上取信于民。其中，"负面增益"是指通过消除前政权所带来的负面社会效应来增加合法性供给，相应地，"负面依赖"就是指必须通过消除前政权所带来的负面社会效应来形成合法性供给。在前政权对社会造成一定程度破坏的转型国家中，消除负面效应成为新政权的重要政策立足点，如果前政权造成的破坏程度较大，新政权可以通过"负面增益"来直接获得合法性供给，但如果前政权造成的破坏程度不大，而在过渡期新政权绩效不好，那么很可能在巩固期就存在"负面依赖"。当然，在很多时候，消除负面效应与直接施加绩效是相辅相成的，而"依赖性"的叠加则只会让功能合法性的供给愈加困难。

对外政策中的功能性供需，根据政权过渡情况的差异而不同。首先，在"绩效增益"为主要合法性供给的转型中，政权巩固的难度不大，因而其可以通过扩大开放、吸引外资来增加经济绩效，以直接满足政权的合法性需求。其次，"负面依赖"为主要合法性供给的转型中，政权巩固难度较大，由于需要消除前政权的负面效应，那么前文所述的"转嫁矛盾"就仍然适用。值得注意的是，被转嫁国很可能成为转型国提供价值与功能合法性的双重"受害者"，因为打击该国在转型国国内的利益，有助于新政权在民众心目中建立威望，而以"威胁国家安全"和"不合法"将这些利益收归国有（尽管这些利益对于前政府可能是合法的）又有可能增加该政权的绩效收益。最后，处于"绩效依赖"到"负面增益"为主要合法性供给的转型，政权巩固的难易程度适中，则与新政权交往的国家既有提供外资的增益性机遇，又有被牺牲部分利益以满足新政权合法性的负面性挑战。

三　转型的调节机制：多要素互动对内外政策的调节

调节机制往往在影响机制和反馈机制之后，是国家政权主体通过要素行为体对内外政策进行调整的过程，由于该过程意味着新的影响机制和反馈机制产生，也就意味着该机制是一个复合机制。在政权巩固期和后序的变动期，该机制往往会发挥比较多样性的互动，这取决于该阶段多要素互动的程度和频度。

转型巩固期中后期和转型变动期，将迎来"改革深水期"，其中变动期尤甚。在周期性选举到来之前，转型国政权的主要执政党往往要在一年之内忙于竞选，而此时国内反对党也开始蠢蠢欲动，政权对政党集团利益（赢得下届大选），甚至对个人利益（领袖连任）有更多的考虑，直到大选结束、下届政府上台之前的时期，可以视为转型变动期。在巩固期内，针对过渡区各要素的反馈，政府会选择通过一系列的措施调节不利要素、延续有利要素，各要素行为体如政治行为、经济行为等都会施加新的影响机制。

在调节机制和新的影响机制叠加的期间内，国家政策实际上是一个综合推进的过程。在巩固期内，由功能有效带来的绩效变动，将进一步巩固或者降低原有价值共识，而新的政策是通过继续推动改革来换取更大支持，还是延缓改革来避免出现失误，将促使政治转型出现新的不稳定性。其一，安全困境。是否通过调节原有的绩效来源，停止打击和清算前政权以避免激进反水，存在安全困境，即不断增加的内外安全政策，不一定能够让国家更安全，而不断增加的国防预算和对外防范将不利于国家利用足够的资源推行对内改革和对外开放，安全困境实际上是"安全—经济矛盾"或者说"发展—稳定矛盾"的直接体现。其二，民族主义困境。转型发展带来民族意识的提高，同需要部分主权让渡迎接更多外资进入存在某种程度的矛盾。如果转型前期反馈出较好的发展活力，政权会加大对外开放力度以吸引更多能够促使国家进一步发展的外资，但外资进入必然伴随着外国（尤其是域外大国）的利益关切，这些关切点可能会涉及人权、族群和宗教问题，进而促使民族情绪上升，对外资形成抵触。其三，内外政策矛盾。优先解决内部问题还是优先解决外部问题的矛盾，往往出现在内外部问题纠葛的转型之中，尤其是国内存在内战的转型国家。其四，内部政策矛盾。随着转型过程中暴露出来的问题，或者转型加剧的社会矛盾带来的民族、宗教危机，形成"先发展还是先治理"的矛盾。其五，外部政策矛盾。随着转型过程中进入国内的外部力量，尤其是区域共同体、大国等力量的增多，将出现对外政策的倾向性选择矛盾，比如在大国博弈中的站位，在区域组织中的定位等。

　　而到了变动期，多要素的互动将导致转型向前推进的力度缓和乃至暂时停摆。原因在于：其一，尽管功能/绩效仍能提供一定的合法性，但由于许多短平快的改革已经见效，再往前推进就将进入"改革深水期"。政权为确保能够稳步过渡和连选连任，往往放弃可能触及既得利益集团的激进改革，进而导致改革的停滞与功能性供给的放缓。其二，民意对改革的期许往往要高于实际改革的效应，改革效益递减将导致民意在价值上产生偏离，如果再出现既得利益集团和民众对改革红利分配的矛盾（尤其是贪腐），就会扩大民众对该政权的负面认知，进而使得合法性的价值供给失灵。其三，事实上，大部分大选是"硬碰硬"的民意测验，即便存在部分地区的操控，最终的结果也有可能在意料之外，因而政权对合法性的需求重新归口于程序合法性，程序竞争（竞选）也成为转型变动期的最大需求（见图1-1）。

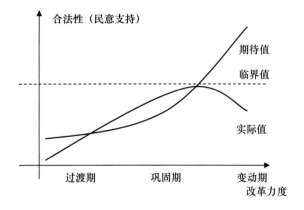

图1-1　改革与合法性的递减效应

　　不同程序基础的政权在转型变动期对合法性的需求也有所差异，

尤其是，在以威权政权为代表的"非可靠合法"情境下，通过二次大选能否进一步"洗白"自身合法性基础，仍然令人存疑。一方面，如该政权不能彻底隔断与前政权利益集团的纽带，其便无法在价值上与民意贴合，前政权往往有通过贪腐、强力手段聚敛而来的利益（如土地），这同民意是存在结构性矛盾的，不可调和；另一方面，如该政权意图彻底割裂与前政权的关系，那么很可能丧失一大部分其赖以施政的基础，尤其是在国家命脉企业被大寡头垄断，而这些寡头与前政权执政者关系密切的情况下。最后，一旦改革政策处置不当，很可能"两头得罪"，既无法从与前政权的纽带中获益，又走到民意的对立面。

在转型的变动期，即将面临大选真实民意拷问的政权，很有可能无法全心投入对内对外政策的运作中，但仍然可能利用原有政策来延续自身合法性。第一种方法是，直接寻求外国（尤其是大国）政府和国际舆论对该政权的支持，支持其对某国内政策的推行，或降低其对国内反对党的支持；如果外界以支持该政权的名义增加对该国援助、减少原有制裁，并且通过国际舆论炒作该政权的政绩优势，那么很可能引导国内民意甚至改变选情。第二种方法是，延续"转嫁矛盾"的做法，继续凝聚国内价值共识、塑造"同仇敌忾"的民族主义甚至种族主义，以在大选中寻求国内多数族群和人口的支持。第三种方法是，将国内某些与对外政策紧密相连的特定问题，诉诸区域多边主义，获取区域性国际集团的支持，助力该政权推进该问题的解决，或促使该问题处于"解决一半"的状态，以造成"政策延续性不可中断"的民意，进而获得合法性供给。

当然，这三种方法都有一定的风险，寻求外援的做法不仅可能反落国内反对党之口实、塑造成为执政政权"对外绥靖"的形象，还有可能因为引入国际干涉而遭受国内民粹情绪反弹；"转嫁矛盾"则更难以控制，一旦矛盾转化为"敌意"，变动期的政权很可能无力管控，反而使该政权出现瓦解的危机。一些民族、宗教和社会议题往往长期存在于该国（横跨转型前后），这些问题无法轻易解决，反而容易造成"该政权完全无力解决这些问题"的舆论，最终将民意推向反面。

总之，转型国在变动期间，所有对内、对外政策的调节都面临一定风险，只有在较为缺乏合法性，但又意图赢得选举的政治格局下，转型国执政集团才会选择冒这样的风险。更多的情况是，执政集团将无力解决的"烂摊子"转交给下届政府，即便无法获胜也不让下届政府的日子"好过"，并在此种情境下使得对内、对外政策调整陷入停摆。毕竟，多要素互动一旦不畅，则很难通过短暂的对内、对外政策调整来理顺。

第四节　主要结构

本书第一章政治转型的系统机制和研究假设部分，主要就整篇文章的概念界定、操作方法、文献回顾、理论框架和主要假设进行了梳理，主要目的是为后文的论述和研究做铺垫。

第二章为缅甸政治转型的历史概况。以史为鉴，回顾整个充满了问题和矛盾的缅甸政治转型史，亦可从经验事实中看到本书理论框架中所述，即转型系统机制中存在的问题和挑战。根据转型周期的不同，又可以分为1948—1962年多党民主制时期，1962—1988年奈温军人独裁时期和1988—2011年新军人政权时期。

第三章将重点分析2011—2016年缅甸政治转型与缅甸对内政策调整之间的关系。其中根据政治转型的三大机制又分为三个小节，每个小节都将根据吴登盛政权转型周期和昂山素季政权转型周期（前期）进行分析。每个小节将遴选在该政治转型机制中，最具有代表性的要素行为体进行分析，兼谈对其他要素行为体的影响。如第一节，通过政治合法性与制度机制的变迁来观测吴登盛政权和昂山素季政权周期内，缅政治转型系统影响机制的异同及其对内政策的影响；第二节，通过社会经济发展和安全认知的变化来观测吴登盛政权和昂山素季政权周期内，缅政治转型系统反馈机制的异同及其对内政策的影响；第三节，通过民族和解与教派冲突（"罗兴伽"问题），来观测吴登盛政权和昂山素季政权周期内，缅政治转型反馈机制的异同及其对内政策的影响。

　　第四章将重点分析 2016 年以来民盟上台后的缅甸政局和民盟的施政措施。在观测缅政治转型中，作者发现有如下特点：第一，在合法性尤其是国际合法性语境变化的情境下，缅甸政府的内外政策与国际环境的影响机制与良性互动，其中昂山素季政权周期（前期）与吴登盛周期有较强的政策延续性，也有一定的差异；第二，以"对华—对西方"政策为例，来观测缅政治转型系统中，经济发展要素和安全认知要素所形成的反馈机制，其中吴登盛政权周期和昂山素季政权周期（前期）存在一定的差异，但也有变动的逻辑联系；第三，以缅甸在民族政策与若开政策中的外在表现为例，中立主义与对自主传统要素所形成的调节机制，其中吴登盛政权周期和昂山素季政权周期（前期）有较强的政策延续性。

　　第五章将分析当前缅甸政治转型和内外政策调整对中缅关系的影响。根据时间段分为两节，第一节强调吴登盛政权对华政策中存在积极效应的递减和消极效应的递增，这在政治转型对外政策的影响中均可以看出；第二节强调民盟政府时期存在经济发展和安全认知的困境，体现在社会经济发展的低迷与外资持续观望，国内国际安全形势的恶化，以及民族构建能力的薄弱和对教派分歧管控的不足，造成了民盟对华政策的回摆。

　　第六章根据政治转型的三大机制结合缅甸案例进行分析，从合法性的"三维指标"与"二元分野"、国家建设中的"安全—经济"指标、国内调节机制与国际调节机制几方面验证了本书开头提出的研究假设。

第 二 章

缅甸政治转型的历史概况

缅甸的政治转型产生于二战前缅甸各民族对独立建国的诉求。尽管二战后新兴缅甸政权诞生，但缅甸各民族仍没有建立统一民族国家的共识，但朝着"民主建制"发展的政治转型却业已开始。最早构筑了一整套国家转型思想的是"独立之父"——昂山将军。由于其遇刺早逝，围绕其一整套思想的继承、争论和调整，缅甸民族主义经历了前军政府时期（吴努）、军政府时期（奈温）和新军人统治时期（苏貌、丹瑞）三个阶段。在这些阶段里，缅甸民族主义出现了国家民族主义、大缅族主义和民族分离主义之间不同形式的互动。与此同时，民主化呈现了"U"形先抑后扬的发展态势，吴努时期逐渐走向困境，到奈温时期落入谷底，而到新军人时期又逐渐发展。吴登盛政府上台后，民族建设、国家建设和民主构建作为新时期三大任务主导着新生缅甸政权的发展，并开启了"三波改革"①。在缅甸民族国家建设思路逐渐清晰之际，民主化也逐渐豁然开朗起来。缅甸从独立至今，转型与发展进程曲折反复，历经吴努领导的资产阶级民主制、奈温军政权的"缅甸式社会主义道路"、丹瑞军政权的"渐进式民主转型"，以及退役军人吴登盛总统加快民主转型四个发展阶段。总体而言，缅甸国家矛盾呈现出趋缓的长时段特征。

---

① Ko Ko Hlaing, "Myanmar' Reform: Current Situation and Future Prospects", in Li Chenyang, Chaw Chaw Sein and Zhu Xianghui, eds. *Myanmar: Reintegrating into the International Community*, World Scientific Publishing Co. Pte. Ltd., 2016.

第一节　1948—1962 年的转型：多党民主制
失败与国家解体的危机

一　昂山将军早期对缅甸政治转型的构想

（一）政治建构是一个独立、统一和实用的过程

缅甸 1948 年建国，但"独立之父"昂山将军却在 1947 年就遇刺。昂山，原名貌腾林，缅甸独立运动领袖、"三十志士"之一，缅甸军队创始人之一。作为当时缅甸精英建国者联盟"反法西斯人民自由同盟"的领袖，昂山所持的国家建设思想一直影响着后世的缅甸领导人，其中政治转型是很重要的一方面，由于国家尚未解放，与其说是"政治转型"不如说是"政治建构"。昂山致力于构建统一的多民族国家，这个国家在政治上的特点是：内在独立性、统一性和外来制度选择上的实用性。

所谓独立性，是贯穿于整个政治体制构建过程中的"民族例外论"，简而言之就是竭力区分"缅甸社会主义"与"共产主义"的区别，[1] 以彰显缅甸传统哲学中佛学的思想。缅甸曾经是自 1044 年就建立王朝国家的中南半岛文明之一，曾有辉煌的历史，在经历殖民后，精英和民众均渴望建立统一而强大的民族国家。但与众不同的是，昂山是用"佛经"来指导这种例外性的。[2] 一方面，其将马克思主义的基本精神用佛教来解释，如"理论指导实践"的"理论"即佛经；"物质运动"是"生死轮回"；"最终实现的理想社会"是"人间天堂"等。[3] 另一方面，其结合社会主义与佛教，论证缅甸社会主义必然取代西方资本主义。佛教里"轮回说"在昂山眼里即是论证资本主义灭亡的思想武器，但论证过程中却借用了马克思主义对

---

[1]　昂山在讲话中一度提到"虽然共产主义的计划经济使我们十分感动，但我们还是强烈反对共产主义"，参见［苏］瓦西里耶夫《缅甸史纲（1885—1947）》，中山大学历史系东南亚史研究室和外语系编译组合译，商务印书馆 1975 年版，第 8 页。

[2]　昂山认为"佛教是世界上最伟大的哲学"，参见 Josef Silverstein ed. , *The Political Legacy of Aung San*, *Revised edition*, Cornell University Press, 2016, pp. 13 – 14。

[3]　张锡镇：《当代东南亚政治》，广西人民出版社 1994 年版，第 345 页。

剩余价值的批判。

统一性是昂山在政治思想中强调的"成立统一多民族国家"的缅甸联邦思想，其除了强调多样性之外，更重要的是强调统一的主权和领土的完整。昂山十分清楚缅甸多元分裂社会冲突的潜在危险，他与众多保守主义和民族主义思想家一样，认为共享的价值和共同的文化是稳定和成功社会的必要前提。[①] 为整合缅北山区支离破碎的民族认同，加上当时缅甸并没有完全摆脱英国的殖民影响，强政府、一党制和国家民族主义都为昂山所推崇。

此外，昂山思想借鉴了不同外来意识形态，并结合本民族的宗教哲学，具有极强的实用主义色彩。在昂山思想中，社会主义、佛教哲学和王道思想对其影响均比较大，在这种复杂性中进行实用主义选择，难免使其思想具有很强的"工具性"。昂山主张走"中间路线"，拣选各类思想中有利于缅甸国家政治建构的一方面，也具有"毕其功于一役"的特征。一方面，昂山不希望建立的国家成为世界社会主义阵营的一员，也不希望倒向原殖民者国家；另一方面，尽管独立初期同盟提出"建设社会主义"的口号，[②] 但社会主义并非作为国家意识形态吸引昂山，而是作为可资利用的"反殖民主义工具"。昂山重视通过王道思想争取人心并促成民族团结，1947 年 2 月其与掸邦土司、钦族和克钦族等签订的《彬龙协议》，强调各民族的自决权，成为建构缅国家政治的历史性的第一份文本。

（二）昂山对"民主转型"的模糊态度及其政治思想受到挑战

"民主转型"在其中处于一个什么样的位置呢？事实证明，昂山的反殖民思想从一开始就不接受西方代议制民主，他认为"民主"应该是确保"独立后的缅甸民族当家作主"，并通过最快"过渡资本主义到社会主义"的方式来实现民主。[③] 而其政治独立设计"民族独立—各民族团结—民主—社会主义"的国家发展道路，实际上是杂

---

① ［英］安德鲁·海伍德：《政治学》，张立鹏译，中国人民大学出版社 2013 年版，第 128 页。

② 杨长源等：《缅甸概览》，中国社会科学出版社 1990 年版，第 119 页。

③ 李晨阳：《独立前缅甸民族主义精英对国家发展道路的探索》，《南洋问题研究》2006 年第 4 期。

糅了多重政治结构的框架。①

其中的"民主"，只是"建成社会主义"之前的一个模糊阶段，或者说更具有工具性而非程序性。对民主制度选择模棱两可的态度，简单地表述就是"不接受、不反对，为我所用、积极改造"，是一种"漂流状态"。昂山的选择倾向是强政府和一党制，他希望仅仅有一个国家、一个政府、一个党，"正如德国和意大利那样"，② 而这种选择彰显的精英主义、一元制与民主精神根本又是相悖的。昂山遭国内的亲英分子暗杀，而同盟内的共产党们又分裂出去，使得昂山思想中模糊民主的定义被彻底掩埋。

不仅如此，昂山早期对缅甸政治构建的设想也戛然而止，而其设想中存在的弊病也逐步暴露出来。首先，渗透在"独立性"中拔高佛教和缅族自身优越性的色彩，逐步嬗变为后来的大缅族主义思想，而昂山原有的反对佛教干预政治的重要主张却被后来的领导人忽略了。由于缅甸在被殖民之前从来没有建立过包括克钦、克伦等少数民族的多民族国家，而整个缅甸的王朝史实际上也是缅族领袖统治留下的政治遗产，缅族较少在历史上与这些少数民族交往（主要是与掸族和孟族打交道）。英国殖民采取"分而治之"的政策，给予克钦、克伦等少数民族不亚于缅族的待遇。而缅甸独立后，实际建立是缅族占优的国家，领袖精英基本全数是缅族，这就为大缅族主义大行其道埋下了伏笔。

其次，与"独立性"类似，"统一性"也受到了较大挑战，大缅族主义大行其道的同时，缅国内民族分离主义也日益猖獗，两者相互作用、互不妥协，终于导致缅甸进入绵延半个世纪至今仍未结束的内战，国家不统一，稳定和发展也便成为空想。

再次，"实用性"思想构建的中间路线，以及暂时掩盖的民族矛盾，不仅由于合法性危机使后来的民族分离主义成为国家分裂的定时

---

① Gustaaf Houtman, *Mental Culture in Burmese Crisis Politics: Aung San Suu Kyi and the National League for Democracy*, Tokyo: Institute for the Study of Languages and Cultures of Asia and Africa, Tokyo University of Foreign Studies, 1999, p. 14.

② Josef Silverstein ed., *The Political Legacy of Aung San*, *Revised edition*, Cornell University Press, 2016, pp. 13 – 14.

炸弹，还在冷战的国际大环境下使缅甸罹受孤立。昂山卓越的领导才能、个人魅力和成体系的治政方略，对实用主义有着清晰的思路，但昂山的早逝，无疑加快了问题暴露的时间。"实用性"过于依靠领袖的政治头脑，随着领袖的更换，实用主义也无法执行下去。反之，与大缅族主义相对立的少数民族分离主义愈演愈烈。

二　吴努时期的政治转型：多党民主制失败与国家解体的危机

（一）转型的过渡与变动期：充满内部分歧与对外妥协

昂山遇刺后，以吴努为首的缅甸精英探索建国后发展道路，1948年1月4日，缅甸正式建国。此后，尽管挫折不断、领导人频繁更换、出现军事管制，但断断续续由担任了12年总理的吴努在落实着昂山政治构建的思想。[①] 由于这段时期缅甸建立了议会民主制，又存在多党竞争，又可以称之为"多党民主制时期"，即便该阶段对西方民主制度的探索归于失败，但其本质上也是在追求政治转型。该时期转型的过渡期和变动期均比较短，但同样的特点便是：充满内部分歧与对外妥协，并形成了较大的纷乱。

吴努推行的资产阶级议会民主制发展道路失败（1948—1962年），是缅甸第一次政治转型的主要状态和表现。吴努原名德钦努，在昂山遇刺后受英国总督委托组织新的行政委员会，并一直担任同盟内部领袖，同昂山一样是坚定的民族主义者，笃信佛教人性论。[②] 吴努虽然迅速与英国签订《英缅条约》，赢得缅甸独立，但却是建立在对英国提出条件的妥协下进行的，而此时吴努政府并没有与缅甸共产党和少数民族就国家建设问题达成一致——建立在反殖民认同下的国家民族主义由于反殖民需求的减弱而逐渐消沉，但新兴的民族国家认同却并没有产生。

内乱很快滋生，原先团结一致的民族主义者由于党派利益进行了10多年的内耗：一是社会动乱。在缅共的领导下，仰光在1948年3月爆发了工人大罢工，而彬文那也召开了全面农业大会、支援工人罢

---

① 除了1956年6月—1957年2月外，吴努一直代表反法西斯人民自由同盟担任政府总理。参见钟智翔等《缅甸概论》，中国出版集团2012年版，第52页。

② 贺圣达：《缅甸史》，人民出版社1992年版，第452页。

工；吴努希望通过民主制度取得英国在缅甸国家建设过程中的支持，甚至一度期望英国能帮助镇压缅甸内乱，此举被指责为对英妥协政策，① 引发了国内工农起义。二是党争。以吴巴瑞和吴努为代表的两派在 1951 年和 1956 年两次大选中为争总理之权起纷争，随即造成执政的自由同盟在 1958 年宣告分裂。党争的手段无所不用，如吴巴瑞利用学生罢课呼喊"保卫民主、打倒吴努"②，吴努则更是多次联系军队领袖奈温将军出面干涉，并在 1958—1960 年组成"看守内阁"。三是民族问题爆发。吴努反对少数民族依据 1947 年宪法获得高度自治或独立建邦，推行佛教为国教，导致佛教沙文主义、大缅族主义盛行。少数民族强烈不满，分裂情绪越来越强烈，纷纷成立地方武装（简称"民地武"），寻求高度自治乃至独立。最终，支撑缅甸国家民族主义的精英联盟瓦解，国家认同的建构让位于朋党之争，本该集中精力处理的民族矛盾逐步浮出水面，最终造成了整个国家经济、政治、社会、民族、宗教的大动荡。缅甸陷入内乱，濒临分裂。1962 年 3 月，奈温将军以维护民族国家完整为由，发动军事政变将吴努政府赶下台，开启军人统治，标志着缅甸推行资产阶级议会民主制转型的失败。

（二）民主巩固期：佛教民族主义的崛起

吴努在执政初期，高度重视国家统一，期望通过各类政策来巩固已经建立的国家主权，但其态度先硬后软，又因内部党争而指望军人救国，坐视整个转型周期的成果被军人政权褫夺。整个吴努政权，未见在转型方面的巩固，而却一直在流失着转型的成果。

吴努反对少数民族独立建邦，他一度提出"解决少数民族问题，加强联系各民族的纽带，而不是瓦解联邦，各自建邦"③。然而，此前的《彬龙协议》为少数民族自决提供了充分的空间，而 1947 年《缅甸联邦宪法》，进一步规定了"掸邦和克耶邦在宪法生效 10 年之后有权决定是否继续留在缅甸联邦"④。基于在 1957 年前能够统一民

---

① 贺圣达、李晨阳：《列国志：缅甸》，社会科学文献出版社 2009 年版，第 149 页。

② 同上书，第 151 页。

③ U. Nu, *Towards Peace and Democracy*, Ministry of Information, 1949, p. 152.

④ 贺圣达：《缅甸史》，人民出版社 1992 年版，第 454 页。

族认同的考虑，吴努一直致力于将佛教推行为缅甸国家宗教。1961年，他向国会提出了立佛教为国家的宪法修正案，认为此举有利于"顺应历史"和"提高权威"，并规定了"联邦每年预算不低于5%财政援助宗教事业"。①

一方面，随着佛教热情日益高涨和短暂提为国教，佛教开始过度膨胀，对外强调其民族宗教优势，而缅族作为推行此种宗教优势的主力，在逐渐形成压倒其他宗教势头的同时，也加上了民族沙文主义的烙印。1952年，缅语被规定为公务用语，1956年被强行推广到少数民族邦机构，并成为基础教育学校三年级以上唯一教学用语。② 作为回应，缅甸基督教和全国宗教少数民族联盟指责佛教事业"劳民伤财"，斥之为"不幸的事业"，③ 对吴努政府背离昂山"政教分离"路线的政策表示强烈不满。佛教民族主义的扩张使得佛教信众的主体——缅族形成了极强的民族优越感，为后来大缅族主义膨胀奠定了基础。

另一方面，吴努优柔寡断的决策和执行力，加深了民族之间的不信任，形成了缅甸民族问题中最棘手的信任和认同问题。④ 吴努政府在1947年宪法中继承了昂山《彬龙协议》的精神，承诺予少数民族"退出权"，但在掸邦土司向吴努提出要求时，吴努却拒不同意，而邀请军队组成看守政府，使军队势力坐大，并于1962年发动政变。这些无疑让少数民族认识到以缅族为首的精英阶层决心放弃当初昂山路线方针。对于少数民族来说，这无异于缅族对其统治合法性的丧失，大缅族主义和民族分裂主义的嫌隙也便越来越大。

（三）对吴努政权周期政治转型的系统性回顾

与多数东南亚国家一样，缅甸是在战后尝试西方民主制度的后起发展中国家之一，其政治转型的进程便是基于西方政治蓝本所进行的制度构建，整个过程也因为"水土不服"经历了一系列挫折。

---

① 李谋：《缅甸与东南亚》，中国出版集团2014年版，第78页。

② 钟智翔、李晨阳：《缅甸武装力量研究》，军事谊文出版社2004年版，第146页。

③ 黄夏年：《现代缅甸佛教复兴与佛教民族主义》，《东南亚研究》1992年第6期。

④ Zam Than Lian, "The Challenges of Trust Building In Myanmar", *Focus Asia*, *Perspective and Analysis*, No. 1, October 2013, http://isdp.eu/content/uploads/publications/2013 - zam-challenges-trust-building-myanmar.pdf.

在转型过渡时期，吴努政权建立了一系列的政治制度，但核心的一点是，该政权不像英殖民统治时期一样有一个至高无上的权威进行管控，其理论上的合法性来源是民意。基于对此的理解，吴努、吴巴瑞等人开始巩固自身集团的民意基础，但没有考虑到这仅仅是延续其程序合法性的一个前提，而不能成为延续其合法性的绩效基础和价值基础。因此，从初期开始，吴努政权政治转型的影响机制便是，在内排挤政敌、打压反对派（少数民族和缅甸共产党），在外利用原有同英国的纽带争取其支持。

在转型巩固时期，吴努政权着重巩固政治集团利益而非政党利益亦非国家利益的做法已经在国内形成较为消极的反馈。该反馈机制给吴努政权提供的参考，却导致该政权在调节机制中，通过佛教民族主义来解决价值共识的问题，但实际上在消极反馈（机制）背后，是缅甸整个国家的不稳定、不发展，没有针对核心问题的调节机制造成了更加恶劣的影响，最终呈现出国家濒临危机的状态。

在转型变动期，吴努政权草率地求助于军事干预，却没有意识到军人的权力欲望"只进不出"，即便在1960年大选中吴努再度赢得程序合法性，但其价值共识和绩效基础均已散失殆尽，最终成为奈温军政权上台的"负面合法性"来源。

除了经济与安全，转型系统中的其他要素也扮演着一定的作用。

首先，内在的民族主义发挥了消极的作用。民族主义反殖民带来的聚合性没有转化到后来的国家建设中，相反在反殖民任务结束后开始瓦解，典型反应就是反法西斯人民自由同盟这个全国最大的政党联合统一战线组织的瓦解。民族主义本应当对民主化和外部因素进行管控，进而形成民族凝聚力刺激国家建设，但此时统一的国族认同并没有建立，反而因为民族认同的涣散而使民族分裂，最终形成国家分裂的危机。

其次，外在的民主主义没有发挥作用。为了赢得美西方广泛的支持，保持和宗主国原有的贸易联系，吴努政权选择了接受西方民主压力，建立多党民主制。通过多党制竞争、依宪治政和定期大选，该制度在形式上大致延续了近15年。然而，初步建立的民主化是非常不成熟的。其一，缺乏缅甸精英民主思想的核心支持。显然，多党制竞争并非昂山政治设计的初衷，政治分歧导致同盟破裂很大程度上使"强政府"和"一党政治"成为泡影。其二，民主化缺乏社会环境、政治文化、大众实践等重要基础要素的有力支持。同时，大众缺乏必要的民主实践，民主制度运作过程中必然出问题。其三，政府精英并没有真正把民主作为国家建设的关键指导原则，没有让民主成为维护和平稳定的积极力量，而是将民主作为争夺权力的工具，在互相攻击的过程中实际上削弱了各派别的合法性，蚕食了整个缅甸高层的民意基础。

再次，外在的地区主义也没有发挥作用。尽管1955年在印尼举行了标志着亚非国家自助、互助与合作发展的万隆会议，而中缅印也联合倡导了和平共处五项原则，但两者并没有从根本上解决缅甸融入地区发展的问题。缅甸处于中印两国夹缝中，离其他东南亚国家均较远，在区域发展上更多是恐惧感而非安全感。尤其是，该时期缅甸还没有完全摆脱大国干涉，在意图争取独立发展空间的同时也错过了融入地区发展的机遇。

最后，竞争性大国博弈压缩了缅甸生存发展空间。自建国伊始，缅甸就没有针对外国干涉进行管控。吴努政府名义上奉行中立政策，实际上却有着严重的亲西方倾向。由于英国仍然控制着大量的社会资本，吴努政府对英妥协，为了镇压克伦叛乱及缅共割据，1949年7月吴努出访英国寻求军事训练和武器援助。[①] 最终，在外部力量的消极作用下，民主化也未能推动国家内在发展。一方面民族工业振兴让位于外国资本控制，另一方面外部援助的贷款消耗于内部权力斗争与内战中。

第二节　1962—1988年的转型：军人威权与倒退的历史镜像

一　两轮转型的周期性失效与失败：从看管政府到纲领党时期

奈温将军，原名德钦秀貌，祖籍广东梅县，是华裔混血。与昂山

---

① 贺圣达、李晨阳：《列国志：缅甸》，社会科学文献出版社2009年版，第149—150页。

将军早期同为"三十志士"之一，并共同创建缅甸独立军，长期担任缅军总司令、总参谋长，被称为"缅军之父"。1958 年成立看守政府时，奈温并没有按照"担任看守内阁总理 6 个月"的规定让位，由于大选延期，到了 1960 年大选后才将总理交还给吴努。1962 年 3 月，掸邦土司与吴努洽谈退出联邦独立一事遭到吴努反对，各支少数民族纷纷成立独立军，而国内治安事件频发、罢工学潮不断。为此，奈温发动政变，逮捕吴努等 50 多名政界领袖，解散国会和选举委员会，成立了 17 名高级军官组成的缅甸联邦革命委员会，奈温任主席并履行国家元首、政府首脑职责，成立的社会主义纲领党为执政党。① 这段时期虽然是"看管政府时期"，但实际上的国家制度仍然是多党民主制，这段时期从表面上看是吴努转型周期变动期的延续，但实质上可以算奈温政权的首轮周期性转型尝试。

1974 年，奈温推动新宪法颁布，缅甸改名"缅甸联邦社会主义共和国"，宣布一党制政府，纲领党为唯一合法政党。② 自此，奈温政权延续首轮转型周期的新一轮政治转型开始，尽管制定了许多看似不同的政策，但其整个过渡期并没有任何质的改变，两个周期性变动，以及最终奈温被军人内部政变赶下台，实际上等同于奈温政权政治转型的失效与失败。其中失效是指两个周期的转型，奈温政权彻底放弃了多党民主制的道路，走上了军事独裁的道路，这实际上是吴努时期缅甸转型范式的一个"大否定"，说明该范式在缅甸已经失效；而失败是指，奈温政权意图通过威权来延续自身合法性，并以此来带动国家的政治构建与国家发展，但最终威权赖以生存的绩效合法性基础散失殆尽，并埋没在政变之中。

军事政变往往发生在国家主权和政权濒临分裂之际，曾经一度组建过"看守内阁"的奈温也不例外。奈温在处理国家乱局时，充分发挥了军队的作用，不仅平息了罢工学潮各类斗争，还清扫了夹杂在其中的黑社会团体，并在乡村基层建立"团结协会"来提供慰问、叛乱情报。一定程度上来说，治安式的压制政策恢复了社会秩序、凝

---

① 李晨阳：《军人统治期间缅甸大事记》，载李晨阳主编《缅甸国情报告（2011—2012）》，社会科学文献出版社 2013 年版，第 201 页。

② 同上书，第 213 页。

聚了缅甸国内的认同、维护了国家民族主义。为了保护缅甸独立军打下的国家不再分裂，缅甸军人的民族情结发挥了重要作用。其主要表现，则是奈温通过"缅甸式社会主义"建立的一系列由内而外的政策。

政权层面，认定民主化不利于新生缅甸政权的稳定和国家民族主义的构建。奈温执政后的首要任务就是解散议会和废除多党制。奈温在1960年转交权力时就意识到，民主议会制不能改变缅国内各力量的离心倾向，而1960年大选"廉洁派"和"巩固派"的继续斗争，吴努将佛教确立为国教招致的少数民族激烈回应，更进一步证实了这一点。奈温成立革委会，就是断定吴努的民主路线软化了国家和民族的统一共识，这并不适合刚刚完成统一而尚未建立统一国家民族认同的缅甸。

国家层面，认定联邦制只会助长缅甸的国家和民族分裂。在解散议会的同时，奈温否定掸邦、克耶邦等领导人提出的关于少数民族拥有更大自治权乃至退出权。奈温认为正是吴努对少数民族的软弱危及了国家统一和民族团结。[1] 1971年制宪委员会第二次会议中，吴努主导下的会议决议认为：缅甸人民需要一个单一制的而不是联邦制的国家体制。[2]

对外层面，认定国家应当封闭发展，免受冷战双方意识形态的影响。奈温在经济发展方面继承了昂山的实用主义中间路线，同时支持强政府和一党制。在对外层面，则认为应当肃清一切意识形态，走"缅甸式社会主义"，与其他国家交往"只限于一定程度"。[3]

二　转型的历史倒退：对内统制与对外孤立

（一）对内镇压少数民族武装与国家分裂加剧

奈温在致力于避除吴努佛教民族主义带来的消极影响时，采取的

---

① Michael W. Charney, *A History of Modern Burma*, Cambridge University Press, 2009, p. 108.

② 李晨阳：《军人统治期间缅甸大事记》，载李晨阳主编《缅甸国情报告（2011—2012）》，社会科学文献出版社2013年版，第211页。

③ 杨长源等：《缅甸概览》，中国社会科学出版社1990年版，第181页。

是集权压制的手段，只要谈不拢，就采用暴力进行。最为关键的是，奈温在一开始就继承了吴努"概不承认少数民族退出权"的态度，这使得缅族和主要少数民族之间的隔阂日益严重。1963年11月，奈温与孟族、钦族、克耶族谈判失败；12月又与掸族谈判失败。奈温试图用"缅甸社会主义"意识形态转移民族矛盾视线，但落实在行动上则是加强中央集权、削弱民族地方权力，客观上造成的是主体民族强者更强，而少数民族弱者更弱。

　　奈温自1962年到1988年统治，可以以1974年颁布的《缅甸联邦社会主义共和国宪法》为界。奈温通过新宪法彻底否定了对少数民族的宽容政策。吴努在与少数民族谈判时"拒不承认"的态度，在名义上推翻了昂山代表的缅族与少数民族之间的誓约；而奈温在实际上将这种"推翻"合法化。吴努和奈温代表的缅族集团对誓约的背弃无疑助长了整个缅甸高层大缅族主义的倾向。首先，进行政治调整取消原来为少数民族设立议席的民族院，另设一院制，也不设立任何处理民族问题的机构。其次，取消"邦"的自治地位。缅甸"省"和"邦"的区别在于省多半是缅族而邦多半是少数民族。1974年宪法强调中央集权领导，通过"人民议会"来统治，将1947年宪法中关于"邦"在宪法、立法和民族自决方面的规定取消。[①] 再次，通过社会主义纲领党的一党专政，打击少数民族党派，掸邦进步党、新孟邦党等均被列为非法政党。最后，尽管废除了佛教国教化的做法，却取而代之要建立以缅族文化为核心的均质化国族文化，[②] 反而强化了大缅族主义。

　　在镇压少数民族武装中，大缅族主义体现了其沙文主义的特性，也饱受世界人权组织的诟病。最有名的"四个切断"（Four Cuts）类似美军在越战中的"战略村"（Strategic Hamlet），即切断民族武装与当地居民"食物、财政、情报、人源"的联系。通过"四个切断"，奈温对各民族组织都进行了有效打击。但此举大量运用在国家内战中，伤及的还是大量当地社群对外交流和发展的权利，无疑加大了少

---

① 杨长源等：《缅甸概览》，中国社会科学出版社1990年版，第346—370页。
② 刘务：《缅甸2008年宪法框架下的民族国家构建——兼论缅甸的边防军改编计划》，《印度洋经济体研究》2014年第4期。

数民族对"大缅族主义"的怨恨情绪。据悉，在奈温镇压民族武装的 30 年内，上万社群村落被隔离乃至移除。①

奈温时期的缅甸是民族分离运动最严重的时期，除了跟奈温集权专制的少数民族政策和其保持国家绝对统一的国家民族主义有关，也同大缅族主义和民族分离运动日益激烈的互动有关。主要分离力量因形成原因的差异可分为四股。

第一股为"合法型"，是指缅甸主体少数民族希望按照 1947 年宪法规定的"十年后退出联邦权"得到分离自治，主要是掸邦和克耶邦。少数民族依据宪法规定的"10 年期"独立已到，在吴努和奈温拒绝履宪的情况下，通过建立武装来提高话语权也为其夺权披上了合法性的外衣。虽然有宪法上的"合法性"，但掸邦和克耶邦割据式的民族拥兵自立刺激了其他几个邦，在混乱之际各邦都建立了自己的武装，包括新建的若开邦和孟邦。这些少数民族武装通过民族、宗教和文化笼络当地民众支持，在最盛的 80 年代一度达到 4 万—5 万人。②奈温颁布 1974 年宪法后，否定了这些武装的合法性，少数民族的分离运动也变得日益激烈。

第二股为"对抗型"，主要是克伦族的分离主义。克伦族是缅甸第二大民族，占缅甸总人口的 8% 左右，此前的彬龙协议并没有出席，是英国对缅进行分而治之的主要对象，克伦族曾多次帮殖民当局镇压缅族起义。克伦族同缅族的交火在英国殖民期、日本殖民期一直没停。建国后不久，克伦武装趁缅族统治者朋党之争一度打到仰光附近。克伦族与缅政府的武装斗争一直持续到 20 世纪末期，直至 21 世纪初仍然有零星的冲突。双方各有胜负，但总的看来是克伦族逐渐失势。奈温时期，早期的克伦民族联盟（KNU）受到分化政策而分裂，1967 年重建，并在 1970 年同吴努"议会民主党"合作，力图推翻奈温政府，长期得到泰国支持。③

第三股为"流离型"，是在奈温时期丧失公民地位的若开邦穆斯

①　Martin Smith, Annie Allsebrook and Anne-Marie Sharman, *Ethnic Groups in Burma: Development, Democracy and Human Rights*, London: Anti-Slavery International, 1994, p. 46.

②　钟智翔、李晨阳：《缅甸武装力量研究》，军事谊文出版社 2004 年版，第 148 页。

③　同上书，第 278—280 页。

林罗兴伽人，他们因受政府压制驱赶而流离失所。罗兴伽人的问题充斥了历史、民族、宗教因素，目前作为跨境难民已经成为了缅甸最大的国际法问题之一。罗兴伽是若开穆斯林的称呼（尽管该称呼直至吴登盛政府时期仍不被官方承认），在英国和日本的殖民战争期间因与若开人争端而西逃。奈温上台之后，否认吴努期间对罗兴伽人的土著族群认同，通过立法、围剿、驱逐三步完成了对该民族的"删除"①，自1974年后该族就不再成为缅甸宪法承认的合法民族，开始了民族分离斗争，1978年，罗兴伽人组建了罗兴伽穆斯林游击队，目的是建立"若开独立国"，得到孟加拉国的支持。②

第四股是由于缅甸共产党同政府军冲突撤到缅北后合流的各类民族武装。20世纪60年代，缅共不敌政府军并撤到中缅边境的缅北地区。1968年，缅共与果敢族武装合流，以"人民军"旗号与缅政府军作战。在缅北期间，缅共内部大量克钦族、佤族、克耶族和果敢族的武装人员，通过意识形态的力量形成了缅甸最为特殊的一支民族分离主义力量。

（二）内外进行经济、意识形态管制

奈温时期的对内、对外政策均可以从经济和意识形态方面集中体现。一是反西方资本主义。他认为，外企、私有化和市场经济影响了缅甸的国家经济发展。在奈温看来，能源、工业、电力行业的非国有成分导致了国家经济的无序运行；农业和土地改革的迟滞导致私有地产未能充分为社会经济发挥作用；而社会行业特别是出版、教育、媒体的市场化等助长了游行示威、罢工学潮。因此，自1962年开始，国有化浪潮便从矿产、石油、银行、木材、土地、粮食等，扩展到社会的方方面面。为控制舆论和人民思想，奈温通过《出版登记法》统制新闻媒体，发表《人与环境相互关系的理论》来宣扬其融合了佛教、马列主义和极端民族主义思想的"缅甸式社会主义"③。此外，

---

① Matthew Pennington, *Name of Muslim Group in Burma Goes Unspoken*, The Associated Press, August 18, 2014, http://www.irrawaddy.org/burma/name-muslim-group-burma-goes-unspoken.html.

② 钟智翔、李晨阳：《缅甸武装力量研究》，军事谊文出版社2004年版，第300页。

③ ［缅］缅甸社会主义纲领党：《人与环境相互关系的理论》，转引自李晨阳《佛教对缅甸社会主义思潮的影响》，《佛学研究》1999年刊，第294—296页。

驱赶外国人和外企，停止向非缅人发放进口经营执照，对申请公民权征收高额居留费。尽管如此，奈温主张同一切国家交好、奉行独立自主不结盟对外政策，不为任何大国所左右的思路，为缅甸保持独立自主外交留下了良好传统，并且也避免了缅甸卷入"冷战"，陷入柬埔寨和越南式的危机中。

二是镇压民主派。奈温上台后，由于多党制、议会制等相继废除，民主化也在"缅甸社会主义"中销声匿迹。但自政变开始，缅甸从官到民就没有放弃民主这一条路，反而在示威和抗议中以"第二战线"的形式延续了下去。尽管奈温尽力闭关锁国，禁止西方思想传播，但对于自由民主的追求却始终有着外在和内在两种动因。外在动因提供了较强的助推力，特别是"冷战"结束前夕，全球自由民主化浪潮全面袭向苏东阵营，缅甸的独裁专制也受到冲击。整个过程中，民主派"屡战屡败"，均源于奈温坚定的反民主理念。但奈温自身国家治理的失败，让人们痛恨"腐败无能、效率低下、受特殊利益支配"的"历史倒退"，认为这些现象已经超越了"威权专制"本身。[1]

三是排华与反共。奈温本身是华裔混血，但其执政期间堪称缅甸建国后最排华的时期。一方面，奈温在很多场合强调自己的缅甸人身份、掩饰自己是华人；另一方面，奈温一直强调"缅甸社会主义"不是共产主义的思想，甚至在7月苏联副总理米高扬和中国总理周恩来相继访缅之后，促使执政党社会主义纲领党专门颁布《缅甸社会主义纲领党的特点》与共产主义和民主社会主义划清界限。[2] 奈温自上而下的反共排华政策，主要是担心缅共借中国之手篡夺其政权，也担心中国在"文革"期间激进社会主义输出增加缅甸社会压力。随着打击无国籍人士法令的颁布，近10万中国人被迫离开缅甸。[3]

---

① ［美］塞缪尔·亨廷顿：《第三波：20世纪后期的民主化浪潮》，欧阳景根译，中国人民大学出版社2013年版，第22页。

② 李晨阳：《军人统治期间缅甸大事记》，载李晨阳主编《缅甸国情报告（2011—2012）》，社会科学文献出版社2013年版，第205页。

③ Murray, Chinese Education in South-East Asia, p. 191; Martin Smith, *Burma-Insurgency and the Politics of Ethnicity*, London, New Jersey: Zed Books, 1991, pp. 153 – 154, 225 – 226, 98, 39.

1967 年，仰光发生大规模排华事件，中国援缅专家刘逸及 24 名华侨遇害，6 月 29 日中国驻缅使馆被围攻，中缅关系急剧恶化。[1]

　　在此基础上，各仁人志士开始寻求推翻这一统治来维系个体安全与自由。经济倒退、外援被切、内战纷繁浇熄了缅甸民众在独立后复兴国家的希望，而奈温政府通过情报机关无孔不入的监控更促使人人自危。在安全和发展权利受到根本威胁时，缅国内开始了自上而下和自下而上的反抗活动。自上而下的活动包括前总理吴努、吴巴瑞，前副总理吴觉迎，原军政府昂季准将等，他们多次因向奈温提交建议和恢复民主的政治倾向而被奈温以政治犯的名义抓捕。由于不掌握权力，他们只能转入自下而上的抵抗运动中，尤以吴努、昂季为甚。1966 年获释后，吴努联系民间人士组成的国内团结顾问委员会，在 1968 年向奈温再次提交建议，失败后流亡国外并成立议会民主党，募资以推翻奈温政权；[2] 昂季准将则因同情和支持民众抵抗运动于 1972 年再度被捕。此外，在 1976 年 7 月，少壮派军官吴觉敏发动政变，意图结束缅甸社会主义制度，虽然以失败和被处死告终，却引发了学生的抗议支持。[3]

　　总的说来，对内统制、对外孤立，构成奈温集权式政治转型的主要部分，该阶段的转型最直观的结果便是缅甸的经济发展水平一落千丈，社会稳定也被战乱和贫困破坏殆尽，打乱了正常转型周期应有的进程，是转型的历史性倒退。奈温誓言通过各种计划经济实现阶段性目标和民族团结，然而事与愿违，不仅到 20 世纪 80 年代中期缅甸经济急剧下滑，少数民族地区也因为得不到政策的倾斜而沦为世界最大的毒品集散地之一。在缅族本身没有得到发展的同时，与少数民族之间的贫富差距还在扩大，缅甸在 1987 年人均 GDP 190 美元，沦为世界上最不发达国家之一。[4] 各方反奈温运动在 1988 年的总爆发，终于让奈温政权无以为继，以国防军总参谋长苏貌为首的军人发动政

---

　　① 李晨阳：《军人统治期间缅甸大事记》，载李晨阳主编《缅甸国情报告（2011—2012）》，社会科学文献出版社 2013 年版，第 207—208 页。

　　② 同上书，第 209 页。

　　③ 同上书，第 215 页。

　　④ 贺圣达、李晨阳：《列国志：缅甸》，社会科学文献出版社 2009 年版，第 158 页。

变，结束了奈温时代的统治。

三 对奈温政权周期政治转型的系统性回顾

奈温政府初期采取了一系列措施，但其"缅甸式社会主义"不仅没能建立强大的国家，反而建立了滋生贫困和腐败的专制独裁。同期东南亚因为政变回到威权和走上强人政权的国家并不少，而这些国家的强人统治也持续了很长一段时间，但发展情况不尽相同，缅甸则是发展失败的典型案例（见表2-1）。[①]

表2-1 20世纪60—80年代恢复威权统治的东南亚国家[②]

开始时间	国别	强人/威权持续时间	GDP增长率（取1978—1988年平均数）
1962	缅甸	1962—1988年（奈温），1988—1992年（苏貌），1992—2011年（丹瑞）；约50年，其中奈温长达26年	2.3%
1977	泰国	1977—1988年（差玛南、春哈旺），11年	6.9%
1965	菲律宾	1965—1986年（马科斯），21年	2.2%
1981	马来西亚	1981—2003年（马哈蒂尔），22年	5.8%
1967	印度尼西亚	1967—1998年（苏哈托），31年	6.3%

奈温政权时期，缅甸政治转型的失败是多要素作用的结果，但如果做一个系统性回顾，可以发现奈温时期政治转型极不符合政治转型的规律，整个系统中涉及的要素消极效应也是相互叠加，最终造就了转型系统的失灵。

首先，早期奈温看守政权的确在稳定国家原有转型系统中发挥了

---

① 缅甸和菲律宾经济状况都比较糟糕，仅就1978—1988年而言，菲律宾平均GDP为866亿美元，平均人均GDP为552美元；相比之下缅甸平均GDP为56亿美元，平均人均GDP仅153美元，可见差距之大。当时，在威权之下将国家带向繁荣的包括泰国、马来西亚、印度尼西亚，菲律宾则因为条件比缅甸好未落后太多，只有缅甸在这一期间进入联合国"最不发达国家名单"。参见 Ivan Kushnir, *Gross Domestic Product*（*GDP*）：*Statistic Research*, CreateSpace Independent Publishing Platform, 2018。

② 参见 Ivan Kushnir, *Gross Domestic Product*（*GDP*）：*Statistic Research*, CreateSpace Independent Publishing Platform, 2018。

一定积极作用，整个国家的发展与稳定得到了暂时的安全确保，也说明奈温曾经参与到吴努政权政治转型的调节系统中。但是，吴努政权通过 1960 年大选延续的程序合法性被政变完全扼杀，这意味着转型周期已经被彻底打乱。吴努政权转型周期本应进入新的过渡期，但这个过渡期的政权主体被政变后的奈温新看守政权（1962—1974 年）取代。新的政权毫无程序合法性基础，但由于暂时维持住了国家的统一和稳定，其是具备一定的价值共识基础的。

其次，奈温新看守政权并没有选择延续转型过渡期的成果，也就是说该阶段所反馈出来的经济与安全状态，本应该换来政策延续的调节机制，却因为军人强烈的意志最终变成了政策的彻底更迭。调节机制变成了：管制经济发展、封锁对外交往和增强安全措施。由于调节机制引入了激进的行为要素，转型没有进入巩固期而是进入一个类似变动期，但是又没有保障该时期顺利过渡的制度，最终因为长期的军事独裁，转型直接陷入停滞。

最后，变动期在 1988 年因为全国性反奈温运动而迎来新的军人政变，新的程序性不合法取代了老的程序性不合法，缅甸直接进入新军人政权主导的另一个转型周期。

整个奈温时期，转型系统的各要素，除了经济与安全直观体现出来的发展停滞、社会不稳外，还有其他要素的消极作用。第一，民族主义的分裂性、对抗性与排外性暴露无遗。奈温标榜的"缅甸式社会主义"有很强的民族主义倾向，但不仅没能建立强大的国家，反而建立了滋生贫困和腐败的专制独裁，扭曲了社会主义。奈温政府的失败是多方面的，但归根于其极端集权而又低效的一系列民族政策。首先，利用集权式的民族政策进行全面管控，却"完全没有控制住"，政府财政支出每年三分之一用在镇压内乱，却"越镇压越乱"。[①] 其次，压缩整个国家的内部空间，民主化进程全面停滞。初期奈温的强力政策对稳定国家局势、建立统一的民族认同有非常重要的意义。然而，奈温未能及时集中社会资源发展国家和改

---

① 贺圣达、李晨阳：《列国志：缅甸》，社会科学文献出版社 2009 年版，第 149—150 页。

善民生，更没有高效率的治理，也没能建立社会认同和良好的法治。奈温力图同化异质的少数民族文化，以已经与缅族大量融合为由，否认孟族、钦族的文化传统特色，[①] 实际上又把大缅族主义暴露无遗，而 1974 年奈温强化军人统治更强化了这种沙文主义色彩。奈温政府采用"打压和排斥"而非"给予和改善"的方式，未能给各族民众带来实际利益，因而在少数民族中不得人心。过于严苛的管控无法调动民众的积极性，消耗了国内的资源，严重迟滞了国家发展。

第二，民主主义和区域主义全面失灵。奈温政权全力管控外部干预，抵制外在干预的同时将外资、外援挤压殆尽，以致基本挤压了国外对现代化的助力。一方面，该时期是东盟产生、融合并逐渐发挥作用的时期，缅甸在一开始就拒绝加入东盟，更不愿意东盟在其发展问题上发言，担心东盟干涉缅甸内政；另一方面，尽管东西大国博弈随着冷战愈演愈烈，但很多国家利用冷战带来的一些机遇（如依附某个大国及其阵营）也乘上了顺风车，找到了自己的发展模式，而缅甸拒绝任何大国的干预，希望自己走出危机。在几近于闭关锁国的状态下，缅甸的发展极大依赖于威权政府的政策，而恰恰是这种依赖，导致了因为政策失灵带来的各类恶性后果。到 20 世纪 80 年代中期，缅甸内外交困，奈温独裁统治山穷水尽。

第三节　1988—2010 年的转型：政治转型反思与自上而下的调适

一　转型过渡期：新军人政权对内民族政策的调整与国家认同的重建

所谓新军人政权，是指 1988 年原奈温军政集团内部因军官苏貌政变产生新的军人政权，有性质不变的军政府继承关系，但又开启了

---

① Mikael Graves, ed., *Exploring Ethnic Diversity in Burma*, Copenhagen Denmark: Danish Institute for International Studies (DIIS) Press, 2007, p. 159.

缅甸新的政权周期，这种既有继承关系又有不同的新政权被界定为"新军人政权"①。尽管苏貌通过各类怀柔措施来进行拉拢，国父昂山将军的女儿昂山素季领导的全国民主联盟（NLD）还是获得了1990年大选的绝对胜利，而纲领党转化的"民族团结党"只获得了10个议席，甚至低于掸族和若开族的民族党。军政府不愿意交权，最终还是通过强制镇压和暴力逮捕等手段控制了政权。然而，逮捕民盟主要领导人昂山素季、吴温丁和前总理吴努的手段，使得新军人的合法性再度受到国际国内广泛质疑。

新军人政权的首脑，在苏貌短暂掌权4年后，即由丹瑞取代。丹瑞是土生土长的缅族，又是一路从军校升职而来，其上台后重新独揽了军政府大权，为了通过绩效来修补军人政权的合法性，丹瑞开启了新一套国家重建与改革开放的政策。

吴努和奈温给新军人留下的最大政治遗产，就是通过从形式到立法的"不承认"，并通过镇压和军事打击将少数民族分离运动压制住，维护缅甸国家不分裂。新军人政府基于整合与团结国内力量、重振缅甸国力的意愿，通过民族认同的重建，逐步恢复了整个国家的民族认同。

首先，推进政治和解。在全缅境内已经建立起数十支少数民族武装的既成事实下，政府以国家不分离的前提条件，同意与政府和解的地方民族武装在辖区内自治，并赋予"特别行政区"（特区）的称号。军政府意识到"主动归顺"优于"征服同化"，而赋予特区资金使其自治的策略，也分担了其在国际禁毒和人权关注方面所要承受的压力。到1999年，已经有19支民族武装归顺军政府。②

其次，建立缅甸国族认同。将原有的分离主义情绪转化为通过政治斗争及议会选举获得更多自治权，是新军人政府采取的主要措施，主要目的是让少数民族树立"缅甸国族内的自治"。自1989年后，改国名为"Myanmar"的做法也试图使"缅甸国族"更有包容性，而

---

① 贺圣达：《新军人集团执政以来缅甸的经济改革和经济发展（1988—2008）》，《南洋问题研究》2009年第3期。

② 韦红：《缅甸政府在民族问题上的策略调整》，《当代亚太》2001年第9期。

不仅仅指缅族（Barma）;① 1993 年 1 月，除了邀请 9 支少数民族代表
参加制宪大会外，政府允诺新宪法中将规定少数民族自治的原则，
700 多名代表组成的宪法起草委员会吸收了各少数民族的代表，还提
供国民大会为少数民族表达观点的场所。② 2006 年迁都决定，让缅甸
新政中心从靠近缅族中心的南部仰光向更朝向缅北少数民族的内比都
地区转移。

再次，减少民族发展差异。1989 年后，政府成立"边境与民族
地区发展中央委员会"等组织，并由恢复法律与秩序委员会亲自负
责少数民族地区事务。1993 年，政府拨款 127 亿缅币用于民族地区
发展。在基础设施、文教卫生、社会福利提高的前提下，民族矛盾大
大缓和。

实际上，在转型过渡期内，政府反对派出现了"合流"。在共同
反抗缅政府的过程中，少数民族和缅族中的民主派开始互相同情。
例如，克伦民族联盟就多次公开支持昂山素季。③ 而"全缅学生民主
阵线"（ABSDF）更是在克钦独立军和克伦民族解放军的实质支持下
组建了全缅学生民主阵线学生阵营。1988 年成立的缅甸民主同盟
（DAB）包含民主主义者和民族分离分子，而 1998 年流亡泰国清迈
的民盟、学生军和克伦民族联盟更是组成"21 世纪人民力量"。大缅
族阵营的分裂，不仅使新军人政权重建合法性更加困难，而意图再通
过佛教或者集权推行大缅族主义的基础也不复存在。尽管 1989—
1992 年少数民族政党被镇压的情况与奈温时期并无二致，但反政府
力量日益重组的现实使新军人集团日渐感到危机。1992 年丹瑞上台，
执政集团开始意识到，如果一再坚持大缅族主义的立场，只会造成民
族分离主义的增强、促使缅族内部继续分裂，不仅昂山素季和"88
学生组织"代表的民主派将竭力反抗，军人内部也会出现更多类似
昂季准将、昂觉敏的情况，新的政变也便不远了。

① Eduardo Zachary Albrecht and Amit Arora, "Democratization and Good Governance in My-anmar/Burma", *Journal of Corruption Studies*, Vol. 19, No. 1, 2014, pp. 211 – 234.

② Zaw Oo and Win Win, *Assessing Burma's Ceasefire Accords*, Washington: East-West Cen-ter, Policy Studies 39 (Southeast Asia), 2017, p. 52.

③ 钟智翔、李晨阳：《缅甸武装力量研究》，军事谊文出版社 2004 年版，第 164 页。

在新军人政府时期，四股民族分离主义并未实现合流，而由于政府的分化、笼络政策走向了不同的道路。主要趋势是：各民族对争取利益的方式有了转变，而分离主义的倾向则有所削减。因"退出权"问题建立的多支少数民族武装，如掸、孟、克耶、钦、若开等邦的武装力量选择归顺政府，换取政府给予的经济和政策支持；"对抗型"的克伦族武装则内部分化严重，在泰国活动的余部因泰缅关系改善和泰方施压，空间也日趋缩小；"流离型"的罗兴伽武装仍旧与政府军冲突不断，但和若开族也发生了矛盾；缅共最为特殊，1989 年在其内部彭家声、鲍有祥、林明贤、丁英的兵变下一分为四（后又一分为五），相继接受与政府的谈判。民族分离主义的削弱，除了各民族争取利益方式的差异和丹瑞政府政策的转变，还包括其内部治理失策、经济发展不力。更主要的是，分离主义最需要得到的外部支持，也因为其毒品贸易、跨境犯罪的盛行而丧失。

二　转型巩固期："七步民主路线图"的提出

如果说 20 世纪末期新军人政权的主题是民族问题的话，21 世纪初期主题就转到了民主化问题上。随着民族矛盾得到缓和，政府开始着力于同昂山素季进行缓和。问题出现了，政府"进两步退一步"策略与昂山素季及其支持者希望迅速在缅甸恢复民主制度的要求不符，最终结果是昂山素季断断续续被监禁了 17 年多，并且形成每次释放和再度关押或者延长关押都要引发民众示威抗议的"昂山素季困境"（见表 2 - 2）。

表 2 - 2　昂山素季"抓捕—释放"与民众示威抗议的互动进程①

时间	昂山素季关押情况	期间发生的民众民主抗议
1989 年 7 月 20—1995 年 7 月 10 日	第一次关押后释放，但仍有人身限制	1988 年 8 月全国民主示威；1988 年 10 月仰光学生示威；1989 年 7 月烈士节示威
1997 年 1 月	解除限制，但随即再限制	1996 年 5 月支持素季游行

---

① 表格为笔者自绘，资料来源：李晨阳主编：《缅甸国情报告（2011—2012）》，军事谊文出版社 2004 年版，第 223—256 页。

续表

时间	昂山素季关押情况	期间发生的民众民主抗议
2000 年 9 月 2 日— 2002 年 5 月 6 日	第二次关押后释放	2001 年 9 月民盟 13 周年纪念要求释放素季；2002 年 5 月泰缅边境游行示威
2003 年 5 月 30 日	第三次关押。政府宣称将无限期拘禁昂山素季	2003 年 5 月，素季支持者游行示威；2003 年 9 月，支持总理钦纽的大型集会
2003 年 10 月 13 日	政府表示将继续实施保护性居留	
2004 年 12 月 1 日	宣布延长昂山素季关押至 2005 年 9 月	2004 年 4 月，仰光群众游行示威要求释放素季
2005 年 11 月 27 日	宣布延长昂山素季关押至 2006 年 5 月	2005 年 5 月，民盟大选胜利 15 周年集会；9 月，民盟成立 17 周年集会
2006 年 5 月 26 日	宣布延长昂山素季关押至 2007 年 5 月	2006 年 7 月，第 59 届烈士节纪念集会
2007 年 5 月 25 日	宣布延长昂山素季关押至 2009 年 8 月	2007 年 9 月，12 省邦僧侣游行示威，成为 1988 年以来最大规模的反政府运动，史称"袈裟革命"
2009 年 8 月 11 日	以非法容留外国人为名判处昂山素季 3 年徒刑，随后丹瑞大将签署命令改为 18 个月监禁	
2010 年 11 月 13 日	昂山素季获释	

　　尽管仍是专制主义军政府，新军人政权却已经深切地感受到变革的重要性，特别是在"冷战"结束、"美国模式"的自由民主全球流行之际。新军人政府选择与中国的紧密依靠，解决了外部因素的顾虑。

　　首先，苏貌政府基本稳定了三大民族主义，继任者丹瑞则利用此机会建立了强政府，并基于对民生、效率和认同的兼顾开始缔造法治。缔造法治的进程，包括完善法律、制定宪法和创构"七步路线图"。该过程基本找到了缅甸发展的"理想时序"。完善法律的进程进一步巩固民生、效率与认同要素。在 1992—1996 年间，丹瑞政府颁布了《缅甸合作社法》（1992）、《边疆地区与少数民族发展法》（1993）、《边境地区与民族发展总体计划》（1993—2004）等，[①] 不

---

① 贺圣达、李晨阳：《列国志：缅甸》，社会科学文献出版社 2009 年版，第 166 页。

仅与 18 支少数民族和解，也基本结束了大规模的内战进程，将冲突限制在局部。到 2000 年，缅甸 GDP 增长率开始突破 10%，成为东南亚新兴活力经济体。① 制定宪法的进程增加了政府的合法性。其承诺"制定宪法"后移交权力，实际上也实现了，只是拖到了 2008 年以后。这中间的 20 年实际上是有必要的，因为这是缅甸巩固内在发展前序要素（特别是民生、效率和认同）积累所必要的时间延迟或者说"火候"。制定宪法是通过"七步路线图"来进行的。

所谓"七步路线图"，是指 2003 年时任总理钦纽提出缅甸民主化进程的"七步路线图"：第一步重启 1996 年中断的国民大会；第二步召开国民大会建立一个真实的有充分秩序的民主制度；第三步按照国民大会制定的基本原则和详细原则起草新宪法草案；第四步用全民公投形式通过新宪法草案；第五步按照新宪法举行大选以组成议会；第六步按照新宪法召开由议员参加的议会；第七步由议会选举产生的国家领导人和议会组成内阁及权力机构，领导国家迈向现代化的发达的新民主国家。② 七步路线图实际上是"民主路线图"，其中包含了责任制政府所需要的政治参与、职业机构和权威的合法化，而此处的合法化还包含了获得国际承认的"合法化"。七步路线图体现了缅甸领导人强烈的"时序意识"，也表现了"渐进而为"的思想——既要作为，又不能操之过急。

亨廷顿解读民主化过程中的四股力量，即"保守派""改良派""民主温和派"和"革命派"中，改良派与温和派之间的力量差异影响着民主进程的发生方式。③ 但在缅甸，除了保守派之外的哪一派都不强势，而革命派甚至已经随着缅共的分裂而退出历史舞台，因此保守派和改良派的分裂以及外部力量的干预对民主化极为重要。2004年国民大会后，缅族统治精英内部出现新的分裂。一方面，前总统奈温女婿和儿子涉嫌政变被捕、奈温被软禁并病逝；另一方面，改良

① Ivan Kushnir, *Gross Domestic Product*（GDP）；*Statistic Research*, CreateSpace Independent Publishing Platform, 2018.

② 贺圣达、李晨阳：《列国志：缅甸》，社会科学文献出版社 2009 年版，第167—170页。

③ ［美］塞缪尔·亨廷顿：《第三波：20 世纪后期的民主化浪潮》，欧阳景根译，中国人民大学出版社 2013 年版，第 118 页。

派、新上任的总理钦纽与外长吴温昂，同保守派和发委主席丹瑞、貌埃矛盾日益激化。钦纽、吴温昂很快被清扫出政局并以贪污罪名关押。而此前，钦纽公布的"七步民主路线图"获得了昂山素季和民众的广泛支持。在保守派势力缩水的同时，国际社会对缅甸民主改革的压力，特别是来自于美欧的经济制裁日益加重。为此，丹瑞提拔了新的军方三号人物瑞曼和四号人物吴登盛，在其可控范围内开始了渐变改革的进程。

三　转型变动期：内外施压加快与 2010 年大选的举行

尽管新军人政府致力于革新，但毕竟 20 年的周期并不足以让一个持续了半世纪的军政府交权。潘维认为，特权如瘾，"戒特权瘾比戒毒还难"[1] 是不无道理的。丹瑞数次放宽限制、"宽容"昂山素季换来的是数次令政府棘手的街头政治和西方的加大制裁。丹瑞最终彻底交权，缅甸转型为民主政体，实际上与当时政府受到的内外压力有关系。

（一）内部压力：由内而外的民主化需求

尽管新军人政府革新、开放，改善了民生，提高了行政效率，建立了国族认同，增强了法治，但毕竟时间不长、久度不够，制度未能巩固，持续发展经济仍然达不到东南亚国家的平均水平。[2] 由于缅甸放出改革信号，加上世界民主第三波浪潮持续发酵，以欧美为代表的西方国家加大对缅甸的施压。

由内而外的民主，是指通过推进理想时序，使国内产生内在民主需求，并且管控外部民主压力，简单说来就是自上而下的渐进式民主。

首先，优先内在发展，建立管控机制。丹瑞政府开启外资输入，但并非全面放开，而是渐进式准入。1988 年颁布《缅甸联邦外国投资法》是建立在"增长第一战略"基础上的，在确保国内产量提高

---

① 潘维：《比较政治学理论与方法》，北京大学出版社 2014 年版，第 34 页。
② 直到 2013 年，缅甸人均 GDP 达到 1183 美元，而东南亚的人均 GDP 是 3959 美元，详见 Ivan Kushnir, *Gross Domestic Product（GDP）：Statistic Research*, CreateSpace Independent Publishing Platform, 2018。

的基础上，外汇储备提高到 2003 年的 5.12 亿美元（这在国际社会仅是很小的数值），小幅度提高的前提还是建立在部分外资的管控之上的；① 此外，鼓励合资，如 1991 年 9 月颁布《关于内外合资企业的规定》，批准 17 家部署合资企业。②

其次，通过内在发展而非外在力量来保障民族主义的巩固，进而保证民主的实施不会导致分裂。借助外部力量来促使内部团结的方式在奈温政府时期已经证实不可行，因为内外恶性互动导致资源耗尽。为此，丹瑞致力于提高各民族的经济发展来促进民族团结。典型的例子是加强少数民族地区禁毒行动，努力推进金三角地区的"毒品替代种植"项目。在此基础上，援助同政府合作的民族组织，军事打击恶性贩毒的民族武装，如在 1996 年迫使当时全球最大的贩毒武装——坤沙向缅政府投降。③

再次，借助外部援助、建立捆绑利益。一方面是改善与周边国家的关系，特别是泰国、印度、孟加拉等国，积极参与次区域合作机制，如环孟加拉湾多部门技术与经济合作倡议（BIMSTEC）、南亚区域合作联盟（SAARC）、伊洛瓦底江、昭披耶河与湄公河经济合作战略（ACMECS）、大湄公河次区域合作（GMS）和孟中印缅经济走廊（BCIM）；另一方面是积极参与东南亚一体化合作，搭上东南亚一体化的顺风车，使缅甸成为东盟有机一部分，获得东盟对缅甸民主化的帮助和支持。以上努力的共同结果是：包括中国在内的缅甸周边国家和广大东南亚国家都愿意在保障缅甸稳定的基础上支持缅甸的渐进式民主。④

（二）区域交往与制度引导：导向民主化的功能动力

军政府在稳定发展的状况下很难主动放弃特权，新军人政府力图证实这样一种观点：初步改革开放的缅甸需要更多的时间来发展才能迈向良好的民主化进程，缅甸需要的更多是帮助和引导，而非导致动

---

① 贺圣达、李晨阳：《列国志：缅甸》，社会科学文献出版社 2009 年版，第 247 页。
② 同上书，第 245 页。
③ 同上书，第 493 页。
④ 徐本钦：《中缅政治经济关系：战略与经济的层面》，《南洋资料译丛》2005 年第 1 期。

乱的压力。为了证实自己"摸着石头过河"的敏感性，军政府多次在出现社会骚乱时就采取激进回应，如加大对昂山素季的惩罚，颇有"多米诺"悖论重返之势。但每次戒严、封校或者抓捕之后，很快就又释放积极信号，如重新开课、大赦等。

在缅甸受欧美国家的民族压力的过程中，区域交往特别是东盟较好地发挥了引导、枢纽和缓冲的作用。

其一，积极援助进行引导。1997年缅甸加入东盟后，东盟不遗余力地帮助缅甸转型。东盟国家积极援助缅甸的经济建设，同时给予缅甸较为充足的时间做好迈向民主的选择。2007年11月19日，东盟专门发表《东盟关于缅甸的主席声明》指出：东盟领导人同意尊重缅甸意愿，时刻为缅甸同联合国及国际社会合作铺路，将努力防止缅甸问题破坏东盟一体化和共同体建设……各方要充分利用"联合国秘书长潘基文及其特使甘巴里协助缅甸实现全国和解的时机"[①]。

其二，间歇性施压，缓冲西方压力。东盟通过向缅甸施压保证与西方的良好关系，以分担和缓冲西方压力。2006年东盟理解缅甸"尚未做好准备"，为了不让这个时机浪费，敦促缅甸放弃东盟轮值主席国地位。事实证明该选择是正确的，到2014年缅甸正式担任主席国时，其已经展示了民主进程带来的充足活力，没让东盟失望。[②]

其三，提供技术性参考，为缅甸提供转型模式选择。例如为缅甸提供"印尼模式"——印度尼西亚在经历了苏哈托30多年的威权统治之后，于1998年实现政治民主化，成为世界上最大的民主国家之一。其他威权转型的国家，如新加坡、马来西亚，由于地缘环境、历史类似，均成为可供参考的样板。

总的来看，东盟成为缅甸转型良好的战略依托，而东盟制度一体化建设对缅甸民主也有需求。东盟与缅甸的良性互动，既成就了缅甸渐进而为的发展，也再度成就了"东盟模式"开放包容的特点。随

---

① 13th ASEAN Summit Press Statement，"ASEAN Chairman's Statement on Myanmar"，19 November，2007，https：//www. mfa. gov. sg/content/mfa/overseasmission/washington/newsroom/press_ statements/2007/200711/press_ 200711_ 06. html.

② Kurt Stanton，"2nd ASEAN-U. S. summit held in Nay Pyi Taw"，*The Global New Light of Myanmar*，November 14，2014，p. 1.

着缅甸民主化进程的开启，东盟也在不断推促缅甸"不可逆转"的转型。

（三）化解博弈中的大国压力：导向民主化的互动要素

来自美欧大国的民主压力以各类形式渗入缅甸，"制裁＋引导"的方式也成了大国推促缅甸民主化的主要工具。此外，日益发展的中国凸显大国姿态，中美博弈成为全球热议的话题。缅甸处于大国博弈的前沿位置，一直担心自己像乌克兰那样成为牺牲品。为此，利用自身战略地位的重要性，寻找时机平衡大国关系、"两面下注"，在大国博弈中发挥平衡外交的优势、纵横捭阖，使缅甸在系统多元要素互动中得到了更多实质性的帮助。

面对欧美的民主压力，新军人政府最大化平衡外交战略，防止陷入奈温时期的孤立状态。这些战略最大的特点就是，保证国族利益最大化的前提下，尽量中立，表达与所有国家交好并建立合作关系的意愿。这种平衡型的民族主义是"多管齐下"效应中较为理性的选择，寻求利益均沾并且"搭便车"，实现自身利益最大化。借用缅甸总统首席政治顾问吴哥哥莱的话说："缅甸不会有任何'优先（priority）'战略，如果有，那么除了'东盟优先'，还有'中国优先''美国优先'等所有的'优先'。"①

首先，利用大国博弈，减少所受压力。2007 年军政府平息全国大规模抗议"袈裟革命"后，美国在联合国发起制裁缅甸的决议，中国和俄罗斯投了否决票，解除了缅甸的危机。尽管大国博弈缓冲了缅甸危机，但缅甸政府也看到了国际社会的底线，从而在 2007 年之后加速了转型进程，防止陷入新一轮危机。

其次，"各个击破"，获取大国援助。尽管一度陷入国际孤立的状态，但在与日本、中国、印度等大国交往的过程中，缅甸一直保持友好合作的姿态。日本作为美国的盟友，却在 1988 年后第一个承认缅军政府并恢复援助，日本一直塑造日缅"特殊关系"，缅甸也欣然接受；②

————————

① 笔者与前缅甸总统首席政治顾问吴哥哥莱于昆明座谈，2014 年 7 月 29 日。

② J. Mohan Malik, "Myanmar's Role in Reginal Security: Pawn or Pivot", *Contemporary Southeast Asia*, Vol. 19, No. 1, June 1997, p. 60. 也参见范宏伟《日本、中国与缅甸关系比较研究》，《吉林大学社会科学学报》2012 年第 3 期。

印度在发起"向东看"战略之后，加大了对缅甸的投入。与各大国的友善往来、坦诚相见，避免了大国直接介入缅甸内政，也让大国达成"帮助缅甸"改革的共识。

再次，转移大国对民主进程的注意力，寻求对更核心问题的支持。在改革开放的过程中，军政府尽力让大国了解到缅甸需要的是人道主义救助、禁毒、排雷、打击跨境犯罪等技术援助更非民主制度本身。除此之外，争取国际社会对与少数民族和谈进程的支持，转移大国对民盟的支持。2004 年恢复的国民大会少数民族代表大幅增加，占到了半数人口以上，而民盟未参与，此举意味着缅政府更愿意与少数民族政治和谈来建立民主进程而不接受民盟的权力取代，这间接否定了国际社会提出的"政府、民盟、少数民族"三方会谈的方案。[①]事实证明，由于军政府积极向西方释放和谈信号、努力化解民族危机，使得民盟地位日益下降并有所边缘化，从而使后者被迫参与由政府主导的民主进程。

（四）意图外效应：导向民主化的环境效应

推促缅甸朝着民主化进程加速的原因，还有很多意图外效应，这些效应让缅甸政府意识到，如果不加速民主化进程，缅甸很可能错过时机而再度陷入困境而进入"被政变"或"被革命"的轮回。这些"催化剂"加速了缅甸走向民主化的时间日程。

一是 2007 年的政局动荡。这次动荡范围遍及全国，僧侣作为主力大量卷入，示威抗议者敢于同军警对峙、声援昂山素季，被称为"袈裟革命"和"藏红色革命"。[②]镇压抗议的过程造成 10 人死亡和2171 人受伤，这使之前政府释放政治犯和与昂山素季对话的努力基本泡汤，并且引发了联合国对缅制裁决议的发出，幸免于中俄投出的反对票。这次事件成为 1988 年后最大的一次动荡，随后联合国秘书长特别顾问甘巴里数次访缅施压，使得缅政府公开表示将加速七点民主路线图计划的实施。

二是 2008 年的特大飓风"纳尔吉斯"袭击。先是人祸，又是天

---

① Trevor Wilson, ed., *Myanmar's Long Road to National Reconciliation*, ISEAS-Yusof Ishak Institute, 2006, p. 40.

② 贺圣达、李晨阳：《列国志：缅甸》，社会科学文献出版社 2009 年版，第 177 页。

灾。此次风灾进入缅甸后造成 10 多万人罹难，受伤者不计其数。在缅甸强大的自然灾害面前，缅政府深感自身救灾无力，公开对外求援。在东盟协调之下，美国等制裁缅甸国家也陆续伸出援手。风灾来临之际是缅甸新宪法公投之时，也是 1988 年危机 20 周年之际，军政府顺势而为，终将大选时日定在 2010 年。

四　对新军人时期政治转型的系统性回顾

新军人时期政治转型大致对应西方所谓的"民主化"阶段，即从"非民主"转向"民主"的建制过程，具体来说就是"七步路线图"。不过，对于缅甸来说，民主制度一直都只是新军人政权维系自身合法性的"缓兵之计"，只是在政策的内外倾向出来之后，受到外界巨大的压力助推。

在新军人政权的过渡期，解决的仍是程序不合法的问题，新军人选择通过国家认同重建这样的价值共识来巩固合法性，因此该时期转型系统中，影响机制体现在通过民族国家构建的过程中。民族国家构建的进程同时也是改革开放的过程，该过程促进了社会经济等方面的发展。

在新军人政权的巩固期，通过"七步路线图"旨在解决民主价值共识的问题，以回应民众对其关押昂山素季的不满。尽管如此，该时期绩效合法性仍然是新军人政权合法性的基础，因为国家稳定和经济发展，才使该政权得到国际社会的容忍，以东盟国家为首，通过压力和援助双重助推，促使新军人政权加快转型。此时安全和经济要素融入到反馈机制中，使得新军人政权敢于进行下一步政策的调整。

在新军人政权的变动期，即便丹瑞政权迟迟不愿修宪和大选，因为内外压力和自然灾害等影响，变动还是提前到来了。2010 年大选中，新军人政权通过"换装执政"实现了退役军人主导下的政治转型。该转型虽然是不彻底的，但基本保证了新政权能够有政策延续性，也就意味着下一阶段的调节机制将基于此前的反馈进行，促使政治转型能够朝着新军人政权所设计的方向前进。

回顾该进程中的各要素行为体，民族认同（民族主义）和民主主义的压力似乎占据了压倒性的地位。在 1988 年全国示威和混乱事件中的结果，与当时国际社会普遍出现的第三波民主化浪潮相反，缅甸却再度回到了军人政权，并且长期以来欧美国家的封锁没有让缅甸军政权垮掉，反而坚持了 20 多年。尽管如此，由于民族主义内部互动和民主化的压力，新军人政权却已经深切地感受到变革的重要性，特别是在"冷战"结束、"美国模式"的自由民主全球流行之际，缅甸军政府开启新一轮渐进的国家转型进程。

首先，逐步推动三大民族主义良性互动。整合三大民族主义为统一国家民族主义的关键方针在于政治和解（Political Reconciliation）和政治对话（Political Dialogue），即在完成停火和谈并满足少数民族组织地位合法化之后，通过对话解决其政治地位的问题。[1] 苏貌政府基本稳定了民族形势，继任者丹瑞则利用此机会建立了由强政府引领的缓慢发展与渐进式转型。在此基础上缔造法治进程，包括完善法律、制定宪法和创构"七步路线图"。在 1992—1996 年间，丹瑞政府颁布了《缅甸合作社法》（1992）、《边疆地区与少数民族发展法》（1993）等，[2] 不仅与 18 支少数民族力量和解，也基本结束了大规模的内战进程，将冲突限制在局部。

其次，通过民主化的发展契机优先内在发展，把握转型主动权。建立国家民族主义管控下、由内而外而非由外而内、自上而下而非自下而上的民主化。具体而言，新军人政府开启外资进入，但并非全面放开，而是渐进式准入；通过内在发展而非外在力量来保障国家民族主义的巩固，进而保证民主转型不会导致国家分裂。

再次，区域交往与制度引导，利用民主化的机遇行发展之实。在缅甸受欧美国家民主压力的过程中，东盟对缅甸稳定转型较好地发挥了引导帮助和缓冲外压的作用。其一，1997 年缅甸加入东盟后，东盟不遗余力地帮助缅甸转型，提供多方面援助。其二，间歇性施压，缓冲西方对缅甸的民主压力。东盟通过向缅甸柔性施压保证其与西方的良好关系，以分担和缓冲西方对缅甸和东盟的压力。其三，提供技术性参考，为缅甸提供一定的转型经验。印度尼西亚、新加坡、马来

---

[1] Trevor Wilson, ed. , *Myanmar's Long Road to National Reconciliation*, ISAS, ISEAS-Yusof Ishak Institute, 2006, p. 52.

[2] 贺圣达、李晨阳：《列国志：缅甸》，社会科学文献出版社 2009 年版，第 166 页。

西亚不同特点的转型模式可供缅甸做一定的参考。东盟成为缅甸转型良好的战略依托，而东盟制度一体化和共同体建设对缅甸民主也有需求。东盟与缅甸的良性互动，既成就了缅甸渐进转型与发展，也再次彰显了"东盟模式"开放包容的特点。

此外，化解民主与现代化进程多方博弈中的大国压力。来自美欧大国的民主压力以各类形式渗入缅甸，"制裁＋引导"的方式也成了大国推促缅甸民主化的主要工具。此外，缅甸处于大国博弈的前沿位置，利用自身战略优势寻找时机平衡大国关系、"两面下注"，在大国博弈中发挥平衡外交的优势，使缅甸在系统多元要素互动中得到了更多实质性帮助。在保证国家民族利益最大化的前提下，尽量中立，表达与所有国家交好并建立合作关系的意愿。具体说来：一是利用大国在缅甸博弈产生的矛盾，左右逢源，借力打力，减少外部压力，获取大国更多援助。二是转移西方大国对民主进程的注意力。军政府尽力让大国了解到缅甸需要的是人道主义救助，禁毒、排雷、打击跨境犯罪等技术援助，而非仅仅是民主转型。

最后，利用一些意外事件，转患为利，加速民主化进程，从而加速整体的现代化进程。例如，2007 年"袈裟革命"后联合国秘书长特别顾问甘巴里数次访缅施压，缅政府以此为契机公开表示将加速实施"七步民主路线图计划"；2008 年的特大飓风"纳尔吉斯"造成 10 多万人罹难，受伤者不计其数，缅政府深感自身救灾乏力，公开对外求援。[①] 在东盟协调之下，美欧等制裁缅甸的西方国家也陆续伸出援手。风灾时期也是缅甸新宪法公投之时，也是 1988 年全国性示威 20 周年之际，军政府顺势而为，将救灾作为一次争取西方国家一定理解和支持的机会，终将大选之日定在 2010 年 11 月 7 日。

---

① 贺圣达、李晨阳：《列国志：缅甸》，社会科学文献出版社 2009 年版，第 177 页。

第三章

2011—2016 年缅甸政治
转型与内外政策

吴登盛率巩发党在 2010 年大选中获得 77% 的绝对多数，并依法在 2011 年 2 月组建了联邦议会，推举 3 名副总统人选，最终由获得议会最多票数的吴登盛，票数次之的民选副总统赛茂康、军方推举的副总统丁昂敏乌在 2011 年 4 月组建联邦政府。吴登盛民选政府执政是缅甸国家转型的突破，其开启了广泛改革：新政治体制实行立法、司法、行政三权分立，在国家建设，民主发展，放开社会，发展经济，缓和民族矛盾，对外开放，拓展外交等方面，进展迅速。缅甸 2011—2015 年均经济增速超过 7%。缅甸这一轮转型几乎与阿拉伯之春同步。中东陷入混乱，而缅甸转型总体平稳。缅甸从威权向民主转型的速度之快，成就之大，出人意料，被西方国家视为"地区民主转型的新样板"。2015 年 11 月 8 日，缅甸举行了举世瞩目的大选，昂山素季领导的民盟再次获得压倒性胜利，赢得民选议席中的 77% 的席位。2016 年 2 月，由民盟主导的联邦议会两院陆续开幕，3 月 30 日，民盟领导的新政府宣誓就职，"和平交权"顺利实现。

第一节 吴登盛执政初期的改革
措施与内外政策

吴登盛政府于 2011 年 3 月 31 日就职后，在国内外的关注下，以改革为核心，朝着多党议会民主制、宏观调控的市场经济和全国和解的方向大步迈进。①

一　2011 年的历史转折点和政治改革措施

（一）新联邦议会和政府顺利组建

2011 年 1 月 31 日—3 月 23 日，缅甸联邦议会第一次会议在首都内比都召开。2 月 1 日议会选举军政府第三号人物吴瑞曼（U Shwe Mann）为人民院议长，吴钦昂敏（原文化部部长）为民族院议长，两人轮流担任联邦议会议长。2 月 3 日，联邦议会三个选举团（即人民院选举团、民族院选举团、国防军总司令提名产生的两院军人选举团）分别提名时任总理吴登盛、赛茂康（Sai Mauk Kham，掸族人，内科医生，掸邦文化艺术协会主席）和时任国家和平与发展委员会第一秘书长吴丁昂敏乌为副总统人选。2 月 4 日，联邦议会进行了总统投票选举，吴登盛以 408 票当选为缅甸总统，丁昂敏乌以 171 票当先为缅甸第一副总统，赛茂康以 75 票当选为第二副总统。

2 月 8 日，总统吴登盛向联邦议会提出新政府设立 34 个部的议案，由于部分人员兼任部长，因此吴登盛只向联邦议会提交了 30 名部长候选人。② 其中国防部长、内务部长、边境事务部长按 2008 年宪法是由三军总司令丹瑞大将直接提名。2 月 9 日，丹瑞提名哥哥中将为内政部长，拉敏为国防部长，提名原军械部部长登泰为边境事务部部长。2 月 10 日，联邦议会表决通过了政府部门的设置和 30 名部长人选。在 30 名部长中，现任和退役的军官 26 名，真正的文人只有 4 名，且其中担任军队高官和军政府副部长以上人员超过了 70%。2 月 21 日，吴登盛提名前陆军少将伦貌（Lun Maung）为联盟总审计长，提名前陆军准将觉杜（Kyaw Thu）为联邦公务员委员会主席。与此同时，地方议会当选议员举行会议，各省（邦）议会选举产生了各省（邦）的首席部长和部门负责人。3 月 30 日，丹瑞签署命令，宣布自即日起解散国家和平与发展委员会（SPDC；1997 年 11 月以前为国家恢复法律与秩序委员会，SLORC），正式向新政府移交权

---

① 祝湘辉、李晨阳：《2011 年的缅甸：在改革中前进》，《东南亚纵横》2012 年第 2 期。

② 同上。

力。同日，吴登盛和两位副总统宣誓就职，随即吴登盛总统签发命令，任命了联邦政府各部部长和各省邦行政长官，宣告新政府正式成立。

（二）新政府大力推行政治改革

2011 年 4 月 1 日，新政府正式开始履行职责。从 2011 年内一系列施政措施来看，新政府的变革决心和步伐都很大。加大政治开放力度、扩大对外开放、加快工业和私营企业的发展、消除贫困是缅甸新政府在 2011 年的四大着力点。

缅甸新政府主动减少了在政治领域和社会层面的控制。2011 年 8 月 17 日，政府公开呼吁流亡国外的民主人士回国帮助重建经济，政府将与这些人士合作，而不是追究罪责。政府还重新批准国际红十字会人员到缅甸监狱进行探视；仰光等省邦对赌博、违法 KTV、路边设摊、学校乱收费等情况进行了整顿。9 月 5 日，缅甸成立了国家人权委员会（NHRC），它由 15 名退休的官员和学者组成。政府表示该组织将独立运作，该委员会已经给吴登盛总统写了一封公开信，呼吁释放所有被关押的政治犯，并于 12 月对克钦邦难民进行了调查，号召冲突各方恢复当地安全和稳定。

政府放松了出版审查，提升新闻报纸杂志的自由度；减少对私营媒体的控制，公开议会会议过程，允许一些外国记者旁听和采访议会的一些会议和报道反对党活动；允许议员和媒体批评政府的政策和做法，允许外国媒体在缅甸设立记者站以及昂山素季的图片出现在报纸的首页；2011 年 6 月，缅甸解除了对体育、娱乐和彩票等期刊的审查。2011 年 10 月 8 日，国家新闻审查与登记署长丁瑞（Tin Shwe）在接受自由亚洲电台采访时甚至表示：缅甸的审查机制跟民主实践是不相容的，所以应该解散这一机构。据《缅甸时报》报道，缅甸政府于 12 月 9 日公布新法规，共计 54 种商业期刊和书籍无须在出版之前经过政府审查，并且在通过新的媒体法律前，教育及宗教刊物也将转为"自我审查"制度，同时宣传部长吴觉山表示政府将放宽对电影和录像的审查。不过新闻媒体还必须继续接受严格的审查，有官员透露政府不久后也会放宽新闻审查。政府还解除了对国外网络和媒体的封锁，从 2011 年 9 月开始，Facebook、Twitter、BBC、Youtube、缅甸民主之声和美国之音等国外网站都能上网浏览。

吴登盛总统在 5 月 16 日签署减刑令和大赦令，规定凡是被判处死刑的犯人都被减为终身监禁，其他犯人减一年服刑期。5 月 17 日，14600 多名犯人获释。10 月 12 日，吴登盛总统再次颁布大赦令，释放了 6000 多名犯人，其中包括近 200 名政治犯，有一些是知名反对党领导人。11 月 15 日，曼德勒 5 名僧侣为抗议当局继续关押余下的政治犯而举行了示威活动，得到了几百名当地民众的支持，政府也没有对这次僧侣的抗议进行镇压。

缅甸还于 2011 年 10 月 11 日通过了《劳工组织法》，规定工人可以组织工会并有罢工的权利。[①] 罢工组织者要向当局提前 14 天申请，告知参加人、时间和地点，并避免涉及水、电、消防、卫生和通信等公共设施，这也是缅甸 1962 年以来首次允许罢工。

12 月 2 日，缅甸通过了《和平集会游行法》。该法共 8 章 24 条款，规定示威者可以手持旗帜和政党标志在政府大楼、学校、医院和大使馆以外的地方进行示威、游行和集会，但要求参与游行示威者在活动前 5 天向政府提出申请并获得政府部门的同意。

（三）各级议会按照民主法制规定正常运转

2011 年 1 月 31 日联邦议会第一次会议召开。除了选举正副议长、总统和法官外，议员还讨论了征地、救灾、新闻审查制度、军队强制劳役、地区产品在国内流通、民族歧视、对掸族政治犯大赦等敏感问题，向政府提出了质询。这在以前是这不可想象的。虽然巩发党和军人议员在议会中占据了多数席位，但是他们表现都很低调，他们的作用主要是以数量优势阻止议会修改宪法中关于军人作用条款。[②] 人民院和民族院议长对于议员的讨论采取公开和自由的态度。人民院和民族院两院都设立了财政委员会、公共事务委员会、权利委员会，在这些委员会中，除了巩发党议员参加，还包括了三分之一的反对党议员，却没有一名军人议员。

2011 年 8 月 22 日，联邦议会第二次会议在内比都开幕。此次会

---

① 祝湘辉、李晨阳：《2011 年的缅甸：在改革中前进》，《东南亚纵横》2012 年第 2 期。

② 同上。

议不仅审议通过多项法律修正案，涉及经济、教育、税收等领域，议员们还就经济改革、民族和解等议题进行了讨论。吴登盛总统在会议上做了新政府工作报告，人民院议长吴瑞曼表示议员应为了人民和国家利益提交议案，审议修改法律，要听取全体人民及国际社会建议和意见。在这次会议上，人民院与民族院就一项议案产生了争议。10月 28 日，民族院议长兼联邦议会议长吴钦貌敏提出一项动议，两院法案通过后，在提交总统签署之前，应先送联邦宪法法院审查是否符合宪法。当部分议员表示赞成后，吴钦貌敏未追问有无反对，便宣布将该动议记录在案。在人民院，以吴瑞曼为议长的人民院议员普遍反对这一动议，认为在宪法没有明确规定的情况下，民族院无权为议会通过法案多加一道程序，这样做会削减议会的权力。他们通过一项要求推翻该动议的决议案，理由是吴钦貌敏提出动议时，未给予议员反对的机会，因而从程序上来说是不合法的。表面看来这是个程序问题，实际上它关系到议会与宪法法院的分权问题，这是 2008 年宪法运行以来议会中第一次重要交锋，最后联邦议会全体会议撤销了民族院的动议。

但是，军人利益仍然是不可触动的红线。在 8 月 30 日，人民院一独立议员提出取消国家紧急状态法的议案，遭到了人民院的否决。内政部长哥哥和占绝对多数的巩发党议员一致反对此议案，理由是该法律对于保障国家安全和法律秩序非常重要。

（四）新政府与昂山素季建立合作关系

昂山素季 2010 年 11 月 13 日被解除软禁后，对其政治策略进行了较大的调整。希望有条件地与政府合作，鼓励政府在民主道路上一步步变化，对此新政府投桃报李，增大了昂山素季的自由度，不仅允许她频频与国际政要会晤，还同意其去蒲甘等地礼佛和巡视勃固，邀请她参加纪念她父亲昂山将军的烈士节活动，也没有禁止她出席 8 月 8 日的民主运动 23 周年纪念日大会。

8 月 12 日，昂山素季与劳工部长吴昂季经过会谈之后达成了 4 点协议，核心内容是为了国家的安定和发展，民盟将与政府在政治、经济和社会领域加强合作。8 月 19 日，昂山素季首次与吴登盛总统在内比都举行了一个小时的会晤。次日，昂山素季还参加了在内比都国家会展中心举行的经济发展研讨会，并与边境与少数民族事务部登铁少将、社会福利与救济安置部长兼劳工部长吴昂季等人交谈。昂山素季称此次会晤令她"感到鼓舞"。9 月 30 日昂山素季与吴昂季再次会见，吴昂季表示欢迎民盟依法进行登记。昂山素季此后明确表示，不赞成缅甸出现北非那样的暴力革命和政治骚乱运动，缅甸正在发生的变化使她相信新政府是在真心进行政治变革，这意味着昂山素季转向了与政府合作的务实态度，而不是一味地与政府进行对抗。昂山素季的这种政治态度也极大地影响了缅甸各民主政党。12 月 23 日，人民院议长杜雅吴瑞曼和民族院议长吴钦昂敏分别在内比都议会大厦内接见昂山素季。[①]

11 月 4 日，缅甸总统吴登盛批准修改现行《政党注册法》，取消对政党注册以及参选人背景的诸多限制，为民盟重新合法注册和昂山素季参与政治扫除了法律上的障碍。11 月 18 日，民盟正式表示：重新注册为政党并参加即将举行的议会补选。昂山素季表态支持民盟角逐议会席位。11 月 25 日，民盟按照新修改的《政党注册法》正式向缅甸联邦选举委员会提交政党重新注册申请。11 月 30 日，昂山素季正式对外表示她将参加议会补选。

2011 年缅甸政局变化和国内政治矛盾缓和，也印证了昂山素季所选择与政府有条件合作的方式确实比较符合缅甸现实情况，也符合国际社会的愿望。

（五）与多数民地武实现停火，与克钦独立军冲突加剧

2011 年缅甸新政府一方面与主要民地武（包括从未与政府签订停火协议的南掸邦军、克伦民族联盟）进行和谈或达成和平协议，一方面与克钦独立军矛盾激化，双方发生了大规模武装冲突。

1. 与多数民地武实现停火

2009 年以来，由于强制推行边境警卫部队改编政策，缅甸政府与主要民地武组织关系持续紧张。进入 2011 上半年，掸邦、若开邦、克伦邦、克耶邦、克钦邦等几个民地武较多的邦基本处于战争

---

① 祝湘辉、李晨阳：《2011 年的缅甸：在改革中前进》，《东南亚纵横》2012 年第 2 期。

状态。对于佤邦联合军和掸邦东部民主同盟军等民地武，虽然缅甸政府军并没有与之正面爆发大规模的冲突，但双方断绝了政治联系，封闭了关卡，政府撤回了在这两个地区的政府公务员、教师等工作人员，形成军事对峙。2011 年 2 月，12 个少数民族武装在泰国清迈成立了联合民族联邦委员会（United Nationalities Federal Council），对抗中央政府。

2011 年下半年开始，新政府释放出和解善意。吴登盛政府于 2011 年 8 月 18 日发表了与缅甸各少数民族建立和平的宣言，向各民地武组织提出停战谈判的邀请。11 月 24 日，联邦议会组建了以吴昂当为首的和谈小组；12 月 14 日，吴登盛总统组建了由吴昂敏为首的和谈小组。两个和谈小组在与民地武谈判方面发挥了很大的作用。吴昂当 12 月 16 日举行新闻发布会说，政府计划用 4 年多时间完全解决永久和平问题，和谈的原则是尽可能避免军事行动，有别于过去历届政府的做法，将采取搁置争议，求同存异的方法进行谈判。

佤邦联合军和掸邦东部民主同盟军率先响应了政府的和谈邀请。经过多次接触和沟通，9 月 6 日缅甸政府与佤邦联合军和掸邦东部民主同盟军谈判成功，达成初步协议，主要内容是：新政府保证不对该地区使用武力，同时特区维护国家的统一，不搞分裂，不搞独立。而核心的部队改编问题、民地武控制地的重新划分问题则留待以后处理。①

11 月 3 日，大选后与政府军冲突不断的克伦民主佛教军第 5 旅与政府进行了邦级初步会谈，12 月 11 日，双方代表团再次在克伦邦巴安进行了会谈，由苏拉培率领的克伦民主佛教军第 5 旅代表团同由吴昂当率领的中央政府级别的缅甸政府代表团签署了一份六点协议。根据协议，克伦民主佛教军第 5 旅不寻求从缅甸分裂搞独立，将在妙瓦底设立一个临时基地安置人员。

缅甸政府还与联合民族联邦委员会的多数成员进行和平谈判。11 月 19 日，吴登盛总统特使、铁道部部长吴昂敏在泰缅边境会见了克

---

① 祝湘辉、李晨阳：《2011 年的缅甸：在改革中前进》，《东南亚纵横》2012 年第 2 期。

伦尼民族进步党、克伦民族联盟、克钦独立组织、钦民族阵线代表团，各方均同意签订停火协议或在签订停火协议前举行进一步和平谈判。12月2日，南掸邦军与政府在东枝再次会面，签署了停火协议。钦民族阵线在12月3日召开中央委员会，决定与缅甸政府于2012年1月举行和谈，成为联合民族联邦委员会12个成员中进入和谈的最后一家。

政府与长期反对和谈的民地武之间也出现了和解的曙光。12月7日，克伦民族联盟表示将与政府进行和谈，并重新开放了三塔通道到丹漂泽亚重要通道。12月13日，新孟邦党也改变了反对和谈态度，开始与政府协商停火。

经过一年的努力，新政府向民族和解方向迈进了一大步，与全国主要民地武开始和谈或者达成了新的和平协议。

2. 克钦邦局势紧张

2011年6月9日，克钦独立军与缅政府军在八莫靠近中缅边境太平江两个电站附近的两个村子首先爆发了军事冲突，100多名中国工程师和工人被迫先后撤离。冲突迅速蔓延至克钦邦的其他地方，使得整个缅北局势严重动荡。这次冲突的原因主要是政府实施民地武改编政策导致矛盾升级以及双方争夺太平江流域中国投资建设的两座水电站地盘控制权。

自从克钦邦爆发冲突以来，双方虽然有过短暂的谈判，但由于分歧巨大，谈判很快就被更激烈的战斗所代替，双方都遭受了巨大伤亡。尽管吴登盛总统12月10日命令政府军停止在克钦邦的攻势，但缅军军事行动依然继续进行。而谈判的大门并未关闭，在11月29日缅甸政府和克钦独立军代表团在中国云南瑞丽市举行首次高规格的谈判，但并未达成协议。

克钦邦的冲突影响了中缅边境的稳定。缅政府封锁了边境贸易口岸，禁止中国商人在克钦邦投资栽种的20万亩香蕉运回中国销售，给中国投资者造成了巨大损失。此外，据国内外媒体报道，从2011年6月9日至11月末，克钦独立军辖区及其附近地区出现了超过35000人的难民，其中克钦独立军拉咱总部方面安置了21000多人，迈扎央方面安置了4000多人，流落森林的至少1500人，还有6000

多人进入边境地区缅方一侧的学校、教会及村庄暂住，约有 1000 多人通过各种民间途径进入中国境内躲避。联合国救援团队于 12 月 13 日访问克钦难民营，缅甸政府也提出向难民赠送援助物资，但克钦独立军拒绝了来自缅甸政府的援助。

二 经济改革的启动和成效

与政治改革相呼应，新政府也实行了大刀阔斧的经济改革，以改善外资投资环境，支持基础设施建设，统一汇率，发展金融部门等为中心，提升缅甸的经济潜力。

（一）经济政策

1. 设定新的经济发展目标

新政府实行国家宏观调控的市场经济政策。根据缅甸新政府制定的第五个经济发展五年短期规划，2011/2012 财年起年均经济增长率计划要达到 10.5%。吴登盛总统在就职演讲中说，所谓宏观调控并不是控制市场的独立性，而是防止一些不良企业主操纵市场，同时也考虑到缩小贫富和城乡差距、维持公平的市场经济体制需要。缅甸政府的介入和调控仅仅是基于民族利益，在此过程中也将会尽可能减少政府的干预。缅甸新政府将努力提高就业率，获得先进科学技术，加大引进国外投资力度，设立经济特区，对国内少数民族企业主提供帮助，促进工业和制造业的快速发展。[1]

新政府修正了缅甸的国民经济发展目标。吴登盛认为，缅甸若想提高发展水平和保证经济增长，必须将工业放在主要位置。在 2011 年 8 月 20 日召开的国家经济发展改革会议上，他指出：缅甸的经济发展目标已由"以农业为基础全面发展其他领域经济"转变为"进一步发展农业、建立现代化工业国家、全面发展其他领域的经济"。这意味着新政府将继续大力发展农业，并为实现工业化国家这个目标而努力。会议还全面听取了来自各行各业的发展建议，就宏观经济管理、劳动力及就业机会、贸易和投资、财政和货币政策等领域的工作

---

[1] 祝湘辉、李晨阳：《2011 年的缅甸：在改革中前进》，《东南亚纵横》2012 年第 2 期。

进行了讨论，决定在宏观经济层面上继续深化改革。① 在 2011 年 12 月初召开的工业发展委员会会议上，国家计划与经济发展部部长宣称，截至 2011 年底国民生产总值中工业占 26%，按照计划这一比值应增长到 34%，为此，工业生产值每年需要增长 8%。

2. 重视民生问题

在就职演讲中，吴登盛宣布新政府将给农民和工人提供更多的帮助，提高农民和工人的社会经济生活水平。在农业领域，新政府要完善保护农民权利的相关法规，制定合理的农产品价格，提高农产品质量。政府要为工人提供更多的就业机会，维护市场价格稳定，让他们享有工作福利和社会福利的权利。另外，需要按照现在的社会水平协商制定出工人的最低月工资标准。不仅让国内的工人享受到工人的权利，而且还要让国外的缅甸劳工享受到相关权利。总的来说，农民和工人是国家的根本，他们应该劳有所获，享有平等生活的权利，这是新政府的努力方向。

新政府重视解决贫困、就业等民生问题，组建了农村发展和减贫中央委员会，吴登盛总统亲自任委员会主席。2011 年 6 月 20 日，内比都举行了为期 3 天的农村发展和减贫委员会会议，吴登盛总统、各部部长、经济学家、驻外大使及媒体参加了会议，提交了 30 多项提案。吴登盛在致辞中提出将在 4 年内将缅甸的贫困人口数量减少至 16%，并提出了减少贫困的 8 项措施，包括保护环境、发展小型私人贷款、农村发展等工作。6 月 27 日，缅甸政府和联合国共同主办了一次缅甸稻米产业发展会议，专家、企业和政府官员讨论了政策层面上的问题。

为了促进中小企业的发展，缅甸工业发展银行从 2011 年 7 月开始向中小企业发放年利率 15% 的优惠贷款，这一利率低于缅央行规定的 17% 的贷款利率下限。此项贷款得到了食品制造加工企业的支持，约 20 家食品企业已向工业发展银行提交申请。

2011 年 12 月，缅甸政府又宣布了另一个惠民措施，为了避免双

---

① 祝湘辉、李晨阳：《2011 年的缅甸：在改革中前进》，《东南亚纵横》2012 年第 2 期。

重征税，从 2012 年 1 月 1 日起取消对公民的国外所得征税。这项新措施将惠及向当局注册的 607000 名海外劳工，此前这些工人除了必须在受雇国缴税，还得向缅甸政府缴付 10% 的所得税。[①]

缅甸通信网络的落后与缺乏、手机使用不顺畅也是困扰缅甸多年的问题。4 月 23 日，《缅甸新光报》刊载了通信邮政与电信部部长吴登通的话称，缅甸通信部门将与私人公司合作，对 GSM 手机网络实施扩容，要在 5 年内将手机量扩容至 3000 万部。

此外，由于通货膨胀造成购买力下降，为了稳定公务员队伍，缅甸新政府从 7 月份开始增加了公务员退休金。

3. 扩大对外开放，完善法律

缅甸经济面临的一个大问题是，政府对于外国投资在实施层面上存在诸多禁令，急需改变这些陈旧滞后的规定。

继 2011 年 1 月 27 日颁布了《经济特区法》后，缅甸政府又于 2 月份颁布了《土瓦经济特区法》，指定政府机构、团体相关人员组建土瓦特区管委会，管委会主席将由国家部级官员担任，土瓦特区事务由总统府部长直接对总统负责。缅甸已与泰国的意泰公司签约，力图在土瓦地区合作建设缅甸第一个较大规模的经济特区。

为了进一步吸引外国投资，促进本国经济发展，在 2011 年 8 月 19 日至 21 日首次召开的国家经济发展改革会议上，缅甸政府宣布将修订 1988 年颁布的《外国投资法》及其实施细则。国家计划与经济发展部副司长吴昂奈吴在 9 月 1 日的报告中说，在新的投资法里，准许外国投资者以本国公民名义作为股份投资方，也就是说以缅甸公民名义隐性从业的外国企业主不必像以前一样躲在幕后，而可以正大光明地成为外国投资方。新的投资法还将允许外国人占有土地。这一投资法修改案通过后将对缅甸的经济产生深远的影响。

对于缅甸构建投资市场和股市非常重要的《证券交易法》也已由缅甸财税部下属证券交易法制委员会在 8 月初起草完毕。该法经联邦检查院审查和联邦议会投票通过后将生效，届时缅甸也将出现其他

---

① 祝湘辉、李晨阳：《2011 年的缅甸：在改革中前进》，《东南亚纵横》2012 年第 2 期。

国家中常见的股市。

对于早就受世人诟病的汇率制度，新政府也将做出政策调整。7月18日，财税部召开银监委及银行协会执委会第130次会议，部长吴拉吞在会议上强调要建立符合时代要求的税务制度，为了国家利益要稳定缅币值和外汇。① 总统顾问组和国内外学者就包括汇率和银行利率在内的财政金融改革进行探讨，并邀请了IMF于10月底对缅甸进行了访问，探讨缅甸外汇兑换制度和缅甸接受IMF章程第8章中的义务问题。

11月30日，缅甸又通过了《缅甸小型金融业法》，支持民间成立小型金融企业，以减少基层民众的贫困，扶持小型经济企业发展。

4. 加快经济体制改革

为了加强决策的科学性，2011年4月11日，吴登盛总统成立了政治、经济和法律3个顾问组，共由9人组成。其中政治顾问组由吴哥哥莱（组长，1956年生）和内辛拉博士、吴耶定组成，经济顾问组由吴敏博士（组长，1937年生，曾获美国加利福尼亚大学物理学博士学位，为昂山素季的顾问）和吴赛昂、盛拉波博士组成，法律顾问组由退休的警察总监斯埃和杜钦苗敏、吴丹觉组成。这些顾问在新政府出台各项政策和宣传执政理念方面起到了很大的作用。

缅甸新政府成立后，取消了在进出口贸易方面权力很大的贸易委员会（TC），将进出口许可证审批权转移至商务部负责。商务部加快了贸易许可证的审批，对公司注册、延期手续提供一站式服务。新政府还重组了缅甸投资委员会（MIC），新投资委员会共有7名成员，缅甸工业发展委员会主席兼第一工业部及第二工业部部长吴梭登任主任，计划发展部长吴乃奈登任秘书长，杜拉吴当伦副部长任副秘书长，成员有铁道部长吴昂敏、第一电力部长吴佐敏、财税部长吴拉吞及检察长吴吞欣等。2011年12月2日，吴登盛又签署命令，将第一工业部和第二工业部合并为工业部，原部长吴梭登继续担任部长。调整后的政府机构提高了工作效率，减少了审批环节和时间。

---

① 祝湘辉、李晨阳：《2011年的缅甸：在改革中前进》，《东南亚纵横》2012年第2期。

为了发展进出口贸易，政府于 9 月 2 日在仰光召开了缅甸贸易促进座谈会，商务部部长吴温敏宣布，政府对于贸易进出口营业执照申请一周内办理完结，实现进出口业务由全体企业主参与和运作，允许施工用车和机械设备无限制进口，工业用油和食用油进口业务也大规模开放，以满足国内需要。

新政府降低了贸易税率。2011 年 7 月 1 日，政府宣布将以美元上缴的出口税率由 8% 降为 5%，从 8 月 15 日开始，又将原规定以缅币结算的与中国、印度、泰国边境贸易中以缅币上缴的 8% 的出口贸易税也降至 5%，对大米、豆类、橡胶、淡水及海水产品、动物及动物产品 7 类商品自 2011 年 8 月 15 日至 2012 年 2 月 14 日免除出口贸易税。

新政府还将部分投资项目审批权下放到省邦一级。2011 年 9 月，缅甸政府召开工业发展委员会会议，国家计划与经济发展部部长宣布，为了促进贸易投资，一些投资项目无须上报到联邦政府，各省邦可视情况自行审批和开展。

5. 重视民营经济，推行私有化

2011 年新政府继续推进私有化。缅甸一工部兼二工部部长吴梭登 8 月 19 日在缅甸经济发展改革会议上表示，缅甸国营工厂普遍亏损，为顺应形势将逐步向私营过渡。未来 5 年国营工厂将逐步减少，私营企业将越来越多，最终将全部私有化。至 2011 年 6 月 30 日，缅甸私营工厂、作坊已有 9421 家。但是 2011 年私有化进程中也出现了新情况，由于国营企业出售所需要的资金量太大，国内私人投资者无力承担，政府开始改出售为转租方式，租借期限分别为 5 年、10 年、15 年和 30 年。9 月 1 日开始转租的项目包括两个饮料厂、造纸厂、糖厂、两个服装厂、制伞厂等。

新政府向私营企业开放了更多的经济领域。自 2011 年 4 月底开始，更多民营公司被允许经营以前只允许特许公司经营的棕榈油。在能源产业方面，从 7 月开始缅甸政府允许包括环球能源、亚洲世界、缅甸联邦经济控股公司等在内的 4 家私营企业从事液化天然气进口及分销。此前，该项业务完全由政府及国有企业控制。7 月 20 日，缅甸政府正式对外宣布仰光市环城铁路拟移交私企运营。

（二）宏观经济形势

政府的一系列经济改革措施收到了明显的效果，财税部长吴拉吞对 IMF 称，2011 年缅甸经济增长速度预估是 8.8%。而根据《缅甸国家报告》估计，2011 年缅甸 GDP 增长率为 3.2%。失业率由 2004/2005 财年 2% 下降为 2010—2011 财年的 1.7%，其中城市的失业率比农村高 3 倍，若开邦的失业率最高，达 6.7%，仰光省为 4.4%。

虽然缅甸经济发展势头良好，国际投资热情高涨，但并不表示缅甸经济和金融没有问题，在一年中，缅甸汇率经历了巨大变动，缅币在不断地升值，也重创了缅甸国内大量的私营和国营企业，就是在国外进行国际劳务的缅甸籍工人，也因汇率的变化损失不小。

首先是缅币在 2011 年内升值了约 30%，升值速度创亚洲之最。缅币的急剧升值重创了缅甸以出口为导向的生产企业以及出口商，也使得缅甸国内的食品和燃料价格上扬。有的分析家甚至认为缅甸出现了货币危机，并将危及新政府的生存。究其原因主要有三个：（1）对缅元的强劲需求（由于大规模私有化以及玉石拍卖）；（2）来自东南亚地区和中东投机者的资金注入（由于缅甸银行利息率大约为12%）；（3）外汇收入（来自于政府天然气收入），因此缅甸商界大力游说政府解决这一问题。政府采取了几个步骤来应对：一是自 7 月 1 日起将出口税由 10% 降低至 7%，某些出口完全免税；二是准备将中央银行从财税部独立出来，赋予制定货币政策的权力；三是邀请 IMF 协助缅甸政府统一汇率制度。[①]

其次是缅甸新政府的预算大幅度减少。缅甸副总统赛茂康在 6 月 21 日召开的 2011—2012 财年财政预算会议上说，新政府第一个财年的国家预算比上一年度急剧减少，国家重点项目和各部委所需资金比预计的共减少了 5532 亿缅币，各部委所批资金比预计的减少了 20% 至 70%，8 月 19 日，在政府召开的首次经济改革研讨会上，缅甸财税部预算司副司长林昂博士称，2011—2012 财年财政赤字将达 2.2 万亿缅币。2011 财年缅甸全国的建筑业财政预算是 250 亿缅币。因

---

① 祝湘辉、李晨阳：《2011 年的缅甸：在改革中前进》，《东南亚纵横》2012 年第 2 期。

此，在内比都，除了为 2014 年东盟首脑会议准备的国宾馆以及为 2013 年东南亚运动会准备的场馆等工程仍在继续施工外，包括国家博物馆、档案馆等在内的大部分建筑工程已经停工。由于资金紧张，部分商人不得不将从政府手中拍卖所得的仰光、曼德勒等地的建筑物稍微加价或者原价出售。

再次就是利息率不合理抑制了企业活力。政府在这方面采取了措施，以增加缅币流通，刺激经济增长。9 月 2 日政府将银行存贷款利率由原 12% 下调至 10%，贷款利率由原 17% 下调至 15%，12 月 23 日缅甸财税部长吴拉吞透露，自 2012 年 1 月 1 日起，将再次调低存贷利率各 2%。即存款利率调整为 8%，贷款利率调整为 13%；2 年期国库券利率为 8.75%，3 年期国库券利率为 9%，5 年期国库券利率为 9.5%。不过最终效果尚需观察。

（三）产业经济形势

截至 2011 年 7 月底，已有 31 个国家在缅投资 454 个项目，投资总额已达 360 亿美元。其中电力投资居第一位，占投资总额的 40%，油气投资居第二位，占投资总额的 38%。投资国别排名为中国第一，占外国对缅投资总额的 44.11%（其中，中国内地占 26.62%，香港占投资总额的 17.49%），泰国第二位，占投资总额的 26.53%。2010/2011 财年，外资在多个领域投资总额逾 190 亿美元。此外，至 7 月 31 日，缅甸国民投资总额为 21.9 亿美元和 1.424 万亿缅币。缅甸公民投资最多的领域为工业、房地产业、交通运输及建筑业等。在缅外资公司有 1290 家、缅甸公司 24050 家、合资公司 72 家、股份公司 1072 家及商会 43 家，共计 26527 家公司在册。[①]

由于政府放松了进口限制，2011 年 4 月至 12 月缅甸对外贸易额已近 120 亿美元。2010—2011 财年，缅甸进口关税收入近 540 亿缅币，较上一财年收入增收 84 亿。在边境贸易方面，据《缅甸时报》周刊报道：木姐边境口岸的贸易额在 2011—2012 财年前 8 个月内达到了 16.5 亿美元，比 2010—2011 财年的 15 亿美元增长了 10%，占

---

① 祝湘辉、李晨阳：《2011 年的缅甸：在改革中前进》，《东南亚纵横》2012 年第 2 期。

到了全国边贸额的 70%，已成为缅甸与各邻国最大的边贸口岸。

IMF 访问缅甸之后，政府允许缅甸经济控股有限公司的"苗瓦底"银行、缅甸经济有限公司的"茵瓦"银行、缅甸工业发展银行、缅甸东部银行、甘波扎银行及合作社银行 6 家私人银行从事外汇交易，到 2012 年缅甸有望建立起稳定单一的流通体系。10 月 25 日，上述 6 家银行获准办理进出口业务的信用证（LC）。截至 2011 年 12 月，有 9 个国家的银行在缅开设办事处，分别是新加坡 4 家，孟加拉国、马来西亚、日本各 2 家，柬埔寨、泰国、文莱、越南、中国各 1 家。外国银行办事处的开设将对缅甸的经济、通信、金融等领域发挥重要作用。

缅甸农业发展的潜力也吸引了外来投资者。据缅甸农业灌溉部 2011 年 12 月发布的数据，缅甸共有农用闲置土地 1400 万英亩，已经批准缅甸 6387 位私营业主经营近 400 万英亩的闲置农用地，尚余闲置地 1000 万英亩。其中，缅甸私人获批的 400 万英亩土地使用率只有 25%。印度准备向缅发放贷款 2 亿美元用于农业灌溉，越南有意向租用缅甸 5000 英亩土地种植稻米及其他长年作物。2010—2011 财年缅甸出口大米约 50 万吨，出口额达 1.85 亿美元。随着世界大米市场需求增加以及越南和泰国大米价格上涨，海外买家对缅甸大米的需求已经提高，估计 2011 年全年缅甸大米出口达到 100 万吨。缅甸逐年扩大橡胶的种植面积，2011—2012 财年的种植面积已超过 120 万英亩。缅甸的橡胶原料主要出口到中国，2010—2011 财年共出口 9.135 万吨，创汇 3.0289 亿美元。截至 2011 年底，缅甸养殖业外国投资企业共有 25 家，投资金额达 3.2436 亿美元。缅甸国内企业在水产养殖业的投资共有 153.53 亿缅币，占国内投资总额的 1.18%。

2011 年 1 月 1 日至 11 月 30 日，入境缅甸的外国游客达 34.37 万人次，比 2010 年同期增加 26%，其中欧洲游客占 23%。此外，新加坡、马来西亚、日本、英国等国家也更看好缅甸的旅游业市场，截至 8 月底，新加坡以 6 亿美元投资高居投资缅甸宾馆业国家和地区的榜首。①

---

① 祝湘辉、李晨阳：《2011 年的缅甸：在改革中前进》，《东南亚纵横》2012 年第 2 期。

缅甸首个经济特区——土瓦经济特区建设在 2011 年内继续推进，建立了管理委员会办公处，管委会主席由国家部级官员担任，特区事务由总统府部长直接对总统负责。

截至 2011 年底，缅甸在建电站共 65 个，其中电力部在执行的电站项目有 13 个，国内民营企业执行的 8 个，外国投资或合作的电站 44 个。缅甸全国已建成水电站 17 个、煤电站 1 个、燃气电站 15 个，共 33 座电站，装机总量达 336 万千瓦。

三　新外交政策粗具雏形

2011 年吴登盛政府的外交政策也粗具雏形。借国内政治改革的东风，在巩固与中国、印度、东盟等老朋友关系的同时，缅甸与西方国家关系的僵局政治在逐步化解。

（一）与中国关系

1. 中缅两国高层互访不断

2011 年 4 月 2 日至 5 日，中国政协主席贾庆林应邀对缅甸进行了正式访问，这是新政府在 3 月 30 日成立后首位访问缅甸的外国领导人，得到了缅甸的高度重视。[①] 5 月 26 日至 28 日，缅甸新政府总统吴登盛访华，双方签署了《中缅两国关于建立全面战略合作伙伴关系的联合声明》，中国成为缅甸的第一个全面战略合作伙伴，双方签署了 17 个有关能源、基础设施和采矿业协议和备忘录。6 月 1 日至 4 日，政治局委员、中组部部长李源潮率中共代表团对缅甸进行友好访问，与副总统吴丁昂敏乌出席了两国有关经贸合作协议的签字仪式，并签署了《中国共产党与缅甸联邦巩固与发展党交流合作备忘录》。11 月 28 日，缅甸三军总司令敏昂莱访华，先后与中国人民解放军总参谋长陈炳德、国家副主席习近平会见，就双方国防、军事战略合作交换了意见。12 月 19 日，国务委员戴秉国赴内比都参加大湄公河次区域经济合作（GMS）第四次领导人会议，与缅甸副总统吴丁昂敏乌就制定《中缅经贸合作规划》、落实好大项目合作和维护中

---

① 祝湘辉、李晨阳：《2011 年的缅甸：在改革中前进》，《东南亚纵横》2012 年第 2 期。

缅边境地区稳定交流了看法。①

随着双方高层互访不断，缅甸执政党、地方和民间代表团也应邀访问中国，以加强各自领域的经验交流。7月5日，第九届中缅禁毒合作双边会议在云南昆明召开，缅甸中央肃毒委员会秘书长、内政部副部长兼警察总监觉觉吞率领缅甸代表团参加了会议，中缅双方达成了建立三级禁毒联络机制、中方向缅方提供必要禁毒设备援助等在内的一系列共识。

两国媒体互相开放和合作也在加强。10月23日至30日，缅甸民营媒体记者团一行访问了多家中国官方媒体。10月27日，中国中央电视台 CCTV-4 中文国际频道、CCTV-news 英文台和 CCTV-9 纪录频道三套节目也在缅甸落地开播，这对增进两国民众的互相了解、消除各种误解和隔阂起到了有益的作用。

2011年双方最重要的宗教交流是中国佛牙舍利第四次恭迎至缅甸。11月6日至24日，中国佛牙先后被恭送至内比都、仰光和曼德勒供朝拜，缅甸总统、副总统等现任领导人以及前领导人丹瑞参加了朝拜。佛牙在缅甸期间所得功德将用于在洛阳的白马寺建一座形似大金塔的佛塔。

2. 中国大使与昂山素季实现历史性会晤

昂山素季在2010年底解除软禁后，曾在不同的场合表达了希望与中国友好合作的愿望。5月30日，昂山素季在香港大学"百周年杰出学人讲座"中与观众通过网络交流时透露民盟多次尝试与中国政府建立直接的沟通管道但没有得到任何回应。11月14日，昂山素季在解除软禁一周年召开的记者招待会上，再次对中国表达出了自己的善意：中缅两国应该克服彼此关系存在的问题，希望与中国建立直接良好关系。12月，中国外交部发言人证实昂山素季同中国大使李军华举行了历史性会晤。

3. 密松电站停建对中缅关系造成较大冲击

2011年9月30日，缅甸人民院议长吴瑞曼代表总统吴登盛在联

---

① 祝湘辉、李晨阳：《2011年的缅甸：在改革中前进》，《东南亚纵横》2012年第2期。

邦议会宣布，在吴登盛的总统任期内，缅甸政府将搁置密松水电站。位于迈立开江和恩梅开江并流处的密松电站装机容量 600 万千瓦，年发电量 308.6 千瓦时，总投资 36 亿美元。电站采取 BOT 方式建设，工期 8 年，2017 年建成后中电投负责运营 50 年，然后无偿移交给缅甸政府。特许经营期间，90% 的电力输往中国，缅甸政府通过股权分利、免费电量和税收等方式获利。缅甸总统吴登盛在他提交给议会的信函中称，他担心密松电站项目可能会破坏密松的自然景观，破坏当地人民的生计，破坏民间资本栽培的橡胶种植园和庄稼，气候变化造成的大坝坍塌也会损害电站附近和下游的居民的生计。此外，吴登盛强调，目前的缅甸政府是民选政府，因此他们必须注意人民的意愿，并且有义务重点解决人民的担忧和顾虑。密松水电站在缅甸炒热是因为西方 NGO 长期的煽动，但是使吴登盛政府做出最终的决定，主要还是因为国内因素在起作用。

密松水电站被搁置确实对中缅关系造成了较大的负面影响，但这并不意味着缅甸要以牺牲中缅关系为代价迎合美国。吴登盛总统在宣布暂停密松水电站建设的同时也表示，缅甸政府将与中国政府协商，以避免损伤中缅两国的双边关系和友谊。事后，缅甸外长吴温纳貌伦作为总统特使，专程赴北京解释缅甸政府的决定。出席第八届中国—东盟博览会的缅甸副总统吴丁昂敏乌 10 月中旬在南宁和温家宝总理会晤时，也就此事向中方做了说明。此外，缅甸官方报纸《缅甸新光报》连发四篇社论，强调谁也不能破坏中缅关系。从这个角度看，尽管面临各方面的挑战，中缅友好合作的大局并不会因为密松水电站事件发生改变。

（二）　与美国和其他西方国家关系

伴随着缅甸国内政治改革的深入，以美国为首的西方国家在 2011 年继续调整对缅政策，不断派出高级官员频繁访问缅甸，并明确表示将放松对缅甸的制裁。与西方关系的改善是缅甸 2011 年外交的重大突破。

2011 年 5 月 18 日至 20 日，美国助理国务卿帮办约瑟夫·云再次访问缅甸，先后会见了外长吴温纳貌伦、巩发党总书记吴铁乌以及部分政党、非政府组织代表和反对派领袖。6 月 1 日至 3 日，美国共和党参议员麦凯恩访问缅甸，缅方给予高规格接待。9 月 27 日，缅甸外长吴温纳貌伦成为 1988 年以来应邀访问美国国务院的首位缅甸外长。

4 月 14 日，奥巴马提名国防部分管亚太事务的首席副部长助理米德伟为缅甸特使，以加强与缅甸新政府的对话。9 月 9 日至 14 日，米德伟访缅，会见了多名政府高官以及昂山素季等人，表示只要缅甸新政府推行"真正与实质"的改革，美国政府将会做出积极的回应。10 月 24 日至 25 日，米德伟第二次访缅，敦促缅甸政府释放政治犯。10 月末，美国国际开发署一名高级代表专门就支持缅甸发展小额贷款和农业贷款事宜与缅方进行磋商。11 月 1 日至 4 日，主管民主、人权和劳工事务的助理国务卿迈克尔·波斯纳与米德伟访缅，并会见了缅甸的国际组织代表、社会活动家，旨在讨论改进缅甸人权事宜。

11 月 17 日，美国总统奥巴马在参加东盟峰会途中，就缅甸局势发表谈话，表明了对于改善美缅关系的立场和要求，他还与昂山素季通电话就缅甸政府的改革和民主化进程交换了意见，并随即宣布将派遣国务卿希拉里正式访问缅甸。11 月 30 日，希拉里抵达内比都进行为期 3 天的访问，这也是继杜勒斯 1955 年访缅后，首位访问缅甸的美国国务卿。希拉里会晤了缅甸总统吴登盛、民族院议长吴钦昂敏和人民院议长吴瑞曼、外交部长吴温纳貌伦等缅甸政要、当地非政府组织及少数民族领导人，鼓励缅甸改革进程，希望缅政府遵守核不扩散原则。12 月 2 日，希拉里与昂山素季共进晚餐，并会见了反对党派和少数民族代表。希拉里宣布将向缅甸提供 120 万美元民间社会组织和医疗援助，同时表示美国将逐步取消对缅甸的制裁措施，恢复大使级外交关系。

2011 年 4 月，欧盟取消了 4 位平民部长和 18 位副部长的签证和资产限制。2011 年 9 月 9 日，欧盟国际合作与人道主义援助专员克里斯蒂勒娜·乔治娃访问缅甸，会晤了多名政府部长和昂山素季。11 月 15 日，英国国际发展部长安德鲁·米切尔访问缅甸。

6 月，日本政府派遣时任外务政务官的菊田真纪子出访，这是日本政府 3 年来首次由政府高官访问缅甸，菊田肯定缅甸"向着民主化迈出了前进的一步"。9 月 13 日，据缅甸农业公司一负责人介绍，缅甸农业灌溉部与日本国际合作组织合作将在伊洛瓦底省拉布达地区开展一项优良稻谷品种开发的 5 年计划。12 月 26 日，日本外务大臣玄叶光一郎访问缅甸，与缅甸政府达成协议，启动双边投资协定谈判，宣布日本将恢复向缅甸提供政府开发援助（ODA）。截至 2011 年 12 月，日本对缅投资额约为 2.1 亿美元。

（三）与东盟及其成员国关系

东盟在 2011 年继续支持缅甸的民主化进程。11 月 17 日在第 19 届东盟峰会上，东盟领导人一致同意给予缅甸 2014 年轮值主席国地位。12 月 20 日，大湄公河次区域经济合作第四次领导人会议在内比都召开，与会六国领导人共同签署了《内比都宣言》，批准了《大湄公河次区域经济合作新十年战略框架》。12 月 8 日，第 11 届东盟信息通信部长会议（TELMIN）在内比都召开，与会人员讨论了美国东盟工商理事会与该会议对话等议题。

在双边关系方面，缅甸与泰国、老挝等国关系发展迅速。6 月 8 日，泰国武装部队总司令颂吉滴上将率领的泰国军方代表团访问缅甸，与缅方就泰缅边境地区局势进行了深入交流。泰国新总理英拉上台后，第一站出访的国家就是缅甸。10 月 5 日，英拉会见了缅甸总统吴登盛，双方就边境事务、缅籍工人和重开妙瓦底口岸问题进行了讨论。英拉出席第四次大湄公河次区域领导人会议期间，在仰光会见了昂山素季。经济上，泰国继续增加在缅甸电力投资。9 月，泰国国家电力总局重申，鉴于泰国严重缺乏能源，建设 711 万千瓦塔山水电站战略部署绝不动摇。据《曼谷邮报》报道，泰国 GUNKUL Engineering Public 公司于 11 月与缅甸电力部签署了关于建设缅甸首个风力发电站的备忘录，该电站总装机容量 100 万千瓦，投资额 600 亿泰铢。12 月 5 日，泰国和缅甸方面重新开放了妙瓦底—湄索大桥。

7 月 11 日，老挝总理通辛访问缅甸，双方就减少贫困、湄公河安全合作等事宜进行了讨论。10 月 31 日，印尼外长马蒂访问缅甸，以评估是否让缅甸担任 2014 年东盟轮值主席国。12 月 2 日，新加坡外长尚穆根访问缅甸，向 2008 年遭受强热带风暴袭击的仰光地区 25 个村庄捐赠了管井。在 2010/2011 财年，缅甸与新加坡的双边贸易额达 20.74 亿美元。其中缅甸对新加坡出口额为 4.46 亿美元，从新加坡进口额为 16.28 亿美元。11 月 14 日，缅甸三军总司令敏昂莱访问越南，双方签署了防务合作协议。12 月 19 日至 21 日，越南政府总理阮晋勇到达内比都参加 GMS 第四次领导人会议。2011 年前 10 个月，缅越双边贸易金额达近 1.4 亿美元，同比增长 20%。

（四）与印度及其他南亚国家关系

2011 年 6 月 20 日至 22 日，印度外长克里希纳对缅甸进行为期 3 天的访问，与吴登盛总统就能源、经贸与国防合作进行会谈，双方就防范印度少数民族武装利用印缅边境为基地和偷运武器签署了安全协议。缅甸承诺配合印度打击缅印边境的印度非法武装和恐怖组织。8 月 23 日，印度海军司令访问缅甸，与缅甸政府和军事高层会晤，讨论了双方军事合作事宜。9 月，缅政府军对阿萨姆联合解放阵线在缅甸实皆省的基地突然发动攻击，阿萨姆联合解放阵线被迫转移，其领导人也在这次攻击中受重伤。10 月 12 日至 15 日，吴登盛总统访问印度，与印度总理辛格举行了会谈，共同发表了包含 44 项内容的《联合声明》。在声明中，双方承诺强化在水利水电和石油天然气等能源开发领域的合作，规划了公路、铁路和港口开发等领域合作。印度承诺延长 3 亿美元的对缅特殊项目贷款，并提供 5 亿美元的新贷款。双方细化了《印缅 2012—2015 年度科技合作规划》，双方还同意增设、增开边贸机构。9 月，印度国家水电公司（NHPC）宣布正在为缅甸实皆省的塔曼迪（Htamanthi）和瑞泽耶（Shwezaye）水电站项目准备一份详细的项目报告。12 月 11 日至 17 日，由人民院议长瑞曼率领的官方代表团前往印度，向印度议会进行为期 7 天的学习。

3 月 2 日，孟加拉国—缅甸铁路开始动工，孟加拉国总理出席了铁路开工典礼。12 月 5 日，孟加拉国总理哈西娜率团赴缅进行友好访问，吴登盛总统与哈西娜举行会谈，双方达成提升边境贸易和一般贸易水平、拓宽合作领域及孟向缅甸购买天然气等共识。12 月 12 日，缅海军司令年吞访问孟加拉国，与孟加拉国海军参谋长艾哈迈德（Z. U. Ahmed）进行了会晤，讨论了双方海洋划界问题。

（五）与联合国关系

5 月 11 日至 13 日，联合国特使南威哲对缅甸进行了访问，并与新政府高层和昂山素季等进行了广泛接触。应缅甸政府主动邀请，联合国缅甸人权问题特别报告员昆塔纳 8 月 21 日起对缅甸进行为期 5 天的访问。昆塔纳访问结束后，表示新政府已在人权问题上采取积极措施，督促新政府释放所有政治犯。9 月 16 日，昆塔纳在联合国第 16 届大会上所做的《缅甸人权状况》报告肯定了缅甸人权状态的改善。9 月 18 日，联合国秘书长潘基文与缅甸外长吴温纳貌伦进行了会谈，表示支持缅甸的政治改革，重申了释放政治犯的要求。10 月 31 日，南威哲再次对缅甸进行为期 5 天的访问，会见了多位政府部长、政党和社会组织的代表，鼓励缅甸释放政治犯、促进民族和解。①

第二节 吴登盛执政中期的治理与改革绩效

一 2012—2014 年：政治改革进入深水区

2012—2014 年，随着缅甸改革逐渐进入深水区，缅甸政府以政府转型和经济发展为中心，积极推动缅甸的改革，努力实现民族和解，争取彻底解除西方制裁，拓展外交空间。随着 2015 年大选的临近，缅甸政府把工作重心转移到宪法修改和与各少数民族武装达成停火协议上，经济上以实施惠民工程为主。虽然缅甸政府在内政和外交方面取得了显著成效，但也面临着族群冲突、民族和解和经济发展等多重挑战。②

（一）政府继续推进政治改革

1. 调整政府高层

吴登盛总统大刀阔斧调整高层人事，增强政府执行力。2012 年 6 月 5 日，邮政通信部副部长吴丁伦和能源部副部长吴梭昂辞职。7 月 1 日，缅甸第一副总统吴丁昂敏乌由于健康原因辞职。8 月 15 日，联

---

① 祝湘辉、李晨阳：《2011 年的缅甸：在改革中前进》，《东南亚纵横》2012 年第 2 期。

② 李晨阳、祝湘辉：《缅甸：2012—2013 年回顾与展望》，《东南亚纵横》2013 年第 3 期。

邦第一届议会第四次会议上，前海军司令年吞上将当选副总统。7月9日，吴登盛任命吴丹欣等6人为总统办公室、铁道部、财政部等部委副部长。9月5日，吴登盛签发总统令，将第一电力部和第二电力部合并为电力部，并取消工业发展部。9月7日，吴登盛正式任命10位联邦部长和6位总统府部长，并提拔5名副部长为部长，其中包括一名女性。其中原宣传部部长吴觉山调整为合作社部长，原劳工和社会福利部部长吴昂季（U Aung Kyi）担任宣传部部长。吴登盛还将有能力、勇于改革的部长如原工业部部长吴梭登、原铁道部部长吴昂明提拔为总统府部长，大大加强化了总统府部长的职能。2013年2月5日，吴登盛总统任命了新的宗教事务部、能源部、矿业部、劳工就业和社会福利部、科技和旅游部等部6名正副部长。2013年7月25日—8月13日，吴登盛任命了12位副部长，调整5位部长。2014年2月13日，吴登盛总统任命杜钦桑伊为教育部联邦部长。6月25日，吴登盛总统任命宗教事务部副部长吴梭温为宗教事务部联邦部长，8月1日任命吴耶图为宣传部部长，丹昂博士为卫生部部长。

2. 提高政府治理能力

为了推动改革进程，吴登盛总统于2012年6月13日成立18人的国家经济和社会顾问委员会，由仰光经济大学原教务长吴莫丹担任名誉主席、吴丁突乌为主席，负责制定有关改革的战略目标和提高民生的计划。新政府敢于揭露国家机关的经济问题。3月8日，缅甸审计总署向议会提交报告，揭露了部分国家机关于2009—2010财年中涉嫌挪用款项和做假账现象，涉及部门有宣传部、矿业部和农业灌溉部等。

2012年12月26—27日，吴登盛召开政府工作会议，号召政府各部门在政治、经济和社会工作中以民众为中心，提高施政能力。政府改革的第一阶段是进行政治改革和民族和解，第二阶段为重振国家经济，第三阶段为治理腐败。吴登盛坦承缅甸在改革进程中依然存在诸如腐败和执政能力差等问题，呼吁政府要加紧治理腐败和贿赂问题以提高政府的施政能力，增加政府工作的透明度，这被认为是吴登盛提出的2013年缅甸政府施政重点。

2014年3月30日至4月10日，缅甸开展30年来的首次全国人口普查工作。

3. 增加公开透明度，放松对社会的控制

政府加快媒体出版审查制度改革，从 2012 年 5 月 15 日起，所有小说类出版物采取先出版后送审的办法审核。从 6 月 30 日开始，包括报纸杂志在内的所有出版物将全部免于审核。8 月 20 日，缅甸正式废除实行 48 年的出版物事先审查制度。11 月 7 日，缅甸官方报纸《新光报》和《镜报》宣布从 2013 年开始允许私人参股，读者可以自由投稿。缅甸政府还允许私人媒体从事电视播放业务，与国外媒体合作开展业务。缅甸政府从 2013 年 4 月 1 日起允许私人机构出版日报，报纸语种不限。2013 年 4 月 1 日，《联合日报》《黄金大地日报》《标准时报》和《每日之音》作为首批民营报纸上市发售，这是半个世纪来缅甸政府首次允许民营日报出版。

2012 年 9 月 7 日，总统办公室宣布设立总统网络在线邮箱，号召公众写信提出意见，揭发官员腐败行为。10 月 21 日，吴登盛举行就职以来的首次缅甸国内外媒体记者招待会，回答了记者提出了各种问题。2013 年 8 月 7 日，吴登盛总统签署了《反贪污腐败法》，规定了启动调查和处理腐败案的程序。2014 年 2 月 25 日，吴登盛总统签署 2014 年第 6 号令组建以吴妙温为主席的反贪污腐败委员会。2014 年 9 月 24 日，吴登盛总统签发总令，组成缅甸国家人权委员会。

2012 年 8 月 30 日，缅甸政府宣布解除 935 名缅甸国民（大部分为流亡国外的反对派政治人士）和 1147 名外国人出入缅甸的禁令。11 月 29 日，政府宣布解禁军政府时期列入黑名单的 204 家公司和 587 人，大部分属于珠宝贸易公司、综合服务公司以及华裔和印度裔企业家。2012 年 8 月，在《私立学校注册法》颁布 8 个月后，教育部批准了 54 家私立学校注册的申请，这为学生提供了新的教育选择。

4. 重视民生问题

缅甸面临比较严重的失业和贫困问题。2012 年 2 月 13 日，缅甸卫生教育政策制定工作会议在内比都召开，副总统赛茂康出席会议并提出：缅甸约 70% 人口居住在农村，贫困人口占总人口数的 26%，政府计划在 2015 年将这一比例降至 16%；提高农村生活水平是政府的主要任务。缅甸农业发展银行从 2012 年 1 月 1 日起，将农村贷款利息由 15% 下调至 13%，贷款额也由原来的 1 英亩 2 万缅元增至 4

万缅元。自 2012—2013 财年开始，对农民的贷款利息将再下调到 8.5%。自 3 月 14 日开始，缅甸电话费夜间通话降价一半。3 月 14 日，财税部部长吴拉通在议会表示，自 4 月 1 日开始每位公务员增加补助费 3 万缅币，日工资也从每天 1200 缅元增至 2000 缅元。在 2012 年 5 月缅甸多家工厂工人罢工之前，工人每月基本工资普遍在 8000—30000 缅元之间。罢工发生后，缅甸劳工部及时召集了工厂主开会，规定工人最低月基本工资为 56700 缅元。7 月 11 日，政府大幅度提高了退休金比例，2012—2013 财年退休金支出总额达 3354.15 亿缅元。随着土地征用纠纷的增多，7 月 26 日，联邦议会通过了一项议案成立一个专门负责调查有关土地征用投诉的委员会。12 月，缅甸劳动、就业与社会保障部长吴貌敏承诺缅甸政府将向在泰国和马来西亚务工的 200 万缅甸工人颁发临时护照并承认其子女为缅甸公民。2013 年 4 月 1 日，缅甸财税部宣布将中下级公务员工资上涨 50%，以应对通货膨胀。

5. 进一步完善法律制度

2012 年 3 月 19 日，联邦议会通过了《环境保护法》，对环保质量标准、环境评估做出了相关规定，同时还通过了《空地、闲地和荒地管理法》。3 月 30 日，联邦议会通过了《农业土地法》，规定了农业土地使用权拥有者和土地权的审批程序等。4 月，吴登盛正式签署《劳工争议解决法》，对解决纠纷的方式和作用做出了规定。8 月 10 日，议会通过了《重要商品和服务法》和《外汇管理法》，并公布了《缅甸公民投资法》草案。8 月 31 日，吴登盛签署《2012 年社会福利法》。9 月 7 日，吴登盛签署了《缅甸进出口法》，对进出口管理和许可证制度进行规范。11 月 1 日，吴登盛总统签署法案，分别废除 1964 年《缅甸五星轮船公司法》《征地（矿区）法》和《为人民服务业保护法》。11 月 29 日，议会通过了《2012 人民院法》和《2012 民族院法》，以取代 2010 年颁布的《人民院法》和《民族院法》，对人民院和民族院的职能、原则和组成等进行了详细规定。

2012 年 11 月 2 日，吴登盛签署《外国投资法》。新投资法较以前的投资法更加灵活，包括取消外资在合资企业中最高占 50% 股份的限制，允许外资投资电力、石油和天然气、矿业、制造业、饭店和旅游业、房地产、交通运输、通信、建筑和其他服务业。农业、畜牧水产业虽然列入限制投资领域，但允许外资与缅甸企业按法律规定组建合资企业。新法还包括外资与缅甸企业组成的合资企业可享受 5 年免税待遇等优惠政策。缅甸还颁布了一系列有关民生和劳工权益的法律，如《最低工资法》（2013 年 6 月 4 日）、《福利法》（2013 年 6 月 4 日）、《国民食品法修正案》（2013 年 8 月 13 日）、《幼儿保护法》（2014 年 2 月 6 日）、《保护消费者法》（2014 年 3 月 14 日）、《反洗钱法》（2014 年 3 月 14 日）、《新闻媒体法》（2014 年 3 月 14 日）和《出版发行业法》（2014 年 3 月 14 日）、《电力法》（2014 年 11 月 25 日）、《国内水运组织法》（2014 年 12 月 5 日）和《缅甸国家航空法》（2014 年 12 月 5 日）。

6. 允许民众维权运动和公民社会发展

随着缅甸政治改革深化，缅甸民众更加敢于争取自身权益。2012 年 1 月 16 日，若开邦民众在实兑和妙吴举行"争取 24 小时供电运动"，要求政府为居民提供全天电力和天然气。作为回应，缅甸能源部部长吴丹泰于 1 月 27 日表示，2013 年后缅甸新天然气项目的产出将主要用于国内消费。2 月 6 日，仰光莱达雅工业区的 1800 名工人为薪酬和休假问题举行罢工。5 月 22 日，数百名仰光居民参加烛光集会，抗议电力供应短缺。5 月 1 日国际劳动节后，仰光莱达雅工业区 12 家服装厂工人连续多日示威，要求最低月薪增加至 7 万缅币，并重申劳工各项权益。罢工潮波及仰光 57 家工厂并扩大到曼德勒。7 月 6 日，马圭省农民向吴登盛总统写信，就 3 万英亩耕地被政府军西部军区没收一事提出申诉。7 月 15—18 日，200 名农民在仰光的敏加拉洞举行示威，要求泽格巴房地产集团归还征用的 1000 多亩土地。

截至 2012 年底，共有 278 个本土 NGO 组织、53 个国际 NGO 组织在缅甸活动，主要从事教育、健康、饮用水、种植业、养殖业、粮食产业和环境保护等 67 个项目。

7. 继续释放囚犯

2012 年 1 月 4 日，吴登盛签署大赦令释放 6656 名囚犯。1 月 12 日，吴登盛宣布再次释放 651 名囚犯，其中 299 名为政治犯，包括"88 学生组织"领导人敏哥奈、哥哥基、僧侣吴甘比拉以及前总理钦纽和其下属约 200 名军事情报官员。7 月 3 日，缅甸政府释放 80 名囚犯，其中包括民盟成员、学生活动分子和外籍囚犯，以推动全民和解，改善缅甸与其他国家的外交关系。9 月 17 日，吴登盛访美前宣布释放 514 名囚犯，以"与邻国和外国建立良好关系"，其中包括 399 名外国人和 88 名政治犯。11 月 15 日，缅甸总统再次特赦释放 452 名囚犯，包括年龄偏大、有健康问题的国内和外籍囚犯。2013 年 4 月 23 日，吴登盛总统签发大赦令赦免 93 名囚犯，其中包括 59 名政治犯。2013 年 12 月 30 日，吴登盛总统签发特赦声明，宣布释放以非法结社罪、叛国罪、蔑视政府罪和违反和平集会法罪被扣押或正在受审的全部犯人，缅甸至此已经不再有政治犯。

（二）议会运转基本正常

1. 议会补选

2012 年 4 月 1 日，缅甸全国举行了议会补选，共涉及 45 个席位，其中包括 37 个人民院席位、6 个民族院席位和 2 个省邦议会席位。昂山素季获得选区 85% 的选票，当选为人民院议员，民盟在选举中赢得 43 个席位，成为议会最大反对党，缅甸政府邀请了国际社会观察员来监督投票，这一举动是史无前例的。

2. 议会运行情况

2012 年，联邦议会（包括人民院、民族院和两院联合）共召集了 3 次会议。1 月 26 日，议会召开第一届议会第三次会议，讨论《2012—2013 财年国家财政预算法》《国家计划法草案》和《2012—2013 财年财政支出补充法草案》等法案。会议决定组成联邦议会法律草案联合委员会，以对需要通过联邦议会讨论的法律事宜进行审核。5 月 2 日，随着补选中获胜的民盟议员宣誓加入议会，第三次会议闭幕。议会第四次会议于 7 月 4 日在内比都举行。9 月 4 日，议会通过了吴登盛关于设立 36 个部、设 36 位联邦部长岗位、威伦中将为国防部部长、吴登泰为总审计长的决定。9 月 7 日，议会第四次会议闭幕。议会第五次会议于 10 月 18 日召开，11 月 22 日闭幕，会议共通过吴登盛总统签发的法律 4 部。

3. 议会与宪法法院的斗争

2012 年 2 月 2 日，联邦总检察长代表总统向宪法法院提交了关于联邦议会成立的下属委员会是否属于联邦级（中央级）机构的咨询公函。3 月 28 日，宪法法院裁决议会委员会不属于联邦级机构，这项裁定引起了议会多数议员的不满。议会议员两次联名提案，要求宪法法院收回裁决。8 月 14 日，人民院议长吴瑞曼向总统吴登盛致函，要求宪法法院法官在 8 月 21 日前自动辞职，但宪法法院称将依法继续履行职责。9 月 6 日，人民院通过决议弹劾宪法法院法官，同日吴登盛批准宪法法院全体成员辞职，从而结束了议会与宪法法院之间几个月的纷争。

（三）昂山素季重新走上政治舞台

2012 年 1 月 9 日，民盟重组 7 人中央执行委员会，昂山素季出任该党主席。3 月 14 日，针对 4 月 1 日议会补选，昂山素季阐述了民盟的政策和工作方针，将近期目标定为：建立法制、实现国内和平和修宪。在 4 月 1 日补选中当选为议员后，昂山素季于 5 月 29 日至 6 月 2 日出访泰国，参加在曼谷召开的世界经济论坛，这是她 24 年来首次出国访问。她还看望了在泰缅甸劳工和难民。6 月 13 日，昂山素季开始了为期 17 天的欧洲之旅，先后访问了瑞士、挪威、爱尔兰、英国和法国，与领导人会谈并发表演讲。她呼吁国际社会帮助缅甸建立强大的民主制度，缅甸需要确保公民权的法律。

2012 年 7 月 25 日，昂山素季在联邦议会首次发表演讲，呼吁建立一个"真正民主、平等和以彬龙会议精神为基础"的国家。8 月 7 日，昂山素季担任新成立的联邦议会法治与稳定委员会主席。自 9 月 17 日开始，昂山素季对美国进行为期 18 天的访问，会见了美国总统奥巴马、国务卿希拉里等政要，接受国会金质奖章，在联合国发表演讲，就广泛的关键政治问题发表多项声明。11 月 13—18 日，昂山素季应邀访问印度，会晤了印度总理辛格，并在印度国会发表演讲，呼吁印度给予缅甸更多支持和投资，帮助缅甸走上真正的民主道路。

2013 年 3 月 8—11 日，民盟在仰光举行为期 3 天的全国代表大会，选举领导层和准备 2015 年选举。民盟近 900 名成员出席了此次会议，一致选举昂山素季为总书记。2014 年 4 月中旬，昂山素季相继访问了德国和法国，为修改总统任职资格的宪法条款寻求国际支持。但是 2014 年 11 月，缅甸时任领导人排除了修改宪法的可能性。

（四）族群冲突在全国蔓延

2012年5月28日，若开邦1名信仰佛教的若开族妇女遭3名罗兴伽男子强奸杀害，此事引起了若开族的愤怒。6月3日，约300名若开人误以为肇事者在一辆长途汽车上，将车上10名罗兴伽乘客殴打致死。6月8日，若开邦孟都地区和布帝洞地区发生骚乱，造成100多人死伤，508间房屋被烧。吴登盛6月10日签署法令宣布若开邦实行紧急状态。自10月21日起双方冲突再次升级，若开邦敏比亚镇发生骚乱，其后迅速蔓延到多个地区，短短10天内共有89人死亡、136人受伤，大量罗兴伽人沦为难民或逃离若开邦。12月4日，一艘载有200名罗兴伽人的难民船在孟加拉湾沉没，大约160名罗兴伽人死亡。若开邦持续动荡的局势引发国际社会尤其是西方和伊斯兰世界的关注，成为影响缅甸与邻国关系的不利因素。2013年，极端主义教派冲突已从缅甸边疆地带蔓延到缅甸中部曼德勒省密铁拉市、仰光以北150公里勃固省明拉、奥波和九彬高以及腊戍和实阶省甘勃卢等地。

（五）与多数民地武签署停火协议，与克钦独立军冲突升级

1. 与多数民地武签署停火协议

2012年1月6—28日，缅甸政府代表分别与钦民族阵线、克伦民族联盟、南掸邦军、北掸邦军达成初步和平协议。2月1日，孟邦和谈代表团与新孟邦党代表团在仰光和谈达成一致，双方签署了停火协定。2月26日，缅甸政府与新孟邦党签署了初步和平协议，这是缅甸政府推动民族和解以来又一个成果。3月7日，7位部长组成的政府和谈代表团参加了与克耶民族进步党的和平谈判，双方一致同意达成停火协议，而美国、英国大使馆官员和联合国难民事务署高级专员也出席了会议。4月8—9日，吴登盛、昂山素季先后与克伦民族联盟举行会谈，就实现永久和平交换了意见，并讨论了克伦民族联盟从非法组织名单中去除的问题。5月3日，缅甸成立了以吴登盛为主席的11人联邦和平中央委员会和以副总统赛茂康为主席的52人联邦和平工作委员会，以推动政府与少数民族武装之间的和谈进程，争取实现国家的永久和平。6月10日，克伦尼民族进步党与铁道部长吴昂明率领的政府代表团在克伦尼邦垒固签署了第二轮17点和平协议。

7 月 3 日，吴登盛在联邦和平中央委员会第一次会议上表示，只有实现全国和解，结束民族冲突，才能给政治经济改革提供坚实的基础。①

2012 年 9 月 3—4 日，联邦和平工作委员会副主席吴昂明与克伦民族联盟举行了第三次和谈，签署了双方行为准则草案，并商谈军队部署等具体事宜。9 月 7 日，吴登盛在内比都第一次召集各省邦民族事务部部长会议，研究少数民族地区和平、减贫和毒品问题，并宣布政府将推进少数民族语言教学。11 月 9 日，吴昂明在泰国湄索会见 14 支民地武和流亡政治组织，达成了政治对话解决国内政治问题、流亡政治组织回国的协议。12 月 7—9 日，吴昂明率领和谈代表团与钦民族阵线谈判达成了 27 点和平协议，包括承认钦民族日、建立独立的钦族人权委员会、允许在钦邦建立该组织的媒体机构等内容。

截至 2012 年 12 月，吴登盛政府已与 12 家民地武达成停火协议，并与其他 12 个民地武组成的联合民族联邦委员会开始了政治对话。2013 年 11 月 4—5 日，缅甸政府首次与这些民地武组织举行集体对话，协商"全国性停火协定"和政治对话等事宜。② 2015 年 1 月 5 日，吴登盛总统在内比都国际会议中心会见 12 支民地武代表，要求他们在联邦节之前签署全国范围停火协议。

2. 与克钦独立军冲突升级

2012 年，克钦邦战火仍然持续不断。1 月 18—19 日，缅甸政府和谈代表吴昂当与克钦独立军代表在瑞丽举行和谈，双方分歧依旧严重。3 月 8—10 日，双方在瑞丽举行自 2011 年军事冲突以来第七次和谈。自 5 月开始，缅甸政府与克钦独立军举行了 3 轮非正式会谈。10 月 29—30 日，双方代表在瑞丽举行谈判，克钦独立军提出的民族自治权问题得到了政府代表吴昂明的初步承认。12 月底，克钦邦武装冲突再次升级，影响了到中国西南边境安全。12 月 30 日，3 发缅军炮弹落入云南省盈江县那邦镇，炸毁了 1 幢民居。2013 年 1 月 15

---

① 李晨阳、祝湘辉：《缅甸：2012—2013 年回顾与展望》，《东南亚纵横》2013 年第 3 期。

② 张云飞：《缅甸政府首次与多支少数民族武装组织集体对话》，2013 年 11 月 4 日，新华网（http：//news. xinhuanet. com/world/2013－11/04/c_ 118001596. htm）。

日又 1 枚炮弹落在中国境内。政府军出动了战斗机和直升机攻击，并占领克钦独立军总部拉扎周围的所有高地。据联合国人道主义事务协调办公室（OCHA）报告，截至 2013 年 1 月份，克钦邦境内难民人数上升到 5.5 万人。

二　经济改革的启动

2012 年，缅甸以设定新的经济发展目标、改善外资投资环境、扩大私营经济、推动农业发展和统一汇率等为中心，实现了较高的经济增长目标。2013 年政府重点强化税收能力。2014 年缅甸政府的经济措施重心转向了完善税务体系和开放金融业。

（一）经济政策

1. 设定新的经济发展目标，推动第二波改革

2012 年 3 月 19 日，吴登盛签发《2012—2013 财年国家计划法》，拟定 2012—2013 财年 GDP 增长率为 6.7%。其中增幅最大的是通信行业，为 150.4%；租赁和服务业为 14.6% 等。GDP 占比主要为，农业 33.6%，工业 27.6%，服务业 38.8%。总投资占比为，国家投资占 27.3%，私人投资占 72.7%。2014 年 3 月 28 日，缅甸议会通过了《2014—2015 财年国家计划法》，计划 2014—2015 财年以 2010—2011 财年物价为基础，使 GDP 增长率达到 9.1%。

5 月 11 日，吴登盛在总统府主持召开"为国家发展而加大改革力度协调会"，宣布缅甸改革进入第二阶段，这一阶段的改革要提高人民经济生活水平，促进以民为中心的发展。吴登盛还呼吁在海外的缅甸人回到缅甸参加经济建设。6 月 19 日，吴登盛在议会就国家发展新的五年计划发表国情咨文演说，宣布政府将以经济建设为中心，提高公众福利，放宽对电信、能源及金融等多个重点行业的控制，争取到 2015—2016 财年缅甸人均国内生产总值增加 3 倍，年增长率为 7.7%，实现缅甸现代化。贸易和投资是国家经济发展的主要引擎。吴登盛还提到 4 项经济发展原则，包括加强农业发展的同时努力发展工业、省邦平衡发展、提高人民生活水平等。2012 年 9 月，吴登盛再次提出要推进新一轮经济改革，减少军队对经济的影响，加大一些关键行业的私有化进程，在 5 年内让缅甸经济总量翻 3 番。

2. 调整汇率制度

从 2012 年 4 月 1 日开始，缅甸政府在国际货币基金组织的技术支持下，实施有控制的汇率浮动制，建立了中央银行能够介入并影响汇率的银行间外汇市场。外汇交易基准价被定为 820 缅元兑 1 美元，上下浮动幅度为 2%。同时，政府使用 800 缅元兑 1 美元的汇率对公共账目进行重新计算，以利于外汇市场整合、调控及国际结算和汇兑业务。但缅币持续贬值，2014 年底美元兑换缅币汇率达到 1∶1075。

3. 增加财政透明度

缅甸政府还结束了军政府时期财政不透明现象，将预算案首次提交议会辩论通过。2012 年 1 月 31 日，缅甸财税部部长吴拉通在举行的联邦议会会议上提交了 2012—2013 财年预算草案。在草案中，卫生经费拨款将由上财年的 920 亿缅元（约合 1.15 亿美元）增加到 3680 亿缅元（约合 4.6 亿美元），增加了 3 倍；教育经费拨款将由上财年的 3104 亿缅元（约合 3.88 亿美元）增加到 6172 亿缅元（约合 7.7 亿美元），增加近 1 倍，教育和卫生拨款占整个政府支出的 7.5%（上财年为 5.4%），而军事预算有所减少，从 2011—2012 财年占政府支出的 23.6% 减少到 14.4%。2012 年 11 月，缅甸财税部承认缅甸政府在国外开有美元账户，并有高于 60 亿美元的存款，称在国外开设美元账户是为了进出口业务的需要。12 月 14 日，缅甸政府建立了采掘业透明度行动计划组织（EITI）建设指导委员会，以总统府部部长吴梭登为主席，对缅甸自然资源部门提出改革建议，在投资者和民众之间建立透明的机制。

2013 年 7 月 12 日，吴登盛总统签署了《缅甸中央银行法》，赋予央行独立干预货币市场、设立金融监督机构和资本市场的自主权。[①] 截至 2014 年 10 月 1 日，缅甸向包括中国工商银行在内，日本、新加坡、泰国、澳洲等 9 家外资银行发放经营许可。

4. 清除制度障碍

缅甸基础建设较差，社会配套不足。缅甸电话普及率目前只有

---

① 《缅甸中央银行法颁布》，2013 年 7 月 16 日，中国商务部网站（http://www.mofcom.gov.cn/article/i/jyjl/j/201307/20130700201225.shtml）。

5%，缅甸政府计划在 2013—2014 财年把电话分布率提升至 27%，在 2015—2016 财年提升至 75%—80%。2012 年 2 月，缅甸通信邮电部部长吴登通在议会上表示，将允许私人投资参与缅甸通信业建设和服务，有比例地吸引本国公民投资和外国投资。缅甸政府修改了法规，允许每年进口 8 万辆汽车在国内销售，还出台了进口许可证申请一站式服务、促进旧汽车更换的政策。2012 年 5 月 7 日，政府宣布缅甸市民可进口 2007 年之后生产的汽车，政府对小排量汽车降低进口税，这极大地刺激了缅甸个人汽车市场。缅甸能源价格过低，国家不得不大量补贴，实际上损害了能源产业可持续发展。1 月 1 日，政府对天然气和电价实施了大幅度上涨，仰光天然气价格上升 34%，从 2083 缅元每加仑上涨到 2791 缅元每加仑，仰光电力价格翻了一番。

缅甸边贸管理部门也加速了商品进出口许可证审批。从 2012 年 7 月 13 日开始，在各边境贸易区申请非限制性商品进出口许可证，1 天之内即可办结。批准出口的商品为 145 种，进口的为 160 种，涵盖了农产品、水产品、矿产品和其他商品。9 月，西联公司与缅甸东方银行签署协议，宣布将为缅甸人提供接收来自海外缅甸亲人汇款的服务。11 月，VISA 集团与缅甸甘波扎银行、合作社银行和东方银行三大银行签订了合作协议，使得外国旅游者也可以在缅甸使用 VISA 信用卡。

2013 年缅甸政府在边境贸易口岸组建了流动执法队，对走私和非法贸易进行打击，防止税收流失。2012 年 11 月 21 日，缅甸政府在印缅边境的德木口岸首次实行 ITC 制度，向个人和贸易商发行 ITC 卡。2014 年 5 月 8 日，缅甸政府宣布将进口手机关税税率由之前的 10% 降到 5%。

5. 扩大私营经济领域

2012 年 2 月 7 日，缅甸私营企业主获准经营能源部下属的油气进口、仓储和销售业务，可以建造新的油气销售站、仓储库和油气码头。从 5 月 1 日开始，私营企业主 40 年来将首次获准经营保险业，可经营火险、车险、汇款险、财产险、公证险和人寿险共 6 种保险业务，另外 51 种保险业务由缅甸国家保险公司负责经营。缅甸央行 7

月 2 日批准缅甸 17 家私营银行开设外币账户业务，受理美元、新加坡元和欧元三种外币的活期储蓄。2012 年 9 月，缅甸政府向 12 家民营企业颁发了保险营业执照。

（二）宏观经济形势

在新政府经济改革政策的推动下，缅甸经济实现了一定增长，产业结构有所改善。2012 年，缅甸经济增长率为 6%。2013—2014 财年缅甸经济增长率为 7.5%。2014—2015 财年缅甸实现了 7.8% 的增长率。缅甸经济增长的主要原因是外国增加了在石油、天然气和其他能源及矿产领域的投资。自 2012 年 4 月 1 日缅甸央行实行浮动汇率以来，缅甸汇率持续波动，2012 年 6 月 3 日，缅甸投资委员会主席、工业部部长吴梭登表示，美元对缅币汇率已由 1∶818 上升到 1∶842 左右。根据联合国亚太经济与社会委员会分析，2012 年缅甸的通货膨胀率达 6.2%。2013—2014 财年缅甸通货膨胀率为 6.3%。2014—2015 整个财年通胀率提高至 6.6%。

财政赤字、税收能力不足、银行高额利率和农村贫困等问题是缅甸宏观经济发展面临的主要问题。近年，缅甸财政收入占 GDP 比重在 4%—5%，但财政支出连年增加，2011 年已经超过 GDP 的 9%。2012 年 2 月 24 日，吴登盛签署《2012—2013 财年财政支出补充法》，在《2011—2012 财年国家财政预算法》基础上，追加 2011—2012 财年政府部门财政支出共计逾 13243 亿缅币。财政赤字使政府举借大量外债，截至 2012—2013 财年，缅甸外债总额已达 110.2 亿美元，2012 年 12 月 31 日到期未还的外债总额达 75.399 亿美元。

缅甸财政收入的主要来源是天然气出口泰国的收入所得、国内和国际的贸易税所得，而公司或个人的收入所得税以及土地税收收入相对来说微不足道。2011—2012 财年全国的税收总收入比 2010—2011 财年减少，税收减少是由以下几个原因造成的：出口关税由 8% 降到了 5%，部分出口商品则为零关税；手工业税和工资税也由 10% 降到了 2%；对走私的摩托车也没有实行征税计划；由于战火不断，克钦邦的雷基口岸和克伦邦妙瓦底口岸的税收大幅下降。大量财政赤字、税收能力低下导致政府的投入不足，对政府发展经济目标产生不利影响。

缅甸不合理的利率政策也困扰着缅甸经济发展。缅甸的贷款利率继 2011 年贷款利息由原来的 17% 下调至 15% 后，自 2012 年 1 月 1 日起，贷款利息调整为 13%。自 2013 年初开始，缅甸银行下调中小企业贷款利率至 8.5%。但总体而言，贷款利息率偏高，导致企业融资成本很高，利润空间受到挤压，从而制约了企业的发展潜力。

2012 年 1 月 18 日，缅甸土地法改革研讨会上公布的数据显示，缅甸平原地区尚有 35%—53% 的农村家庭没有自留地，克钦邦等少数民族地区有近一半镇区的农村家庭没有自留地。与此相对应的是截至 2012 年 7 月，缅甸全国总人口为 5749.3 万人，失业人口约 900 万至 1000 万，失业率为 28.4%；贫困面为 23.6%，在广大缅甸农村，46% 的农民仍生活在贫困线以下。

（三）产业经济形势

2011—2012 财年，缅甸进出口贸易总额 181.5 亿美元，创历史新高，其中出口额为 90.9 亿美元，进口额为 90.53 亿美元，边贸额与上一财年相比增幅达 50%。外贸额增加的原因一是边贸额与上一财年相比增加了 21 亿美元，其中边贸出口额就增加近 10 亿美元；二是批准了汽车、棕榈油、燃油和机械的进口，仅汽车的进口额就达 10 亿美元。缅甸对外贸易额在 2013—2014 财年达 232.2 亿美元，比 2012—2013 财年增加 60 亿美元。

截至 2012 年 11 月，中国在缅甸的投资仍居榜首，为 141.42 亿美元，占缅甸外资总额的 34.42%，其次分别是中国香港、韩国、泰国和英国。按照领域分类，缅甸电力行业吸引外资最多，达到 190.67 亿美元，占缅甸总投资额的 46.41%。截至 2011—2012 财年，缅甸国民在国内的投资总额接近 17000 亿缅元（约折合 21.25 亿美元），主要投资领域为建筑业和商品生产领域。在 2013—2014 财年，外国投资达 30 亿美元，比 2012—2013 财年增长一倍。2014—2015 财年缅甸共吸引外国投资 63 亿美元。

在银行业方面，缅甸共有 4 家国营银行（缅甸经济银行、缅甸外贸银行、缅甸投资与商业银行、缅甸农业发展银行）和 19 家私营银行。截至 2012 年 6 月 29 日，缅甸各银行共发放贷款 37325.6946 亿缅元，其中商业贷款占总额的 32.14%；工业占 20.24%；农业与饲养业占 14.64%；服务业占 10.93%；其他占 10.93%；建筑业占 9.76%；交通业占 1.86%；房地产业占 0.84%。

在能源产业方面，截至 2011—2012 财年，缅甸天然气出口额达 29.47 亿美元，比上财年的 25.22 亿美元增加了 4.24 亿美元。截至 2012 年 5 月，缅甸已批准的石油天然气项目投资总额达 134.75 亿美元，占获批项目的 43.74%；其次是电力行业项目，占 41.88%；再次是矿产业，占 7.46%。这 3 个产业的投资总额占总投资比重的 93.08%。2013 年 7 月 28 日中缅天然气管道正式通气。2014—2015 财年天然气出口达 40 亿美元，占缅甸出口总额的 35%。中缅石油管道于 2015 年 1 月开始正式启用输送原油。

在旅游业方面，2012 年，赴缅游客人数突破 100 万，全年旅游收入为 5.34 亿美元，创下 67% 的增长纪录。其中，泰国游客人数居首，约 9 万人；中国游客人数排在第二位，约 7 万人；美国游客人数排第三位，约 3.7 万人。缅甸政府已经实施落地签证办理程序，计划实施电子签证（e-Visa）。2013—2014 财年外国到缅甸游客总人数已达 204.4 万。2014—2015 财年赴缅旅游的游客数量突破 350 万人次，旅游收入达 11.35 亿美元。

在农业方面，2011—2012 财年，缅甸共出口大米 80 多万吨。2012—2013 财年前 11 个月，缅甸已出口大米 130 万吨，整个财年大米出口总量有望突破 150 万吨，将成为 1966 年以来最高出口量。由于中国持续以高于原价 12% 的价格收购缅甸大米，80% 的大米出口到中国。2013—2014 财年缅甸共出口了价值 8.05 亿美元的豆类 117.83 万吨，豆类已超过大米并成为缅甸获取外汇最多的农产品。

在通信业方面，2013 年 6 月 27 日，挪威电信公司（Telenor）和卡塔尔电信公司（Ooredoo）中标，成为缅甸第二和第三个获得许可的电信运营商。在 2014—2015 财年，全缅移动电话覆盖率由 2011 年的 3% 增长至 2014 年的 23%，手机普及率达 50%。

三 大国平衡外交成果显著

随着缅甸政治改革在全世界范围内得到认可，2012—2014 年缅甸领导人对外访问、外国领导人来访层次之高和次数之频繁前所未有。缅甸已经从倚重中国转向大国平衡政策，尽可能地引进其他大国力量，以实现政治、经济平衡和国家利益最大化，但中缅两国关系并没有发生本质的变化。

（一）与中国关系

1. 两国高层互访频繁

2012 年，中缅两国维持了高层频繁互访的良好势头。首先是议会层面交流不断，2 月 23 日，缅甸人民院议长吴瑞曼抵达中国进行为期 5 天的访问，并先后会见了中国全国政协主席贾庆林、中国人民解放军总参谋长陈炳德，双方表示将加强中缅双方的战略性合作。①5 月 14 日，中国全国政协副主席王刚访问缅甸，会见了缅甸联邦议会议长兼民族院议长吴钦昂敏，双方均同意相互学习借鉴参政议政经验。9 月 13—15 日，中国全国人大常委会委员长吴邦国一行对缅甸进行正式访问，会见了吴登盛总统、吴钦昂敏议长和吴瑞曼议长，双方一致同意加强湄公河流域的法制建设和执法队伍建设。9 月 22 日，吴钦昂敏议长访问深圳时表示，无论缅甸政治改革如何进展，缅中关系都会稳步向前推进。2013 年 4 月 5 日，吴登盛总统抵达海南三亚参加博鳌亚洲论坛会议，并会见中国国家主席习近平。9 月 2 日，吴登盛总统抵达南宁参加第 10 届中国—东盟博览会暨中国—东盟商务与投资峰会，并会晤了李克强总理。2014 年 4 月 11 日，缅甸联邦议会议长吴瑞曼访华，会见了习近平主席，双方签署了两国议会间合作谅解备忘录。2014 年 6 月 27 日，吴登盛总统访华，会见了习近平主席和张德江委员长。

两国政府层面互访得到加强。2012 年 6 月 13 日，中国外交部部长杨洁篪同来访的缅甸外交部长吴温纳貌伦举行会谈，杨洁篪表示愿同缅方加强沟通与协调，确保一些重大合作项目顺利实施。作为 2012 年缅甸政府代表团访华最重要的行程，9 月 18 日，吴登盛前往广西南宁出席中国—东盟第九届博览会，作为主题国在开幕式上发言。11 月 19 日，吴登盛在第十五届中国—东盟峰会上表示，缅甸将

---

① 李晨阳、祝湘辉：《缅甸：2012—2013 年回顾与展望》，《东南亚纵横》2013 年第 3 期。

继续促进东盟与中国的贸易和投资等经济合作。12 月 12 日，缅甸计划与经济发展部部长甘佐博士率团前往广西南宁出席第十八次 GMS 部长级会议，与 GMS 其他成员国就 GMS 战略框架协议等工作进行了广泛的讨论。2014 年 4 月 7 日，吴年吞副总统抵达北京参加中国—东盟文化交流年开幕式，随后会见了中国国家副主席李源潮。

双方党际交流也在延续。2012 年 5 月 20—26 日，缅甸联邦巩固与发展党代表团一行 10 人在总书记吴泰乌带领下访华。代表团一行参观了云南省西双版纳傣族自治州景洪电厂，参拜了北京灵光寺的佛牙舍利。22 日，中国国家副主席习近平在北京会见了以总书记吴泰乌为团长的缅甸联邦巩固与发展党代表团，双方同意全力推动缅中传统友好关系不断发扬光大。

2. 专业领域交流

随着中缅两国交流的深入，中缅一些相关部委代表团相互访问，以加强各自领域的经验交流。2012 年 3 月 12 日，缅甸海军司令员年吞中将一行 9 人访问了大连舰艇学院，与学院领导进行了友好交流。7 月 10 日，中国公安部部长孟建柱访问了缅甸，先后会见了吴登盛总统和内政部长吴哥哥。孟建柱表示，中方支持缅政府以和平方式妥善解决民族和解问题，希望缅方尽快签署《湄公河流域执法安全合作协议》。9 月 5 日，缅甸国防军总司令敏昂莱和副总司令兼陆军司令梭温先后会见了来访的中国人民解放军副总参谋长马晓天，双方就两国两军关系和地区安全形势等问题交换了意见。11 月 16 日，中国国防部部长梁光烈会见了来访的缅甸国防军副总司令兼陆军司令梭温，双方同意将继续致力于加强两国两军的友好交流与务实合作。2014 年 5 月 23 日，中国海军远洋航海训练舰郑和舰、导弹护卫舰潍坊舰组成的舰艇编队抵达仰光的迪洛瓦港口，对缅甸进行了为期 5 天的友好访问。9 月 24 日，农业部部长韩长赋访缅，会见了吴登盛总统，双方签署了两国农业合作谅解备忘录。

3. 中缅智库和非政府组织的交流

2012 年，随着缅甸民间组织和公民社会的兴起，缅甸智库和非政府组织来访也日渐增多。5 月 24—29 日，缅甸发展资源研究所（MDRI）创始人、缅甸总统首席政治顾问吴哥哥莱和政治顾问吴奈辛拉先后访问了云南大学、中国国际问题研究所、上海国际问题研究所等机构。10 月 28 日至 11 月 11 日，以吴哥哥莱为团长的缅甸智库与非政府组织代表团再次访华，并得到了全国政协副主席孙家正的会见。12 月 10 日，缅甸总统首席经济顾问吴敏率团访华，考察中国经济特区，学习中国改革开放经验，加强了两国民间交往。2013 年 4 月 22—23 日，云南大学缅甸研究中心举办了"缅甸的农业发展与中缅农业合作"学术研讨会，缅甸总统首席社会顾问吴丁图乌参加了会议。

两国文化体育交流与慈善事业合作也在加强。根据 2012 年 9 月 14 日中国人大委员长吴邦国访问缅期间与缅甸政府签订的协议，12 月 26 日，中国体育援助缅甸第二十七届东南亚运动会 28 人教练组抵达缅甸。2 月 22 日，北京灵光寺与仰光大金塔缔结友好寺院签字仪式在仰光举行。5 月 8 日，中国医疗队在仰光市首都医疗中心为缅甸白内障病患免费检查和手术，正式启动"重见光明"活动，受到缅甸病患和家属的热烈欢迎。12 月 31 日，中国驻缅甸大使李军华和缅甸社会福利与安置部副部长吴蓬瑞签署了《中缅两国经济技术合作协定》及其相关换文，中国政府向缅甸捐助 350 套集成房屋，用于帮助安置若开邦流离失所者和缅甸北部地震灾区灾民。2014 年 2 月 22 日，中国红十字会向缅甸克钦邦难民提供价值 3.6 亿缅元的援助物资。

4. 莱比塘铜矿事件对中缅关系的影响

莱比塘铜矿项目是缅甸联邦经济控股公司与中国北方公司下属的万宝公司合资项目。由于涉及一些农户搬迁和土地赔偿问题，11 月 18 日起，实皆省蒙育瓦的数百名当地农民、僧侣和维权人士进入莱比塘铜矿作业区抗议，在工地附近搭建了 6 个临时营地，该工程的施工被迫全部中断。一些抗议者扬言要把莱比塘铜矿变成第二个"密松"工程。11 月 29 日凌晨，缅甸警察对莱比塘铜矿抗议现场用烟幕弹和水枪执行清场任务，造成数十人受伤。12 月 3 日，吴登盛颁布总统令，任命由 16 人组成调查委员会，由昂山素季担任主席。委员会于 2013 年 3 月 12 日提交了最终调查报告，认为莱比塘铜矿项目应继续进行，但需采取必要的改进措施。一些民众开始拆除营地，撤出抗议营地。2013 年 3 月 12 日委员会提交了最终调查报告，提出了整改意见。7 月 24 日，各方签署了修改后的莱比塘铜矿合同。

（二）与美国和其他西方国家关系

2012 年，西方国家逐步松动了对缅甸的制裁。2 月 6 日，美国国务卿希拉里签署一项豁免令，不再反对世界银行、亚洲开发银行及国际货币基金组织等国际金融机构赴缅甸进行"评估工作"，或对缅甸提供有限的技术援助。7 月 11 日，22 年来美国首任驻缅大使米德伟向吴登盛总统递交了国书，标志着美缅关系的正常化迈出了最重要的一步。同一天，美国总统奥巴马宣布准许美国企业负责任地在缅甸从事投资活动。7 月 14—15 日，在美国国务院副国务卿霍马茨和美国商务部副部长桑切斯率领下，一个由美国 38 家公司高管组成的商业代表团访问缅甸。9 月 24 日，吴登盛赴美参加第六十七届联合国大会，并于 27 日在联大发表有关缅甸未来发展的演讲。10 月 15 日，由助理国务卿波斯纳率领的 22 人美国高级政府代表团访问缅甸，与缅甸高层讨论各项人权议题。11 月 16 日，美国政府宣布取消对缅甸的产品进口限制，但矿产品和珠宝产品仍在禁止商品之列。11 月 19 日，美国总统奥巴马在国务卿希拉里的陪同下抵达缅甸，成为首位访缅的美国在任总统。奥巴马还拜会了吴登盛总统、人民院议长吴瑞曼、民族院议长吴钦昂敏和民盟主席昂山素季，并在仰光大学进行了演讲。2013 年 5 月 19—20 日，吴登盛总统访问美国，会见了美国总统奥巴马。2014 年 8 月 9 日，美国国务卿克里访缅，吴登盛总统和联邦议会议长吴瑞曼先后会见了克里，双方就促进缅甸民主改革事宜进行了交流。11 月 12 日，美国总统奥巴马访缅，会见了吴登盛总统，双方就 2015 年大选、修宪等事宜进行交流。

2012 年 1 月，欧盟、英国、丹麦和法国分别宣布将增加对缅甸的发展援助。2 月 13 日，欧盟发展专员皮耶巴尔格斯抵达缅甸进行为期 3 天的访问，并宣布将实施一项价值 1.5 亿欧元援助缅甸医疗、教育和就业领域的计划。4 月 23 日，欧盟外长会议决定暂停对缅甸近 500 名个人和超过 800 家企业的制裁，为期一年，但武器禁运仍然有效。9 月 17 日，欧盟委员会将缅甸纳入"除武器之外"的全面贸易优惠安排,将为其产品进入欧洲市场免除关税及配额。① 11 月 3 日,欧盟委员会主席巴罗佐率团访问缅甸,宣布欧盟支持缅甸的改革开放和发展进程,将提供 2 亿美元用于援助缅甸的发展。4 月 13 日,英国首相卡梅伦访问缅甸,成为 60 年来首位到访缅甸的英国首相,并表示要在缅甸国内政治、和平进程和社会经济发展等方面进行合作。2 月 12—15 日,德国经济合作与发展部长德克·尼贝尔率领德国工商业和民间组织代表团访问缅甸。4 月 29—30 日,德国外长吉多·韦斯特韦勒访问缅甸。挪威政府于 1 月 27 日宣布允许缅甸在普惠制下向挪威出口免税货物。11 月 3 日,挪威首相斯托尔滕贝格与丹麦首相托宁·施密特访问缅甸,参加了挪威和丹麦共享的驻缅大使馆开馆仪式。同天,瑞士驻缅大使馆开馆仪式在仰光举行,瑞士驻缅大使表示瑞士将向缅甸提供约 800 万美元的人道主义援助。11 月 4 日,吴登盛接见了到访的卢森堡总理贾克。11 月 12 日,瑞典首相弗雷德里克·赖因费尔特访问缅甸,分别拜会了政府和议会领导人。2013 年 2 月 25 日—3 月 8 日,吴登盛对挪威、芬兰、奥地利、比利时和意大利展开正式访问。2014 年 2 月 9 日,德国总统高克访问缅甸,出席首届缅甸—德国经济合作论坛。2014 年 12 月 1 日,挪威国王哈拉尔五世访缅,会见了吴登盛总统和吴瑞曼议长,双方签署了两国发展合作谅解备忘录。

澳大利亚也减轻了对缅甸制裁。2012 年 1 月 9 日,澳大利亚外长陆克文宣布解除目前没有参政的前军政府部长、副部长以及现任旅游官员的制裁名单。4 月,澳大利亚贸易部部长爱默生发表声明,对缅甸实施旅行和金融禁令的名单从 392 人减少至 130 人,包括吴登盛在内的 200 多名官员的限制措施被解除。3 月 6 日,吴登盛接见了到访的新西兰外长一行。9 月 3 日,加拿大国贸部部长法斯特访问缅甸,表示加拿大将协助缅甸推动改革和现代化。2014 年 11 月 12 日,吴登盛总统会见了到访缅甸的澳大利亚总理阿博特,双方就缅甸改革和面临的挑战进行了交流。

---

① 李晨阳、祝湘辉:《缅甸:2012—2013 年回顾与展望》,《东南亚纵横》2013 年第 3 期。

日本在推动发展与缅甸经济关系方面采取了积极行动。4 月 20—24 日，吴登盛访问日本，会晤日本首相野田佳彦并参加日本与湄公河流域国家首脑会议。日本政府于 4 月 21 日宣布将分批免除缅甸 3000 亿日元（约 37 亿美元）债务，恢复已中止约 20 年的对缅发展援助。2012 年 11 月，在柬埔寨举行的东亚峰会期间，野田佳彦宣布将向缅甸提供 500 亿日元（约为 6.15 亿美元）的贷款。据日本贸易振兴会统计，截至 2012 年 10 月，日本商工会议所成员企业已有 60 家进驻仰光。5 月 14—15 日，韩国总统李明博对缅甸进行了国事访问。两国同意加强资源开发与经济合作，缅甸承诺将中断与朝鲜的军事合作。作为回访，吴登盛于 10 月 8—10 日对韩国进行了正式访问，签署了韩国向缅甸提供援助的协议和两国经济发展备忘录。2013 年 5 月 24—26 日，安倍晋三抵达缅甸，这是 36 年来日本首相首次访缅。2013 年 12 月 12—17 日，吴登盛总统到达日本，出席日本—东盟 40 周年峰会和日本—湄公河首脑会议。2014 年 12 月 10—13 日，吴登盛总统作为东盟轮值主席前往韩国釜山出席第二十五届东盟韩国对话伙伴国家纪念峰会。2014 年 11 月 12 日，日本首相安倍晋三访缅，会见了吴登盛总统，双方就日本对缅援助和投资等事宜进行了交流。

（三）与东盟及其成员国关系

2012 年 2 月 19 日，东盟秘书长素林访问缅甸，以评估缅甸政治发展进程。1 月 29 日至 2 月 3 日，吴登盛访问新加坡，出席了两国技术合作谅解备忘录的签字仪式。2 月 8—9 日，菲律宾外长德尔罗萨里奥访问缅甸，与吴登盛总统举行会谈，双方就巩固与加强两国的友好关系和共同合作等事宜交换了意见。作为回访，缅甸外长吴温纳貌伦于 6 月 14—15 日访问菲律宾。2 月 7 日，马来西亚国防军总司令穆赫德·津访问缅甸，与缅甸国防军总司令敏昂莱进行了会谈。3 月 28 日，马来西亚总理纳吉布率团对缅甸进行友好访问，两国发表了联合公报，宣布将在园林业、能源和电信等方面加强合作。2014 年 11 月 12 日，印尼总统佐科访缅，会见了吴登盛总统，双方就加强两国在地区和国际事务中的合作进行了交流。

2012 年 1 月 9—10 日，缅甸国防军总司令敏昂莱访问泰国，分别与泰国军方高层和总理英拉举行会谈，双方同意加强两国军事和经济联系。7月22日，吴登盛抵达泰国开始为期3天的访问，两国签署了包括泰缅双方共建土瓦深水港经济特区的3项谅解备忘录。① 12月17日，泰国总理英拉到访土瓦经济特区，并与吴登盛总统就实施土瓦经济区项目举行了会谈。2014年10月9日，泰国总理巴育访缅，会见了吴登盛总统，双方就打击人口拐卖、保护在泰国的缅甸劳工权益、事宜进行了交流。2012年12月3日，吴登盛总统率缅甸友好代表团前往文莱访问。2014年3月23至26日，文莱国王苏丹访缅，两国领导人就能源和农业合作事宜进行了交流。

3月12日，越南外长范平明率团访问缅甸，会见了吴登盛总统。两国就种植业、养殖业、商业投资、通信业和交通领域开展合作等事宜进行了交谈。11月29日至12月1日，越南国家主席张晋创率访问缅甸，两国签署了两国央行之间银行监管合作谅解备忘录和两国油气战略合作谅解备忘录。② 3月20日，吴登盛率团前往越南、柬埔寨和老挝3国进行友好访问。4月2日，吴登盛率团前往柬埔寨金边出席第二十届东盟峰会，就如何有效推动东盟共同体建设与其他成员国领导人进行了讨论。11月4日，吴登盛前往老挝万象出席第九届亚欧峰会。11月18日，吴登盛出席了柬埔寨金边举行的第二十一届东盟峰会，讨论了深化区域合作、推进区域一体化进程等问题。2013年4月23日，吴登盛总统会见了来访的印尼总统苏西洛。2013年12月9—12日，吴登盛总统会见了来访的老挝国家主席朱马利，双方讨论了农业技术交流与合作等问题。2014年9月5—9日，吴瑞曼议长对越南进行访问，会见了越共中央总书记阮富仲。

（四）与印度及其他南亚国家关系

2012年1月22日，缅甸外长吴温纳貌伦访问印度，会见了印度外长克里希纳，双方着重讨论了打击边境叛乱组织问题。2月1—6日，缅甸海军派出军舰参加印度海军牵头名为"米兰"的14国海军联合演习，演习目标是打击海盗和恐怖主义。5月27—29日，印度总理曼莫汉·辛格对缅甸进行为期3天的访问，这是印度总理25年

---

① 李晨阳、祝湘辉：《缅甸：2012—2013年回顾与展望》，《东南亚纵横》2013年第3期。

② 同上。

来首次访问缅甸。两国签署了开设边境市场、信息技术合作及印度向缅甸提供 5 亿美元贷款等 12 项协议和备忘录。12 月 14 日，印度外长萨尔曼·库尔希德率团访问缅甸，先后会见了吴登盛和吴温纳貌伦外长，双方讨论了能源、建筑、电力和边境安全问题。12 月 20—21 日，吴登盛率团前往印度出席第二十届东盟—印度峰会并发表演讲称，缅甸将为增进东盟与印度友谊而努力。2014 年 11 月 11 日，印度总理莫迪访缅，会见了吴登盛总统，双方就加强两国贸易关系、援助缅甸基础设施等进行了交流。

2012 年 1 月 11 日，缅甸空军司令妙亨中将访问了巴基斯坦空军司令部，并会见了巴基斯坦空军总参谋长卡马尔·苏尔曼。1 月 24—25 日，巴基斯坦总统扎尔达里访问缅甸，与吴登盛总统就改善双边关系和促进经贸合作举行了会议。3 月 14 日，国际海洋法法庭对缅甸与孟加拉国之间的海域纠纷做出了终审裁决，两国均表示接受裁决结果，这意味着缅孟两国的领海争端得到解决。2013 年 11 月 18—21 日，孟加拉国总统哈米德到访缅甸，出席了缅孟两国经济合作论坛。

（五）与联合国和其他国际组织关系

2012 年 1 月 31 日至 2 月 5 日，联合国负责缅甸人权的特别报告员昆塔纳访问缅甸。2 月 11 日，联合国秘书长负责缅甸问题的特别顾问南比亚尔抵达缅甸进行为期 5 天的访问，与吴登盛就补选和民族和解等问题进行了广泛讨论。4 月 29 日，联合国秘书长潘基文抵达缅甸进行为期 3 天的访问，会见吴登盛和昂山素季等政要，并在联邦议会发表演讲。6 月 13 日，国际劳工组织宣布解除对缅甸的制裁，允许缅甸从国际劳工组织获得技术援助和出席该组织会议。世界银行 11 月 2 日宣布，将向缅甸提供 2.45 亿美元援助款项，其中包括 8000 万美元赠款和 1.65 亿美元无息贷款。3 月 29 日，人民院副议长吴妙年率团前往乌干达坎帕拉出席各国议会联盟第 126 次会议。[①] 2013 年 8 月 11 日，昆塔纳抵达缅甸开始了为期 11 天的访问，视察了若开邦、克钦邦等地难民营。2014 年 11 月 12 日，第六届东盟—联合国

---

① 李晨阳、祝湘辉：《缅甸：2012—2013 年回顾与展望》，《东南亚纵横》2013 年第 3 期。

首脑会议在内比都举行，东盟各国领导人和联合国秘书长潘基文出席
会议，就应对气候变化等问题交换了意见。

第三节　吴登盛执政后期的政策调整

在 2015 年，缅甸发生了学生运动、果敢冲突和炮弹落入中国境
内事件，引发了一系列危机。吴登盛政府在经济上着眼于吸引外资，
发展外贸，为 2015 年大选中巩发党当选营造良好的环境，更好地实
施惠民工程，争取民心，推动国内和平进程，争取与各少数民族武装
签署和平或政治协议，外交上实施平衡和中立政策，与西方大国及周
边国家积极发展互动关系。

一　2015 年的政治危机和缅甸政府的应对举措

（一）调整各部委人事

2015 年度，吴登盛总统对各部委高层人事调整不断。8 月 12 日
至 14 日，吴登盛再次大幅调整人事，任命内政部部长哥哥中将兼任
移民与人口部部长，交通部部长吴年吞昂（U Nyan Tun Aung）兼任
铁道部部长，能源部部长吴泽亚昂兼任通信信息与技术部部长。[1] 8
月 24 日，陆军司令部盛温中将调任国防部部长，觉遂中将担任边境
事务部部长，陆军司令部 8 名上校分别担任克钦邦、钦邦、曼德勒等
8 个省邦的安全和边境事务部部长。

（二）实施社会和民生工程

从 2015 年 4 月开始，缅甸政府增加公务员工资，普通公务员和
高级公务员增幅分别为 60% 和 100%，退休金和奖金也按比例增加，
社会福利救济与安置部也开始实施育儿基金与养老基金政策，以减轻
民众的负担。由于民众无力支付高昂的房价，缅甸政府还实施了经济
适用房工程，在人口 10 万以上的 56 个城镇建设经济适用房，以满足

---

[1] 钟梅、秦羽：《缅甸：2015 年回顾与 2016 年展望》，《东南亚纵横》2016 年第
2 期。

中低收入阶层的需求，民众可以采取分期付款方式。政府还宣布对 1 万个缺乏安全饮用水的村庄实施饮用水保障工程，所需资金采用政府财政拨款、国际援助、国内捐助相结合形式。

为制定各项政策提供依据，缅甸政府在联合国等国际组织的帮助下实施了人口普查。5 月 29 日，最终人口普查结果正式公布，缅甸总人口达 5150 万，其中 27 岁以下人口占 50%，识字率 89.5%。① 6 月 22 日开始，政府将缅甸与部分国家之间的国际通话费大幅下调至每分钟 200 缅元。2 月 11 日，缅甸移民与人口部宣布 2015 年 3 月 31 日临时身份证（白卡）有效期失效，政府审核了临时身份证持有者，根据《1982 年公民法》核发了相应身份证。② 经过雇主、劳工和社会组织的多轮博弈，缅甸政府出台了最低工资标准，从 9 月 1 日开始缅甸每日最低工资标准为 3600 缅元。

（三）制定新的法律

2015 年，缅甸先后通过了 4 项涉及种族宗教的法案。5 月 14 日，缅甸通过《人口控制卫生保健法》，该法规定妇女在生育之后隔 3 年才能再次生育，一般认为该法主要针对若开邦西部的罗兴伽人。③ 7 月 7 日，《缅甸女性佛教徒特别婚姻法》获得缅甸联邦议会通过，规定女性佛教徒嫁给非佛教徒应得到父母的许可。8 月 26 日，吴登盛总统签署《跨宗教信仰婚姻法》和《转变宗教信仰法》，规定申请结婚和改变宗教信仰应得到政府部门批准，禁止强迫他人改变信仰的行为。④ 8 月 31 日，缅甸颁布了《一夫一妻制法》，该法对一夫多妻、重婚等行为予以严惩，该法也被认为是针对缅甸穆斯林所制定的。⑤

---

① 钟梅、秦羽：《缅甸：2015 年回顾与 2016 年展望》，《东南亚纵横》2016 年第 2 期。

② 《当局将向移交白卡者发放公民身份》，缅甸《金凤凰》（中文版）2015 年 5 月 28 日。

③ Sara Perria, "Burma's Birth Control Law Exposes Buddhist Fear of Muslim Minority", *The Guardian*, May 25, 2015, https://www.theguardian.com/world/2015/may/25/burmas-birth-control-law-exposes-buddhist-fear-of-muslim-minority.

④ 钟梅、秦羽：《缅甸：2015 年回顾与 2016 年展望》，《东南亚纵横》2016 年第 2 期。

⑤ Shameema Rahman and Wendy Zeldin, "Burma: Four 'Race and Religion Protection Laws Adopted'", Library of Congress, September 14, 2015, http://loc.gov/law/foreign-news/article/burma-four-race-and-religion-protection-laws-adopted/.

8 月 26 日，联邦议会通过《广播电视法》，该法保留了国营媒体，同时宣布要促进民营电视台的发展，确保媒体的独立性。9 月 16 日，缅甸政府颁布新的《矿业法》，该法增加了中等规模生产和交易，扩大了采矿业许可范围，允许黄金出口至国外。

（四）民众和学生示威频发

2014 年 10 月，缅甸通过了新的《国民教育法》，部分学生认为该法阻碍学术自由，从 11 月开始，各地学生抗议不断。2015 年 3 月初，学生在莱比丹等地举行大规模集会，并兵分三路向仰光行军，一路向民众宣传，要求废除《国民教育法》。政府动用警察力量进行堵截，并逮捕了部分学生运动领导，该示威活动在 4 月底逐渐平息。[①] 4 月 6 日，1 万多名公务员、教师和市民在掸邦东枝集会，呼吁政府推动和平进程，签署全面停火协议。5 月 27 日，数百民众在仰光游行示威，抗议西方国家和国际组织在有关罗兴伽海上难民事件中向缅甸持续施加压力。[②] 6 月 30 日，50 多名学生在仰光示威，要求修改 2008 年宪法中有关军方占有 25% 议席的条款。7 月 12 日，数百工人在仰光示威，抗议政府制定的每日最低工资过低，要求提高到 4000 缅元。9 月 9—15 日，内比都、仰光和曼德勒的医生和法律从业者举行佩戴黄丝带抗议活动，抗议将军官安置到卫生和司法部门任职，认为军官缺乏专业知识。10 月 5 日，100 多名教师在曼德勒发起绿色彩带抗议活动，反对军官进入教育体系任职。

（五）努力签订全国停火协议

为了实现持久和平，2015 年 10 月 15 日，吴登盛总统、国防军总司令敏昂莱以及 8 支民地武领导人签署了全国停火协议。10 月 16—17 日，协议签署各方在内比都举行了第一次全国停火协议联合执行协商会议，决定成立联合监督委员会和联邦和谈联合委员会，并于 11 月中旬举行了全国停火协议联合执行协商二次会议。[③] 这一成

---

①　Thet Ko Ko, Wei Yan Aung and Paul Vrieze, "Timeline of Student Protests Against Education Law", *The Irrawaddy*, March 10, 2016, http://www.irrawaddy.com/burma/timeline-of-student-protests-against-education-law.html.

②　钟梅、秦羽：《缅甸：2015 年回顾与 2016 年展望》，《东南亚纵横》2016 年第 2 期。

③　同上。

果为双方下一阶段政治谈判打下了良好的基础。

（六）果敢再次发生武装冲突

2015 年 2 月 9 日，彭家声领导的果敢同盟军残部突袭果敢老街的缅甸国防军，揭开了长达一年的果敢战乱的序幕。缅甸国防军在当地实施紧急状态，宣布军管令，接管了当地政权，并增加兵力对果敢同盟军进行围剿。果敢同盟军利用当地多山地形伏击国防军，双方都承受了较大伤亡。3 月 4 日，外交部副部长刘振民会见缅甸前驻华大使丁乌和盛温昂一行，就双边关系和缅北局势举行了磋商，希望有关方使缅北事态降温，保持中缅边境稳定。[①] 3 月 13 日，缅甸军机炸弹落入中方境内，造成中方边民 5 死 8 伤，当地居民流离失所，严重影响了中缅边境地区的安全与稳定，并导致两国关系紧张。[②] 3 月 14 日，国防部发言人表示，如果再次发生缅甸军机越境或其他危害中国领土主权和国家安全的严重行为，中国军队将坚决采取果断措施予以应对。4 月 1—2 日，缅甸外交部长吴温纳貌伦作为总统特使，同缅国防军司令部中将昂丹图和国防部、外交部官员赴华，分别与中国副主席李源潮、外交部长王毅举行会谈。吴温纳貌伦代表缅政府和军队就缅军机炸弹致使中国公民伤亡事件向中方道歉，表示缅方愿同中方保持沟通，妥善安排赔偿事宜。缅方还将依法惩处有关责任人，避免类似事件再次发生。缅方愿同中方一道，根据和平共处五项原则的精神共同维护两国边境地区稳定，并加强两国政府及军队之间友好和合作。

二 2015 年大选成功举行

（一）大选准备工作和修宪风波

为了确保 2015 年大选能自由公正地举行，缅甸联邦选举委员会与有关国际组织合作，在 2014 年举行了多次研讨会，就各政党遵守相关法律和行为准则、提高选民投票意识等进行讨论。

---

① 钟梅、秦羽：《缅甸：2015 年回顾与 2016 年展望》，《东南亚纵横》2016 年第 2 期。

② 《缅甸军机炸弹落入中国境内》，2015 年 3 月 13 日，中华网（http：//news.china.com/focus/mdnz/）。

修宪是大选前缅甸的焦点议题。2015 年 4 月 10 日，吴登盛总统与昂山素季等举行六方会谈，商讨修宪事宜。6 月 10 日，巩发党向联邦议会提交了《修宪草案》。6 月 25 日，联邦议会投票，该法案中有关总统任职资格和修改宪法门槛条款未获得 75% 以上支持票而未通过，昂山素季无法担任总统。① 随后，昂山素季宣布如胜选后将在"总统之上"领导缅甸。

（二）大选举行过程和结果

2015 年 7 月 8 日，选举委员会宣布 11 月 8 日举行全国大选。7 月 11 日，巩发党和民盟分别发布大选动员令，公布本党的大选参选人名单。大选前一个月，大选委员会宣布因克钦邦、克伦邦、孟邦、掸邦、勃固省 34 个镇区处于混乱状态，无法举行选举。

11 月 8 日，缅甸约 3350 万合法选民在 4 万多个投票站进行投票，91 个政党候选人和独立候选人共 6038 人竞选各级议会的 1100 多个议席，巩发党和民盟均推举了 1100 多名候选人展开全面竞争。11 月 20 日，联邦选举委员会公布了最后计票结果：民盟获得 390 个席位，占比 79.4%，巩发党获得 42 个席位，占比 8.5%，若开民族党获得 22 个席位，② 掸民族民主党获得 15 个席位，德昂（崩龙）民族党获得 4 个席位。③ 新一届联邦议会于 2016 年 2 月 1 日举行首次会议，3 月 15 日吴廷觉当选为总统。3 月 30 日，新旧政府完成政权交接。

三 经济快速增长与隐忧渐现

2015 年，缅甸政府设定了较高的经济增长目标，继续改善税务体系，预算向教育和卫生领域倾斜，开放金融领域。2015—2016 财年里外国对缅投资急剧上升，边境贸易额大幅增长。

---

① 《缅甸军方否决修宪草案 昂山素季无缘总统大选》，2015 年 6 月 26 日，中国新闻网（http：//www. chinanews. com/gj/2015/06 – 26/7366773. shtml）。

② 钟梅、秦羽：《缅甸：2015 年回顾与 2016 年展望》，《东南亚纵横》2016 年第 2 期。

③ Guy Dinmore, "NLD Wins Absolute Majority in Parliament", *Myanmar Times*, November 13, 2015, http：//www. mmtimes. com/index. php/national-news/17623 – nld-wins-absolute-majority-in-parliament. html.

（一）政府经济措施

1. 设定经济增长目标

2015 年 4 月 9 日，议会和政府先后批准了 2015—2016 财年国家计划，该财年 GDP 增长目标进一步设定为 9.3%，其中农业占 GDP 总额降为 27.5%，工业升至 35.4%，服务业升至 37.1%，争取人均 GDP 达到约 1000 美元的目标。①

2. 合理安排预算支出

2015 年 4 月 9 日联邦议会通过了《2015 年联邦预算法》，2015—2016 财年缅甸财政预算总额为 20 万亿缅元，其中财政、能源、国防和电力位居前列。该财年增加了电力和教育的支出，计划支出 2.5 万亿缅元用于改善国家电力供应与分输体系，教育支出升至 1.4 万亿缅元，重点扩大国家义务教育范围，向技术院校学生提供资助。②

3. 改革税收体系

2015 年 4 月 2 日，联邦议会出台了《2015 年联邦税收法》，规定了 2015—2016 财年税收指标为 59483.75 亿缅元，并详细规定各行业商业税、收入税的税率。③ 该税收法将外国人的个人所得税从 35% 降为 25%，外资企业与本国企业所得税率持平，资本所得税由 40% 降为 10%。④

4. 大力吸引外国投资

2015 年，缅甸大力改善投资环境，吸引外国对卫生、旅游业、能源和经济特区投资。2015 年 6 月，迪洛瓦经济特区设立了一站式服务中心，为投资者提供企业注册、劳工执照、进出口手续等服务。2015 年 9 月 23 日，由日资公司负责建设的迪洛瓦经济特区正式投入

---

① 《缅甸政府公布 2015—2016 财年国家计划》，2015 年 4 月 27 日，中国商务部网站（http://www.mofcom.gov.cn/article/i/jyjl/j/201504/20150400953140.shtml）。

② "The Union Budget Law, 2015", Ministry of Finance of the Republic of the Union of Myanmar, 9 April, 2015, http://www.mof.gov.mm/sites/default/files/Budget% 20Law% 20 English%20PDF_ 0. pdf.

③ 《政府出台 2015 年联邦税收法》，缅甸《金凤凰》（中文版）2015 年 5 月 22 日。

④ Morley J. Weston, "Union Tax Law 2015 Lowers Rates for Expats, Foreign Industry", Vol. 3, Issue 15, EU Myanmar Center, 9 April, 2015, http://eu-myanmar.org/union-tax-law-2015-lowers-rates-expats-foreign-industry/.

运营。缅甸对保险业实行市场保护，但为了满足外资进入经济特区对财产、意外保险的要求，缅甸政府允许外资保险公司在迪洛瓦、土瓦和皎漂经济特区开展业务。12 月 30 日，皎漂特别经济区项目评标及授标委员会宣布中信集团与泰国正大、中国港湾、中国招商局集团、中国天津泰达、中国云南建工组成的联合体中标皎漂特区的工业园和深水港项目，工业园项目占地 1000 公顷，深水港项目包含马德岛和延白岛两个港区，共 10 个泊位，总工期约 20 年。① 截至 2015 年 7 月底，缅甸政府与 12 个国家和地区签署了投资保护协定。②

5. 大力发展边境贸易

缅甸政府积极建设口岸，促进边境贸易。缅甸政府计划与中印泰三国合作，开设中缅边境的迈拉口岸、缅泰边境的迈赛、帕亚洞苏、班巴金口岸和缅印边境的唐德拉口岸。中缅还在研究畹町一带开通新边贸口岸的可能性。2015 年 1 月 1 日，缅印边境开始建设第三个边境贸易站——天达兰边境贸易站。缅甸与中国、泰国、印度、孟加拉 4 个邻国共开通了 15 个边贸口岸。2014—2015 财年，缅甸边贸总额达 66.6 亿美元，其中进口达 23.95 亿美元，出口约 42.65 亿美元，增长率达 45.2%。③ 2015—2016 财年，缅甸边贸总额达 65.6 亿美元，其中进口约 41.5 亿美元，出口约 24 亿美元。

（二）宏观经济形势

2015—2016 财年缅甸经济增长率为 8.3%。④ 民营投资大幅增加，出口额持续增加，来缅游客稳步增加，外国对缅甸电信业投资，带动了缅甸经济的增长。但是，贸易逆差、通货膨胀和财政赤字问题仍然对宏观经济造成影响。2015—2016 财年，政府财政赤字达到了 10 万亿缅元。公务员工资上调、工人最低工资标准的规定、2015 年

① 《中信联合体中标缅甸皎漂特区项目》，2015 年 12 月 31 日，人民网（http://world. people. com. cn/n1/2015/1231/c157278 - 28000295. html）。

② 《缅甸与多国签署投资保护协定》，2015 年 7 月 8 日，人民网（http://world. people. com. cn/n/2015/0708/c157278 - 27272467. html）。

③ 《2014—2015 财年缅甸贸易总额突破 280 亿美元》，2015 年 4 月 10 日，中国商务部网站（http://www. mofcom. gov. cn/article/i/jyjl/j/201504/20150400931706. shtml）。

④ 《缅甸 2016—2017 财年国内 GDP 计划增长 7.8%》，2016 年 1 月 8 日，中国商务部网站（http://www. mofcom. gov. cn/article/i/jyjl/j/201601/20160101229467. shtml）。

大选耗资巨大及 2015 年 7、8 月爆发的洪灾，导致政府支出猛增，日用品价格上涨。缅元从其自由兑换美元以来一路贬值，4 年内贬值约 60%。为解决预算赤字问题，缅甸政府决定出售国库券，期限分为 2 年、3 年和 5 年，利率分别为 8.75%、9% 和 9.5%。总体来说，缅甸在基础设施建设、金融业服务提供、治理能力和熟练技术人才方面还面临着诸多挑战。

（三）产业经济形势

在外国投资领域，根据缅甸投资与企业局数据，2015—2016 财年缅甸吸引外资 94.81 亿美元，同比增长 18%。这是缅甸自 1988 年开放外资以来，吸引外资第二高的年份，仅次于 2010—2011 财年。一般认为，民主化进程推进、国际环境改善和外国投资法的颁布等因素推动了外商对缅甸的投资步伐。2015—2016 财年外国投资缅甸最多的是石油天然气领域，占总投资额的 51%，其次为通信运输领域，占总投资额的 20%，包括挪威电信和卡塔尔电信等移动运营商在缅甸的通信基础设施投资。外资进入较多的领域还包括制造业、房地产和电力领域。在投资国别方面，2015—2016 财年新加坡占总投资额的 45%，位列第一，排名第二为中国，占该财年总投资额的 35%，投资额是 2014—2015 财年的 6 倍。来自日本的投资额也出现大幅提升，从上财年的第 11 位上升至 2015—2016 财年的第 8 位。1988—1989 财年至 2015—2016 财年，缅甸共吸引了 45 个国家和地区的 637.2 亿美元的总投资，中国、新加坡和泰国位居对缅投资来源国的前三名。①

在外贸领域，2015—2016 财年缅甸外贸总额为 260 亿美元（进口额 150 亿美元，出口额 100 多亿美元），外贸赤字为 50 多亿美元。由于 2015 年遭受了洪灾，种植业和渔业均受较大影响，大米出口锐减，此前设定的全年外贸目标未能圆满完成。2015—2016 财年，缅甸前五大出口国为中国、泰国、印度、新加坡和日本。商品种类方面，缅甸出口天然气 40 亿美元，服装 6.75 亿美元，玉石 5.7 亿美

① 《2015—2016 财年缅甸吸引外资概况》，2015 年 4 月 27 日，中国商务部网站（http://www.mofcom.gov.cn/article/i/dxfw/cj/201604/20160401307373.shtml）。

元，黑豆 4.33 亿美元，大米 3.96 亿美元，矿产 2.79 亿美元，绿豆 2.77 亿美元，玉米 2.72 亿美元，渔产 2.39 亿美元和鹰嘴豆 1.74 亿美元。以上数据未包括非法走私出口的自然资源，如玉石和木材等，有分析认为此类走私金额达到数十亿美元。缅甸商务部顾问指出，与上一财年相比，2015—2016 财年天然气出口剧增，而渔产、玉石和其他宝石出口则出现下滑。缅甸前五大进口国为中国、新加坡、泰国、日本和印度。缅甸进口的主要商品为车辆及配件 16.8 亿美元，石油 16 亿美元，机械设备及配件 15 亿美元，船舶及配件 11 亿美元，钢铁建材 7.49 亿美元，钢铁材料 7.39 亿美元，通信设备材料 5.78 亿美元，塑料 4.56 亿美元，摩托车 3.19 亿美元。①

在能源领域，据《缅甸时报》报道，2011—2015 年缅甸陆上及海上油气项目共产出石油 2470 万桶，天然气 20.86 亿立方英尺。近 5 年来，由于能源消费需求增加，石油产量也从 2013—2014 财年的 1529.2 万吨增长到 2014—2015 财年的 1744.5 万吨。2014—2015 财年人均能源消费量为 0.3388 吨。天然气出口也在增加。② 2011 年缅甸天然气出口量占产出总量的 78%，2015 年占 81%。③

在旅游业领域，外国来缅游客数量稳步增长。为推动生态旅游，酒店和旅游部、环境保护和林业部及缅甸旅游协会联合制定了全国生态旅游政策和管理战略。2015—2016 财年，缅甸遭受大面积洪涝灾害，导致旅游业收入大幅下降。缅甸政府制定了《缅甸旅游总体规划（2013—2020）》，以促进缅甸旅游业增长，带动相关行业发展。

在通信业领域，自缅甸政府开放了电信市场，向卡塔尔电信和挪威电信发放了许可证，与国营缅甸邮电公司竞争，激活了通信市场，手机计费大幅下降，带来了通信业的迅猛发展，3G 网络技术的引进提高了网速和通话质量，手机覆盖率由 2011 年的 3% 增长至 2015 年

---

① 《2015—2016 财年缅甸对外贸易概况》，2016 年 4 月 25 日，中国商务部网站（http：//www. mofcom. gov. cn/article/i/dxfw/cj/201604/20160401304998. shtml）。

② 钟梅、秦羽：《缅甸：2015 年回顾与 2016 年展望》，《东南亚纵横》2016 年第 2 期。

③ 《缅甸公布官方能源数据》，2015 年 11 月 6 日，中国商务部网站（http：//www. mofcom. gov. cn/article/i/jyjl/j/201511/20151101157334. shtml）。

的 65.35%。缅甸 5100 多万人口中手机用户已超 3000 多万。2015 年 12 月 9 日，11 家缅甸民营公司联合组建了缅甸全国股份有限公司（Myanmar National Holding Public Ltd）获得了电信牌照，成为继缅甸电信公司、卡塔尔电信公司和挪威电信公司之后第四家电信运营商。① 通信业迅猛发展使智能手机的需求高涨，华为、vivo、小米等中国智能手机生产商占领了缅甸市场。

在农林渔业领域，缅甸农业技术落后，生产率低，缅甸政府努力推进农业机械化。2011 年以来，缅甸政府已经使用自有资金在 32405 英亩土地上实现了农业机械化。据《缅甸商报》报道，缅甸农业与灌溉部副部长吴欧丹表示，缅甸政府计划在 2015—2016 财年实施农业机械化项目，预计占地 4 万英亩，其中 4500 英亩使用政府资金实施，30400 英亩使用印度贷款实施，4000 英亩使用国际农业发展基金实施。② 2015—2016 财年大米出口额为 3.96 亿美元，与上一财年的 4.33 亿美元相比下滑近 10%。

四　国际社会压力增大与外交政策的转圜

在 2015 年，吴登盛政府一方面巩固与中国、印度、日本和东盟等传统大国和地区关系，一方面加大与西方国家的交流力度，国际环境得到较大改善，但同时果敢冲突也冲击了中缅关系，罗兴伽问题、克钦邦冲突也给缅甸带来了巨大的国际压力。

（一）　与中国关系

1. 两国高层互访

2015 年，中缅两国维持了高层频繁互访的势头。2015 年 6 月 10—14 日，民盟主席昂山素季率团访华，这是昂山素季首次访华。中共中央总书记习近平会见了代表团。习近平强调，中方尊重缅甸自主选择发展道路，支持缅甸民族和解进程。③ 昂山素季希望通过此访深化

① 《缅甸正式批准第四家电信经营商》，2015 年 11 月 21 日，中国商务部网站（http://www.mofcom.gov.cn/article/i/jyjl/j/201512/20151201214761.shtml）。

② 《缅甸政府拟在 4 万英亩土地上实施农业机械化项目》，2015 年 4 月 30 日，中国商务部网站（http://www.mofcom.gov.cn/article/i/jyjl/j/201504/20150400958255.shtml）。

③ 钟梅、秦羽：《缅甸：2015 年回顾与 2016 年展望》，《东南亚纵横》2016 年第 2 期。

两党关系。① 9 月 4 日，吴登盛总统来华出席中国人民抗日战争暨世
界反法西斯战争胜利 70 周年纪念活动，会见了习近平主席，习近平
指出，两国人民为世界反法西斯战争胜利做出了重大贡献，中方愿同
缅方统筹推进有关项目合作。吴登盛感谢中方在缅甸遭受特大洪灾时
施以援手。②

2. 中国为缅甸洪涝灾区提供救援

2015 年 7—8 月缅甸遭受 40 年来未遇的特大洪灾，吴登盛总统
宣布实皆省、马圭省、若开邦和钦邦四省邦进入紧急状态。据缅甸农
业部统计，大量农田、耕地被损毁。其中受灾最为严重的实皆省 17
个镇区的 400 多个村庄受灾，有 11. 65 万英亩农田被淹，多人死亡，
上万民众失去家园。中国驻缅使馆立即组织采购一批救援物资，并分
别运抵实皆省、若开邦和马圭省用于灾民救助。中国驻缅甸大使洪亮
于 8 月 3 日和 4 日分别飞赴实皆省克雷和若开邦实兑，向灾民捐赠物
资。使馆设计了救助包，每个家庭 1 个救助包，里面包含米、油等生
活必需品。中国成为首支抵达缅甸的国际救援力量，中国民间组织
“蓝天救援队”也及时赶赴灾区，实施救援活动，并对当地村民进行
自救培训。8 月 7 日，云南省组织第一批 14 辆卡车，满载大米、方
便面、奶粉、帐篷等 320 吨救援物资抵达缅甸曼德勒并交接救援物
资。8 月 12 日，洪亮大使在内比都出席了云南省德宏州向缅甸灾区
捐赠仪式，缅甸副总统吴年吞，农业部部长吴敏莱，社会福利、救济
与安置部部长杜妙妙翁钦等参加了仪式。③ 根据《今日民主》报道，
8 月 17 日，中国华为公司为伊洛瓦底灾区捐赠了价值 800 万缅元的
物资，包括矿泉水、食品和其他赈灾物品，华为公司为缅甸灾区共捐
赠了价值 3 亿缅元的资金和物资。8 月 28 日，中国军队援缅救灾物
资交接仪式在内比都举行，洪亮大使和缅甸国防军总司令部军法部部
长耶昂中将出席。中国军队派遣两架伊尔 76 运输机运送了一批救灾

① 《习近平会见昂山素季一行》，2015 年 6 月 12 日，人民网（http：//paper. people.
com. cn/rmrbhwb/html/2015－06/12/content_ 1575749. htm）。

② 《习近平会见缅甸总统吴登盛》，2015 年 9 月 4 日，新华网（http：//news. xinhua-
net. com/politics/2015－09/04/c_ 1116460683. htm）。

③ 《驻缅甸大使洪亮参加云南省德宏州捐赠缅甸灾区仪式》，2015 年 8 月 13 日，驻缅
甸大使馆网站（http：//mm. china-embassy. org/chn/sgxw/t1288477. htm）。

物资，包括毛毯、发电机、帐篷等。① 9 月 27 日，由中缅友协、缅中友协和中国驻缅使馆主办的"关爱缅甸"大型赈灾义演晚会在缅甸仰光杜温那体育场举行，洪亮大使、仰光省行政长官吴敏瑞等仰光省政府官员、中资企业、缅甸企业、各界民众和中缅媒体记者等近5000 人参加了晚会。9 月 30 日，中国政府对缅甸洪灾第二批紧急援助物资空运抵达仰光国际机场，洪亮大使和仰光省社会部部长敏登博士在机场举行了物资交接仪式并签署了交接文件。②

（二）与美国和其他西方国家关系

2015 年 1 月 11—15 日，美国国务院主管民主、人权和劳工事务的助理国务卿汤姆·马利诺夫斯基率领美国代表团访问缅甸，参加美国—缅甸人权对话会。此次对话的主题涵盖改革、儿童保护、冲突地区的少数民族和平民安全、移民、若开邦局势和法制改革。在对话前，美国代表团访问了密支那，会见了当地人权活动家、公民社会、少数民族领袖和政府官员。4 月 1 日，美国众议院议长佩洛西率团访缅，会见了吴登盛总统、吴瑞曼议长和昂山素季，就缅甸 2015 年大选、缅甸政治和经济转型及人权事宜交换了意见。缅甸联邦议会议长吴瑞曼 4 月 29—5 月 1 日访美，5 月 1 日参加了在华盛顿卡内基基金会总部举行的 2015 年缅甸大选研讨会。吴瑞曼强调了 2015 年缅甸大选对缅甸的重要性；实现缅甸大选公平公正有赖于缅甸政府、议会、人民、各政党和社会民间组织的合作。③

美国极其关注缅甸 2015 年大选，9 月 3—5 日，美国助理国务卿丹尼尔·拉塞尔访缅，与缅甸政府官员和昂山素季就缅甸大选筹备情况、缅甸国内和平进程等内容进行交流。美国派遣大量观察员赴缅观察 11 月 8 日的缅甸大选举行情况。2015 年 11 月 8 日，缅甸大选如期举行，昂山素季领导的民盟赢得大选。11 月 12 日，奥巴马分别与

---

① 《驻缅甸大使洪亮出席中国军机运送援助缅甸救灾物资交接仪式》，2015 年 8 月 28日，驻缅甸大使馆网站（http：//mm. china-embassy. org/chn/sgxw/t1291949. htm）。

② 《驻缅甸大使洪亮出席"关爱缅甸"大型赈灾义演晚会》，2015 年 9 月 27 日，驻缅甸大使馆网站（http：//mm. china-embassy. org/chn/sgxw/t1302300. htm）。

③ "Speaker Thura U Shwe Mann pays goodwill visit to U. S. ", *The Global New Light of Myanmar*, April 30, 2015, http：//www. globalnewlightofmyanmar. com/speaker-thura-u-shwe-mann-pays-goodwill-visit-to-u-s/.

吴登盛和昂山素季通话，祝贺缅甸成功举办了具有历史意义、自由公正的大选。据《缅甸之光》报道，2016 年 1 月 18 日美国副国务卿安东尼·布林肯和助理国务卿汤姆·马利诺夫斯基会见了吴登盛总统和昂山素季，讨论了大选后有序移交政权、缅国内和平和加强两国关系等事宜。安东尼在 1 月 18 日举行的新闻发布会上表示，缅甸人民都要为组建新政府而合作，缅甸政府需要继续推动民族和解、释放政治犯和维护人权，以法治手段来解决若开邦罗兴伽人问题。为了缅甸能实施全国范围停火协议和推进改革进程、提高女性在社会组织的参与度，美国自 2012 年至今向缅甸提供了 5 亿美元援助。

缅甸与其他西方国家高层互访频繁。2015 年 10 月 30 日，捷克驻缅甸大使雅罗斯拉夫杜雷恰克与缅甸国家计划与经济发展部副部长杜莱莱登签署了《贸易与经济合作协定》。

（三）与东亚国家关系

2015 年 4 月 27 日，日本财团在仰光举行新闻发布会，公布了该财团在缅甸的援助活动。2014—2015 年期间，除了在缅甸冲突地区资助了 1163 万美元以外，日本财团开始在掸邦、若开邦和伊洛瓦底省等地区在卫生、残疾人士救助和开发人力资源、建设校园等各个领域实施共 38 个援助项目，资助了 5000 万美元。7 月 2—6 日，吴登盛总统赴日本出席日本—湄公河流域国家首脑会议，期间与安倍晋三就迪洛瓦和土瓦经济特区、缅甸基础设施建设、农业和人力资源发展、朝鲜半岛局势和联合国安理会改革事宜交换了意见。① 7 月 6 日，吴登盛参观日本京都的农业技术中心，随后前往大阪参观智能天然气能源网。吴登盛表示欢迎日本企业到缅甸投资，缅甸将按照法律对投资者予以保障。9 月 23 日，日本援建的迪洛瓦经济特区正式投入使用。2015 年 5 月 20 日，"2015 韩国—缅甸论坛"在仰光开幕，这是为庆祝韩缅两国建交 40 周年而举行"2015 韩国周"活动的一部分，韩国贸易投资振兴社主席金载宏和缅甸商务部部长温敏出席开幕式。

---

① "President U Thein Sein Thanks Japan for Development Assistance in Mekong Region", *The Global New Light of Myanmar*, July 5, 2015, http：//www.globalnewlightofmyanmar.com/president-u-thein-sein-thanks-japan-for-development-assistance-in-mekong-region/.

（四）与东盟及其成员国关系

2015 年 3 月 12—14 日，吴登盛总统对马来西亚进行了国事访问，与马来西亚首相纳吉布举行会谈。7 月 1 日，新加坡副总理张志贤在内比都分别与吴登盛总统和吴瑞曼议长见面，就加强两国友好关系、促进人力资源发展、金融领域合作、民族和解与缅甸国内和平进程及修改宪法情况等进行交流。

（五）与印度及其他南亚国家关系

2015 年 1 月 29 日，缅甸副总统赛茂康访问印度，与印度总统普拉纳布·慕克吉进行会谈，双方同意加强在能源、电力、建筑、金融和保险领域的合作，印度在未来 5 年内每年提供 500 万美元援助缅甸边境地区发展，推动卡拉丹江开发项目。6 月 9 日，印军越过缅印边界线进入缅甸一侧，攻击了那伽社会主义委员会（卡普朗派）叛乱分子基地。7 月 26—29 日，缅甸国防军总司令敏昂莱率代表团赴印度进行访问，会见了印度总理莫迪和国防部长帕里卡尔，双方就军事合作、边境管控等领域交换了意见，重点讨论了对印缅边境反叛分子进行联合巡逻问题。①

（六）与联合国和其他国际组织关系

2015 年 1 月 7 日，联合国驻缅甸特使李亮喜访缅，考察了缅甸人权、政治犯和民族和教派冲突问题。11 月 13 日，联合国秘书长潘基文发表声明，祝贺缅甸和平举行了具有历史意义的大选，向昂山素季和民盟表达祝贺。

2015 年 1 月 23 日，世界银行与缅甸政府签署了 1 亿美元无息贷款协议，该款项将用于伊洛瓦底江综合项目。据缅甸《今日商报》5 月 28 日报道，缅甸联邦议会批准了世界银行 4 亿美元贷款，用于农村地区生活服务、政府公务员能力培训、自然灾害应对机制和危机处理等。

---

① "Myanmar Armed Forces Chief in India: Border Management, Military Ties on Agenda", *The Times of India*, July 27, 2015, http://www.hindustantimes.com/india/security-cooperation-myanmar-s-commander-in-chief-to-visit-india/story-MLKtti2TE6rri2rq7CL2pN.html.

第 四 章

2016 年以来缅甸政局与民盟
政府的内外政策调整

2016 年 3 月 30 日，民盟正式上台执政，成立了以吴廷觉为总统、昂山素季为国务资政的新政府。民盟政府推行了一系列措施，改革政治体制，合并多个部委；以改善民生为目标，推行"百日计划"，制定新经济政策，获得了较大的成效。但是，历史上遗留下来的民族冲突和罗兴伽人问题仍未获解决，民盟的治理能力受到质疑，同时外资减少、物价上涨、通货膨胀等问题也形成了新的挑战。

第一节　民盟政府的施政措施

一　组建新政府各部委

2016 年 2 月 1 日，第二届联邦议会人民院第一次会议在内比都召开，民盟中央执委吴温敏当选人民院议长，巩发党党员吴迪坤妙当选人民院副议长。① 2 月 3 日，民族院第一次会议召开，民盟克伦族党员曼温凯丹当选民族院议长。② 3 月 15 日，吴廷觉当选为总统，军方推举的吴敏瑞当选为第一副总统，亨利班提优当选为第二副总统。4 月 1 日，新一届政府正式履职。③

---

① 《缅甸新议会召开首次会议》，2016 年 2 月 3 日，新华网（http：//news. xinhuanet. com/politics/2016 – 02/03/c_ 128696511. htm）。

② 《缅甸新任议会上院议长宣誓就职》，2016 年 2 月 3 日，新华网（http：//news. xinhuanet. com/2016 – 02/03/c_ 1117981193. htm）。

③ 《吴廷觉当选缅甸新一任总统》，2016 年 3 月 16 日，人民网（http：//world. peo-ple. com. cn/n1/2016/0316/c1002 – 28201893. html）。

为了提高工作效率，节省开支，民盟政府合并和裁撤了部分部委。部委总数由 36 个减为 21 个，裁撤合作社部、科技部和体育部三个部，合并电力部和能源部为电力能源部；合并国家计划和经济发展部和财政部为计划和财政部；还增设了民族事务部。吴昂哥担任文化和宗教事务部部长等，昂山素季担任外交部、总统府部、教育部、电力能源部四部部长，旋即任命佩辛通和妙登基任教育部长和电力能源部长。4 月 7 日，联邦议会经过激烈争论，通过《国务资政法》，昂山素季就任国务资政一职，掌握了政府主要实权，并于 5 月 10 日成立国务资政部，作为昂山素季的办公机构，吴觉丁瑞担任部长。

二　设立跨部委委员会

民盟政府为了协调各部委工作，也为了集中权力，组建多个跨部委委员会。3 月 30 日，在国家机构中具有重要地位的国防与安全委员会成立，该委员会成员 11 人，在紧急状态下可行使立法、行政、司法权力。4 月 5 日，政府成立了联邦财政委员会，由总统担任主席，成员包括计划与财政部部长、商务部长等人。鉴于投资者与农民的土地纠纷增多，政府又于 5 月 5 日组建了土地征收问题重新审查委员会。6 月 7 日，政府组建了新的投资委员会和国家经济协调委员会，掌管外国投资和重大项目审批权。为了保护环境，6 月 22 日，国家水资源管理委员会、荒地与空地管理委员会组建，分别由副总统亨利班提优和农业、畜牧与灌溉部长担任主席。同日，政府成立反洗钱中央委员会，以打击经济和金融非法行为；成立国家运输发展与工程实施委员会，主席由交通与通信部长担任，实施国家运输总体规划并审核重大项目和资金；成立外国人监督与保护中央委员会，由副总统吴敏瑞担任主席，以监管和保护在缅外国人，防止外国人影响缅甸国家安全。

三　制订"百日计划"

从 2016 年 5 月开始，政府指示各部门优先制订能在百日内完成的工作计划。5 月 1—30 日，计划和财政部、交通和通信部和教育部推出"百日计划"。内政部宣布将在全国各地着重打击刑事犯罪，向探监的家属提供便利，预防自然灾害，保证民众安全；① 外交部调整签证规定，便于海外缅甸公民回归祖国，为国效力，从黑名单中删除历次政治运动中逃到国外的缅甸公民。保护在外国居住的缅甸公民的合法利益。② 农业部增加 9000 亿缅元（约合 7.7 亿美元）的农业贷款用于农业发展项目；③ 计划和财政部制订了调整公司注册费、开设财经培训班、将电话税用于民众卫生和教育事业、在仰光港口和机场使用自动卸货系统、港口和空运进出口货物快速清关等 7 项工作计划。边境事务部公布的百日施政计划包括，在缺水的村庄修缮和新建水井及水池，为难民提供住所和粮食；对少数民族妇女进行职业技术培训，并安排她们到制衣厂工作等 9 项工作。交通和通信部宣布，将对 36 个内河堤段实施防护工程，向民众普及交通规则，换发带有芯片的驾照，拍卖 2600 兆赫（MHz）的宽带网络服务等。8 月 23 日，外交部、边境事务部以及电力与能源部联合举行首次新闻发布会，介绍在百日内获得的工作成果。④

四　打击贪腐渎职行为

为了凝聚民望，净化政治环境，4 月 1 日民盟政府宣布禁止政府官员收受价值超过 2.5 万缅币的礼品，要求应根据考核规定选聘公务员。"透明国际"发布报告，缅甸腐败指数在 168 个国家中名列第 147 位，反腐委员会主席吴妙温称这是缅甸的"耻辱"。8 月 10 日，人民院通过决议，支持政府打击腐败行为。⑤ 11 月 2 日，国务资政办公室宣布，受理民众对贿赂与贪污行为的举报，所有人都有权通过挂

---

① 《内政部军方制定的"保障国民安全"的"百日计划"有哪些内容?》，缅甸《金凤凰》（中文版）2016 年 5 月 3 日。

② 《缅甸外交向何方？看杜昂山素季领导的外交部制定了怎样的"百日计划"》，缅甸《金凤凰》（中文版）2016 年 5 月 20 日。

③ 《看缅甸百日新政如何"平平淡淡"开了个好头》，2016 年 7 月 7 日，新华网（http://news. xinhuanet. com/asia/2016 – 07/07/c_ 129125315. htm）。

④ 《"百日计划"成果召开首次新闻发布——涉及能源、边境及外交三部门》，缅甸《金凤凰》（中文版）2016 年 8 月 13 日。

⑤ Sithu Aung Myint，"Myanmar: The Government's Next Big Challenge"，*Anti-Corruption Digest*，August 28，2016，http://anticorruptiondigest. com/anti-corruption-news/2016/08/28/myanmar-the-governments-next-big-challenge/#axzz4mtBNpeB4.

号信函或电子邮件投诉。

第二节　第二届议会的构成和运作

一　组建议会的功能委员会

2016 年 2 月 4 日，人民院和民族院分别组建"法案委员会"和"公共账户委员会"，负责向议会提出方案和维持议会运转。① 2 月 8 日，民族院成立权利委员会，政府保障、申诉和行为审查委员会。② 2 月 16 日，"国际关系委员会""农民、劳工和青年事务委员会"及"少数民族事务和实现国内和平委员会"在人民院成立；同日，"国际关系和议会间合作关系委员会""国内外非政府组织委员会"和"卫生、体育与文化委员会"在民族院成立。2 月 22 日，人民院组建"健康与体育发展委员会""自然资源与环保委员会"和"交通、通信和建设委员会"；民族院则在同日组建"矿物、自然资源及环境保护委员会"和"公众投诉委员会"。③ 2 月 29 日，联邦议会组建法律与特别事项评估委员会，任命前议长吴瑞曼为主席；组建"缅甸议会联盟"，民族院议长曼温楷丹任主席。组建"东盟议会间联合委员会"，杜素素伦为主席。

2016 年 4 月 5 日，《国务资政法》经过议会审议后通过。5 月 11 日，人民院通过《选举法修正案》。5 月 31 日，民族院经过激烈辩论，通过了《缅甸和平集会游行法》。9 月 21 日，民族院一致通过《撤销紧急状态法》。

二　议会补选

议会补选于 2017 年 4 月 1 日举行，选举人民院 9 席、民族院 3

---

① 《缅甸新议会重组法案委员会　联邦议会首次会议即将召开》，2016 年 2 月 4 日，新华网（http：//www. chinanews. com/gj/2016/02 - 04/7748858. shtml）。

② "Amyotha Hluttaw Approves Two Standing Committees", *The Global New Light of Myanmar*, February 9, 2016.

③ "Amyotha Hluttaw forms two more committees", Ministry of Information, February 23, 2016, http：//www. moi. gov. mm/moi：eng/? q = news/23/02/2016/id - 6482.

席和部分省邦议会空缺的 7 个议席。根据联邦选举委员会宣布的结果，民盟赢得人民院 5 席、民族院 3 席和民族邦议会 1 席。掸族民主联盟赢得人民院 2 席和掸邦议会 4 席。巩发党获得人民院 1 席和邦议会 1 席。若开民族党赢得人民院 1 席，全民族民主党赢得邦议会 1 席。[①] 此次选民投票率不高，部分席位落入少数民族之手，相较民盟在 2015 年 10 月大选中获得的超高支持，补选反映了民盟执政一年来，支持率已经有所下降。

第三节　全国和平进程以及面临的新挑战

一　召开 21 世纪彬龙大会

民盟政府将民族和解置于工作首位，组建了联邦级停火联合监督委员会（JMC-U），2016 年 5 月 28 日重组联邦和平对话委员会（UP-DJC），昂山素季担任主席，下分政治、社会、经济、安全、土地和自然环境 5 个对话委员会。5 月 30—31 日，政府成立了 4 个委员会，分别是：若开邦实施稳定和平与发展委员会、若开邦稳定和平与发展工作委员会、改组民族和解与和平中心委员会、21 世纪彬龙会议筹备委员会。21 世纪彬龙会议筹委会由政府和谈事务代表丁苗温博士担任主席。[②] 7 月 11 日，原和平中心改组为民族和解与和平中心（NRPC），纳入公务员体系，负责对国际援助和国家拨发的资金实行有效管理，举行例行会议和将会议讨论的结果提交国务资政审核。其总部设于内比都，原和平中心成为民族和解与和平中心的仰光分部。

政府大力推动全国和平进程。6 月 17 日，政府和平事务代表丁苗温率代表团与佤联军、勐拉军代表团举行了会谈，两支民地武同意参加 21 世纪彬龙会议。[③] 6 月 28 日，政府和 8 支已签署全国停火协

①《缅甸公布议会补选结果》，2017 年 4 月 2 日，新华网（http: //news. xinhua-net. com/world/2017 - 04/02/c_ 129523823. htm）。

②《总统府宣布成立四个委员会　缅甸和平稳定不远了》，缅甸《金凤凰》（中文版）2016 年 6 月 29 日。

③《缅甸两支少数民族武装同意参加 21 世纪"彬龙会议"》，2016 年 6 月 20 日，新华网（http: //news. xinhuanet. com/world/2016 - 06/20/c_ 129077428. htm）。

议的少数民族武装同意在 8 月最后一周召开 21 世纪彬龙会议。8 月
31 日—9 月 3 日，21 世纪彬龙大会首次会议在内比都举行，国务资
政昂山素季、人民院议长吴温敏、民族院议长曼温凯丹、国防军总司
令敏昂莱大将以及民地武代表等分别在会上致辞。政府、军方、民地
武、议会、各政党、社会组织等各方代表，中国外交部亚洲事务特使
孙国祥出席会议。昂山素季在致辞中表示，政府与已经签署和尚未签
署全国停火协议的民地武均举行了会谈，希望 21 世纪彬龙会议能促
进各民族信任和了解。潘基文在致辞中祝愿缅甸迈上全面包容的和平
之路。但若开军、德昂民族解放军、果敢同盟军因被政府军视为叛乱
组织，未获准参与此次大会，佤邦代表团因代表证和会议议程问题中
途离场。[①]

二 缅北冲突加剧

2016 年 11 月 20 日，缅北四支民地武果敢同盟军、德昂民族解
放军、若开军、克钦独立军组成联军，突袭了缅北勐古街、棒赛、
105 码检查站等地军警。军警发动了猛烈反击，将民地武驱离木姐—
曼德勒联邦公路，占领了民地武部分据点。12 月 7 日，掸邦议会通
过将 4 支民地武列为恐怖组织的议案。据缅甸政府统计，11 月 20—
30 日，民地武的袭击造成 14 人死亡，50 多人受伤，1.4 万边民到中
国境内躲避战火。此次战火重燃对民盟的和平进程造成了冲击，影响
了中国边疆安全。11 月 23 日，昂山素季发表声明称，在当前推进全
国和解的重要时刻，缅北发生冲突令人痛心，原因在于冲突各方不是
通过政治对话而是通过武力手段来解决问题，民地武应签署全国范围
停火协议，参加第二次 21 世纪彬龙大会。2016 年 11 月 25 日和 2017
年 2 月 7 日，中缅两国举行外交国防 2 + 2 高级别磋商会议，协商缅
北停火，推进缅甸和平进程事宜。

三 罗兴伽人问题

缅甸西部若开邦族群冲突有增无减，并有暴恐化趋势。2016 年

---

① 《缅甸召开"21 世纪彬龙会议"》，2016 年 8 月 31 日，新华网（http：//news. xin-
huanet. com/world/2016 – 08/31/c_ 1119488435. htm）。

10月9日，近200名罗兴伽武装分子突然发动袭击，貌多等镇区边防警察局9名警察被杀。政府宣布宵禁，边防安全部队和警方在当地发动清剿行动，与袭击者多次交战。在一个月中，共有32名安全部队人员丧生，击毙100多名袭击者。在11月17日，边防安全部队抓获了59名嫌疑人。11月3日，孟都镇区边防站再次被恐怖分子偷袭，1名警员身亡。

10月14日，缅甸政府宣布，"阿卡穆尔圣战者"组织是这一事件的策划者和组织者，该组织与"罗兴伽团结组织"有千丝万缕的联系。12月1日，政府组建若开邦事件调查委员会，第一副总统吴敏瑞担任主席，对冲突情况开启了调查。12月2—4日，任若开邦事务顾问委员会主席的前联合国秘书长科菲·安南访问冲突地区，走访当地官员和民众，了解事件真相，他表达了担忧，认为该问题会影响整个地区局势。12月20日，国防军总司令敏昂莱也视察了貌多，会见当地军警和民众，承诺维护当地秩序、保障民众生命财产安全。

第四节　新经济政策的推进和经济表现

民盟政府制定了新的经济政策，力图推进市场经济，保持进出口平衡，改善民生。但外国投资者仍在观望，政府开支不平衡、通货膨胀、水灾等因素导致物价上涨，民众生活水平实际在下降，影响了2016年缅甸经济表现。2016年10月7日，时任美国总统奥巴马宣布取消对缅制裁，解除了投资缅甸的障碍，新加坡、日本、韩国对缅援助和投资有所增长。

一　促进经济发展的举措

（一）制定新经济政策

民盟政府上台后，要求各部委制订"百日计划"。5月23日，商务部公开了本部门的"百日计划"，宣布延长边境口岸运货车辆的许可证有效期；个体商人每日贸易限额从200万缅元增加到300万缅元；提供网上办理进出口申请等便民措施。

经过 4 个月的酝酿，7 月 30 日民盟政府公布了新经济政策，主要包括 12 项措施：建成公开、透明的公共财政系统；加快国有企业改革，为中小企业发展提供良好的环境；加强电力、道路交通等基础设施建设；吸引更多外资；加大知识产权保护力度；改革税收系统，提高税务机关的效率；等等。①

政府还鼓励民间创业，减少税收负担。2016 年 6 月 1 日开始，民营公司注册费由 100 万缅元减少到 50 万缅元，股份公司注册费由 100 万缅元增加为 250 万缅元。7 月 12 日，政府取消了部分贸易领域限制外资的规定，允许合资企业进入建筑材料贸易领域。

（二）出台系列经济法规

在 2016—2017 财年，政府加强了税务管理，修订陈旧的税务法规，加强对企业税务的行政监管。2016 年 1 月，《缅甸 2016 年联邦税收法》在联邦议会通过。② 1 月 29 日，缅甸通过《缅甸银行和金融机构法》，规定银行的资本金为 200 亿缅元，存款准备金为 5%，这一规定提高了银行的门槛，对部分民营银行造成了压力。③

10 月 5 日，缅甸议会通过新的《缅甸投资法》，将 2012 年《外国投资法》和 2013 年《公民投资法》合并，删除了限制外国雇员的比例的条款，并根据项目所在地区的发达程度给予 3—7 年的免税期，以支持国家重点扶持项目以及偏远落后地区的发展。新投资法注重保护缅甸公民的利益，规定投资者在临时停止经营期间负有向雇员支付薪资的义务，以及土地租赁年限仍保持 50 + 10 + 10 年，而非投资者呼吁的 70 年一次性租赁。④

（三）加强金融业开放

2016 年 1 月 21 日，经缅甸政府批准，中国银联与亚洲绿色开发

---

① 《缅甸公布 12 项国家经济政策》，2016 年 8 月 2 日，中国商务部网站（http://www. mofcom. gov. cn/article/i/jyjl/j/201608/20160801370693. shtml）。

② 《缅甸正式颁布 2016 年联邦税收法》，2016 年 2 月 15 日，中国商务部网站（http://www. mofcom. gov. cn/article/i/jyjl/j/201602/20160201255413. shtml）。

③ 《缅甸通过缅甸银行和金融机构法》，2016 年 2 月 25 日，中国—东盟博览会网站（http://www. caexpo. org/index. php? m = content&c = index&a = show&catid = 120&id = 212376）。

④ 《2016 年缅甸新〈投资法〉要点解析》，2016 年 10 月 21 日，缅甸中文网（http://www. md-zw. com/thread - 239352 - 1 - 1. html）。

银行（AGB）合作发行首张带有缅甸银联（MPU）和中国银联标记的借记卡。该借记卡不仅可以在缅甸用于联网支付，还可以在 150 多个国家和地区进行交易及支付。缅甸政府支持地方利用国外贷款改善投资环境。3 月，缅甸政府批准越南的投资发展银行、中国台湾的玉山商业银行、韩国的新韩银行和印度国家银行在缅甸设立分行。至此共有 13 家外资银行获得在缅甸开设分行的许可。

（四）积极接受国外的援助

缅甸政府积极接受国外的援助，以发展经济，提高民众生活水平。3 月 25 日，第一批中国援助缅甸电力物资捐赠交付仪式在内比都举行，中国捐赠了价值 500 万元的电缆和导线。11 月 2 日，日本首相安倍晋三会见了到访的缅甸国务资政昂山素季，双方还就宣布日本向缅甸提供 8000 亿日元援助、日本青年志愿者到缅甸进行人力资源培训进行了讨论。12 月 7 日，缅日签署了日本援助缅甸协议，日本将援助缅甸 3140 万美元，用于医院建设、经济和社会等项目。

（五）促进贸易和投资通关便捷化

从 2016 年 4 月 1 日开始，缅甸海关改变以每日汇率为基础的征税方式，以每周汇率为基础征税，有效地提高了海关工作效率，促进了贸易发展。① 6 月，缅甸政府批准国外的农产品、化妆品、食品等经缅甸转口贸易到中国，并试行 3 个月轮胎转口贸易政策，以增加税收、减少贸易逆差。8 月 6 日，为推进贸易和投资通关便捷化，缅甸海关开始试运行缅甸自动化货物清关系统（MACCS），以提高服务效率和确保关税合理。② 为进一步促进进出口贸易，12 月 27 日缅甸商务部撤销 150 种商品进口许可证，部分商品无须办理进口许可证即可进口，缴纳海关税也更方便。

二　宏观经济形势

2016—2017 财年，缅甸国内生产总值增长率下降至 6.5%，部分

---

① 《下财年缅甸海关将调整征税方式》，2016 年 2 月 1 日，中国商务部网站（http：//www. mofcom. gov. cn/article/i/jyjl/j/201602/20160201249527. shtml）。

② 《缅甸海关试行自动化货物清关系统》，2016 年 8 月 9 日，中国商务部网站（http：//www. mofcom. gov. cn/article/i/jyjl/j/201608/20160801376023. shtml）。

原因是出口下滑和商品价格疲软所致。① 据缅甸投资与公司管理局统计，2016—2017 财年外国对缅投资额达 66.49 亿美元。缅甸本财年超额完成吸收 60 亿美元外资的目标，为缅甸经济发展创造了良好局面。其中，交通与通信领域投资额最高，为 30.81 亿美元，制造领域投资额 11.80 亿美元，能源领域 9.10 亿美元，房地产领域 7.48 亿美元，酒店与旅游领域 4.04 亿美元，畜牧与水产领域为 0.97 亿美元，其他领域 2.31 亿美元。农业、矿产、石油天然气、建设和工业园区领域没有新增外国投资。② 在国别方面，中国对缅投资额居首位，新加坡、泰国、香港和英国分列第二至五位。此外，本财年缅甸公民投资的项目已有 41 个，投资额为 1.43 万亿缅元。

2016—2017 财年缅甸贸易总额为 288 亿美元，出口额 116.2 亿美元，进口额为 171.8 亿美元。但包括天然气在内的工业成品出口下跌。出口商品主要分为七大类：农产品、水产品、畜牧产品、工业成品、林产品、矿产品及其他出口产品。七类出口商品中，工业成品出口额最高，超过 50 亿美元，占出口额近一半左右，主要包括天然气及其他工业产品。农产品出口额达 30 亿美元，矿产品为 9.2 亿美元，水产品为 5.8 亿美元，畜牧产品约为 1000 万美元，其他出口产品占 10 亿美元左右。

根据缅甸商务部数据，2016—2017 财年缅甸与中国的贸易额为 107.56 亿美元，其中出口 50.06 亿美元，进口 57.5 亿美元，与中国的边贸总额为 62.48 亿美元。缅甸与各东盟贸易伙伴国的贸易额达 96.07 亿美元，其中缅甸出口额为 30.93 亿美元，进口额为 65.13 亿美元。③

外债方面。《缅甸时报》2017 年 2 月 9 日报道，缅甸计划与财政部长吴觉温称，截至 2016 年 12 月 31 日，缅甸外债额降至 89.90 亿

---

① 《缅甸政府将 GDP 增长 7% 作为目标》，2017 年 7 月 11 日，胞波网（http：//www. webaobo. com/index. php？ m = article&f = view&id = 3389）。

② 《缅甸 2016 财年吸收外资 66.49 亿美元》，2017 年 4 月 24 日，华尔街头条网站（https：//wallstreettt. com/globalnews/asia/southasia/缅甸 2016 财年吸收外资 66.49 亿美元/）。

③ 《缅甸 2016—2017 财年与其他东盟国家贸易额达 96 亿美元》，2017 年 5 月 24 日，缅甸中文网（http：//www. md-zw. com/thread – 258831 – 1 – 1. html）。

美元,相比民盟政府 3 月 31 日开始执政时的 95.30 亿美元,下降了 5.40 亿美元。缅甸的外债来自 17 个国家和机构,中国是最大的债权国。其中外债额位列前四的部委是:能源部 23.49 亿美元,财政部 22.17 亿美元,工业部 17.00 亿美元,电力部 9.17 亿美元(按部委重组前统计)。

三 产业经济形势

油气产业方面。缅甸出口额总收入的约 60% 来自于天然气出口。本财年截至 2017 年 1 月 31 日,缅甸天然气出口收入为 24 亿美元,比 2016 年同期下降 11 亿美元,天然气出口收入减少与全球天然气价格下跌有关。[①] 1 月 4 日,伊洛瓦底省勃生近海发现超级天然气田,估测气层厚度超过 124 米,储量有望超过若开邦近海向中缅油气管道供气的"瑞"区块,从而成为缅甸储量最大的天然气区块。

旅游业方面。根据缅甸饭店与旅游部数据,2016 年来缅外国游客仅有 280 万人次,较 2015 年 468 万人次下降了 38%。2017 年 1—2 月到缅甸旅游的外国游客已达 60 万人次,与 2016 年同比增加了 22%。旅游公司均预测 2017 年外国游客数量将会较往年增加。[②]

通信业方面。缅甸手机覆盖率已由 2013 年的 7% 增至 2016 年的 65%,用户达到 3600 万,其中华为手机占有市场份额为 38%。外资在电信业的投资额已达 30 亿美元。2015 年缅甸建设了 8000 多座通信基站,到 2017 年将拥有 1.7 万座通信基站。随着国际上对缅甸通信业的投资不断增加,未来 5 年里,缅甸通信业有望创造 25 万个工作岗位,帮助缅甸国内生产总值增长 5 个百分点。[③]

农业水产业方面。2016/2017 财年大米产量有望达到 160 万吨。截至 2017 年 2 月,缅甸水产品出口额达 4.5 亿美元,比上财年同期增加 0.76 亿美元。缅甸鱼虾主要依靠捕捞,水产养殖业比较落后,

---

① 《缅甸(内比都)境外商务信息》,2017 年 2 月 24 日,云南省商务厅网站(http://www.bofcom.gov.cn/bofcom/433481406983700480/20170224/400382.html)。

② 《2017 年来缅外国游客数量将会增加》,2017 年 5 月 4 日,中国商务部网站(http://www.mofcom.gov.cn/article/i/jyjl/j/201705/20170502569662.shtml)。

③ 《2015—16 年两年中缅甸通信业获得外商投资达 28 亿美元》,2017 年 1 月 17 日,缅华网(http://www.mhwmm.com/Ch/NewsView.asp?ID=20774)。

每年只能养殖 4 万吨淡水虾和海水虾。缅甸水产业需要从传统捕捞业向现代养殖业转型，在疾病预防、提高单位产量上下功夫。①

第五节　民盟政府的外交努力

民盟政府在外交上取得了令人瞩目的成绩。在上届政府的基础上，民盟政府加强了与周边国家的友好往来，重视对华关系，继续奉行中立外交路线。2016 年 8 月，昂山素季访问中国，会见了中国国家主席习近平等领导人。缅甸政治转型与政权和平转移，也得到了西方国家的支持和援助。

一　与中国关系

民盟执掌政权后，中缅领导人保持了互动。2016 年 3 月 16 日，习近平主席对缅甸新当选总统吴廷觉发函表示祝贺。8 月 17—21 日，昂山素季访华，这是她第一次出访非东盟国家。昂山素季会见了习近平主席和李克强总理，双方讨论了中缅关系、两国合作项目等事宜。11 月 1 日，缅甸国防军总司令敏昂莱访华，会见了习近平主席，敏昂莱感谢中方在维护缅北地区和平稳定中发挥的积极作用。习近平表示，中方支持缅甸民族和解进程，希望缅北地区早日实现和平稳定。

两国政府各部门友好往来。4 月 5—6 日，中国外交部部长王毅访缅，成为民盟政府上台后首位来访的外交部部长。王毅称，在缅甸翻开新的历史一页的时候，中国将继续做缅甸人民的好邻居、好朋友、好伙伴。② 5 月 24 日，中国国防部部长常万全在老挝出席第六次中国—东盟防长非正式会晤，会见了缅甸国防部部长盛温。双方就进一步密切两军人员交流、深化人员培训、加强多边配合、维护边境安

---

① 《2016—2017 财年缅甸水产品出口额超 4 亿美元》，2017 年 1 月 21 日，南博网（http：//myanmar. caexpo. com/jmzx_ md/2017/01/21/3670607. html）。

② 《王毅与昂山素季会谈：缅方称不忘中方曾给予帮助》，2016 年 4 月 6 日，人民网（http：//world. people. com. cn/n1/2016/0406/c1002 - 28252936. html）。

全和南海问题交换了意见。① 6 月 13 日至 14 日，缅甸外交国务部部长吴觉丁出席在云南玉溪举行的中国—东盟国家外长特别会议。7 月 8 日，中国国安部部长耿惠昌访问缅甸，会见昂山素季和国防军总司令敏昂莱，就两国安全合作等内容进行交流。8 月 11 日，中联部部长宋涛访问缅甸，会见了昂山素季等领导人。昂山素季称，民盟愿同中共深化交往，增进互信与合作。9 月 6—9 日，中央军委副主席许其亮对缅甸进行正式友好访问，分别与昂山素季、国防军总司令敏昂莱举行会见会谈，双方就共同维护中缅边境的和平稳定达成共识。② 12 月 23 日，正在柬埔寨暹粒出席澜沧江—湄公河合作第二次外长会的王毅外长会见缅甸外交国务部部长吴觉丁。王毅表示，澜湄合作秉持共商、共建、共享原则，致力于更多更好造福各国民众，符合次区域各国共同利益。

中国向缅甸继续提供民生援助。2 月 29 日，华为公司在丁茵科技大学举办了"华为信息与网络技术学院"开幕仪式，该学院将开办通信技术培训班，为缅甸电信业储备人力资源。9 月 5 日，中国驻缅甸大使洪亮向缅甸红十字会转交中国红十字总会的 10 万美元，用于缅甸地震的灾后重建和蒲甘佛塔修复工作。10 月 9—16 日，云南民间国际友好交流基金会率领"光明生"医疗队赴仰光，为当地民众实施免费白内障手术 189 例。中国扶贫基金会也在缅甸开展了一系列助学项目，资助在校贫困生完成学业。

二　与西方国家关系

与美国关系。2016 年 4 月 6 日，时任美国总统奥巴马分别向吴廷觉和昂山素季致电，祝贺吴廷觉就任总统和缅甸实现政权平稳交接。5 月 22 日，时任美国国务卿约翰·克里访缅，会见昂山素季和国防军总司令敏昂莱。双方就缅甸民主转型、促进美国对缅投资等事宜进行了讨论。9 月 14 日，昂山素季访问美国，与时任美国总统奥

---

①　《常万全会见缅甸防长：加强多边配合维护边境安全》，2016 年 5 月 26 日，中国新闻网（http：//military. china. com/news/568/20160526/22741108. html）。

②　《许其亮访问缅甸》，2016 年 9 月 10 日，人民网（http：//world. people. com. cn/n1/2016/0910/c1002 – 28705584. html）。

巴马等政界领袖进行了广泛交流，重点讨论了进一步推进美缅关系、美国向缅甸提供援助等事宜。10月7日，奥巴马签署行政令，解除对缅经济制裁。受美国制裁的所有个人和实体，将从美国财政部外国资产管控办公室的制裁名单上除名，冻结的财产和财产性权益即日起解除冻结，缅甸出产的玉石、红宝石和其他珠宝可以向美国出口，与缅甸相关的银行或金融交易不再受限，但与反麻醉品制裁措施相关的个人和实体不在解除制裁的名单之列，其财产和财产性权益仍被冻结。①

与欧盟关系。4月6日，意大利外交部部长兼国际合作部部长保罗·真蒂洛尼访缅，会见吴廷觉总统、昂山素季和国防军总司令敏昂莱，双方就促进两国关系进行了交流。6月17日，法国外交与国际发展部部长洛朗·法比尤斯访缅，会见了缅甸领导人，双方讨论了促进两国民间交流、教育文化领域合作等事宜。6月17日，德国联邦经济合作及发展部部长盖德·穆勒访缅，会见了吴廷觉总统和昂山素季，双方就为缅甸中小企业提供援助、若开邦冲突事宜交换了意见。11月7日，国防军总司令敏昂莱访问欧洲，会见了欧盟军事委员会主席科斯卡拉克斯大将，双方讨论了缅甸国防军和欧盟成员国军队互访、欧盟为缅甸国防军提供培训等事宜。

与日本关系。8月25日，日本首相特别顾问和泉洋人访缅，会见了昂山素季等缅甸领导人，双方讨论了仰光城市建设、迪洛瓦经济特区项目等事宜。11月2日，昂山素季访日，会见了日本首相安倍晋三，双方讨论了加强两国经济和国防合作、日本为缅甸民族和解提供援助等事宜。

三 与俄罗斯关系

2016年5月18—20日，吴廷觉总统访问俄罗斯，参加俄罗斯—东盟建立对话伙伴关系20周年纪念峰会，会见了俄罗斯总统普京。双方讨论了加强政治、经济、军事技术合作，推动俄罗斯企业在缅投

---

① 《美国总统奥巴马宣布解除对缅甸制裁》，2016年10月8日，中国商务部网站（http://www.mofcom.gov.cn/article/i/jyjl/j/201610/20161001404664.shtml）。

资，促进民间交流等事宜。11 月 25 日，俄罗斯联邦军事技术合作局局长亚历山大·弗明访缅，会见了国防军总司令敏昂莱，双方讨论了加强两国军事科技合作、俄军向缅国防军提供培训等事宜。

四　与东盟及其成员国关系

2016 年 5 月 26 日，国防军总司令敏昂莱访问泰国，会见了泰国总理巴育。双方就打击军火和毒品贸易、促进两国文化交流和旅游业合作等交换了意见。6 月 7 日，新加坡总理李显龙访缅，会见了吴廷觉总统和昂山素季。李显龙在会见中呼吁昂山素季在国际事务中，代表东盟发挥领导作用。6 月 24 日，昂山素季访问泰国，会见了泰国总理巴育，双方讨论了在泰的缅甸劳工平等待遇、缅甸难民归国、推进土瓦特区项目合作等事宜。8 月 2—6 日，第四十八届东盟经济部长会议及系列会议在老挝万象召开，缅甸计划与财政部长吴觉温出席了会议。12 月 5 日，马来西亚武装部队总司令丹斯里阿都阿兹上将访缅，分别会见了吴廷觉总统和国防军总司令敏昂莱，双方就加强两国军队交流事宜交换了意见。

五　与印度及其他南亚国家关系

2016 年 6 月 16 日，印度总理特使、国家安全顾问多瓦尔访缅，会见了吴廷觉总统、昂山素季和国防军总司令敏昂莱，双方讨论了保持两国边境和平、促进两国经贸合作等事宜。6 月 30 日，孟加拉国总理特使、外交部部长沙希德·哈克访缅，会见昂山素季和国防军总司令敏昂莱，双方就促进两国关系、解决边境问题交换了意见。8 月 22 日，印度外交部部长斯瓦拉杰访缅，会见了吴廷觉总统和昂山素季，就促进两国贸易，加强卫生、农业和能源领域合作事宜等进行了交流。10 月 19 日，昂山素季访问印度，会见了印度总理莫迪，双方讨论了加强经贸合作，印度为缅甸经济、教育和社会发展提供帮助，印度在缅甸电力能源和基建领域投资等事宜。

六　与国际组织关系

2016 年 5 月 25 日，联合国秘书长缅甸问题特别顾问南威哲访缅，会见了昂山素季，双方就缅甸民族和解进程交换了意见。6 月 14 日，亚洲开发银行行长中尾武彦访缅，会见了吴廷觉总统和昂山素季，双方讨论了亚开行为缅甸人力资源开发、基础设施建设和能源领域合作提供援助等事宜。6 月 28 日，联合国缅甸人权问题特别报告员李亮喜在内比都分别会见联邦议会议长曼温楷丹、人民院议长吴温敏，双方讨论了缅甸和平进程、若开邦族群冲突和人权等问题。8 月 30 日，联合国秘书长潘基文访缅，会见了昂山素季。潘基文称，联合国将继续对缅甸的民主改革和经济发展提供帮助。

第 五 章

缅甸政治转型和内外政策调整对中缅关系的影响

第一节　吴登盛时期缅甸对华政策的波动

吴登盛政府上台之际，虽然一度宣布同中国建立"全面战略伙伴关系"，但中缅关系随即急转直下，标志性事件是密松水电站停工和吴登盛公布"任内不再重启"，随后中缅之间莱比塘铜矿、皎漂港口等大项目合作相继陷入困境，缅北不仅发生了抓捕 150 名中国伐木工人判终身监禁的事件，还因"民地武"危机爆发导致大量难民涌入中国云南省；此外，为赢得国际社会对缅甸"换装变革"的支持，尤其赢得美欧支持、削减对缅制裁，吴登盛政府积极回应美国"亚太再平衡"战略，在对外战略的天平上也出现了"亲美疏中"的偏转。

一　快速凝聚价值共识与对华政策的波动

1988 年上台的新军人集团作为威权统治集团，其并未放弃挽救合法性的努力。经过一系列的挫折和变动，缅甸终于在 2008 年出台新宪法，2010 年出台《联邦选举委员会法》《政党注册法》《议会人民院选举法》等，于 2010 年 11 月举行大选。2011 年 4 月初，以退役军官、前政府总理吴登盛为首的新政府建立。尽管吴登盛政府实施议会多党民主制，但其主要领导人物，包括总统吴登盛、议长吴瑞曼、副总统丁昂敏乌等人在内，均是退役军官。在民主化浪潮下，军人退居二线但仍具有影响力。吴登盛政权实际上是前军政府首领丹瑞将军一手策划的结果，其建立是丹瑞政权在 2003 年提出 "七步民主路线图" 的延续，其政策也是新军人政府一系列改革措施的延续和深化。

显然，吴登盛政府的程序合法性基础是 "非可靠" 的，军人集团依然扮演着重要政治角色。但从整个转型过程看，吴登盛政权上台仍然有较强的法理依据。[①] 尽管竞选过程均备受国内外质疑，包括宪法和投票在内都被认为存在舞弊，但 "怀疑" 并无有力证据，且在票选之后，军方也按承诺交权给新政府，这与前军人政府基于权威的合法性来源是不同的。在新的合法性来源范畴内，"民意" 而非 "权威" 成为政权合法的唯一来源。从程序上来看，吴登盛政权在形式上是依宪建立、代表缅甸国家利益的合法政府。在吴登盛执政初期，缅当局无法利用绩效来提供足够的功能性供给。作为原军政府 "四号人物"，吴登盛上台后受制于原政府领袖丹瑞的幕后限制，还要受到原政府 "三号人物"、时任联邦议会议长吴瑞曼，原政府 "五号人物"、时任副总统丁昂敏乌的掣肘。吴登盛政权很难快速通过集权取得绩效增益，也不可能选择清算军人集团本身来弥补原政权的负面因素，这要求吴登盛必须在维护新制度和提高政绩方面 "两条腿走路"。

为迅速满足新政权在缅甸转型中的合法性需求，吴登盛选择了凝聚 "民意"，在价值上努力打造 "有纪律的繁荣民主" 和 "独立自主、全面交往" 的缅甸外交。这两者分别从制度主义和民族主义出发，通过对外政策，提供了较为快捷的合法性供给。然而，两者却共同铸就了缅对华政策的波动和缅甸 "亲西疏华" 的倾向性变动。

一是吴登盛政权通过制度主义蓝图，快速吸引了来自美欧国家的青睐，将缅甸民主塑造成为东南亚国家转型的 "样板"。吴登盛政权对新制度的维护意识颇强，在短期内迅速取得国内保守派和反对派的支持和参与，并本着 "政治民主化" 的旗号提出 "三波改革" 的愿景，[②]

---

① 有关法律参见李晨阳、全洪涛主编《缅甸法律法规汇编（2008—2013 年）》，经济管理出版社 2014 年版，第 259—261 页。

② Ko Ko Hlaing, "Myanmar' Reform: Current Situation and Future Prospects", in Li Chenyang, Chaw Chaw Sein and Zhu Xianghui, eds., *Myanmar: Reintegrating into the International Community*, World Scientific Publishing Co. Pte. Ltd., 2016.

内容包括政治民主化、经济市场化和激励公民社会发展等。紧接着，缅甸迎接了包括时任美国国务卿希拉里、总统奥巴马在内的一系列西方国家首脑的首访和大部分经济制裁的取消。

　　二是吴登盛政权通过诉诸民族主义，快速将"民主改革"的矛盾转移给中国在缅大项目。自 1962 年后，缅甸长期处于军事独裁对内统制、对外封闭的环境中，民意基础薄弱，加上 1990 年大选被军政府否认、民意领袖昂山素季长期入狱，缅甸民间反军政府情绪强烈，但近二十年来，中国同军政府领导下的缅甸交好，缅甸则因受到国际孤立而一度对华"一边倒"①。作为退役军人执政的吴登盛，不掌握国家机器、没有意志和能力清算前军人领袖及其裙带集团。在此环境下，吴登盛政权选择将合法性危机转嫁给与前军人政府合作密切的外资项目，尤其是涉及缅甸土地、能源、资源、环保问题的大项目上。中国在缅投资的大项目密松水电站首当其冲——2011 年 9 月吴登盛在联邦议会上宣布在其任内无限期停止密松项目的建设。② 此举得到了国内外众多极端环保组织、亲西方非政府组织，以及美欧等国家的支持，叫停密松一事马上被舆论同"缅执政者下定决心改革"联系起来。吴登盛本身合法性基础薄弱，但因为密松事件很快在国内外得到"积极响应"，客观上来说，吴登盛政权国际国内的合法性压

---

　　① 一般认为，缅甸新军人政府自 1988 年上台后，由于受到主要的西方国家制裁，只能选择当时一样受西方制裁和孤立的中国作为战略伙伴，自且 1990 年到 2006 年中缅贸易额暴增了约 9.6 倍，中国成为缅甸最大的出口对象，在缅甸持有能源和基础设施等最大份额的对外直接投资（FDI），不少学者认为这段时期缅中是"特殊关系"，缅甸是"对华一边倒"。观点参见 Wayne Bert，"Burma，China and the U. S. A. "，*Pacific Affairs*，Vol. 77，No. 2，2004，pp. 263 – 282；Kudo Toshihiro，"Myanmar's Economic Relations with China：Can China Support the Myanmar Economy？"，*Institute Of Development Economics Discussion Paper*，No. 66. Instiute of Developing Economies，Japan External Trade Organization（JETRO），2006；Monique Skidmore and Trevor Wilson，*Dictatorship，Disorder and Decline in Myanmar*，Canberra：ANUE Press，2008，pp. 87 – 109；Tin Maung Maung Than，"Myanmar and China：A Special Relationship？"，*Southeast Asian Affairs*，Volume 2003，ISEAS-Yusof Ishak Institute，March 2003，pp. 189 – 210。

　　② 密松水电站位于缅甸伊洛瓦底江干流迈立开江与恩梅开江汇流区，是世界上第 15 大水电站，由亚洲世界公司、缅甸电力部、中国电力投资集团合作建设，拟为缅甸提供 600 万千瓦电力，总投资达 36 亿美元。2009 年 12 月 21 日，密松水电站正式开工。2011 年 9 月 30 日，缅甸总统吴登盛在国会宣布密松水电站在他的总统任期内搁置。至 2016 年 4 月缅新政府上台，密松项目仍旧保持搁置状态。笔者注。

力得到了暂时性的纾解。①

从 2011 年开始，以大项目受挫为标志，缅中关系一度冷却，造就了缅甸对外政策"亲西疏华"的倾向性变动。一时间，中国对缅政策被认为只重视与前军政府官员打交道而不顾及缅民众、区域和少数民族利益，中国对缅投资和援助则被认为"滋生和助长了当地官员腐败"；"鲜有民众受益"；甚至"是缅甸长期没有发展起来的罪魁祸首"。② 与此同时，不少西方媒体和学者开始造势缅甸远离中国的倾向，并将缅对外政策的"疏华"塑造为"反对新帝国主义"，部分文章得到了缅甸学者和民众的积极响应。③ 例如孙韵提到，"面对国家利益屡屡受损，中国却几乎无能为力"，认为中国将来必然要采取措施来应对"失去缅甸"的问题。④ 罗伯特·萨特、麦克·布朗等人指出，恐怕民主转型后的缅甸将与中国渐行渐远。⑤ 缅甸有学者甚至提出，缅甸自 2003 年提出"七步路线图"以来，就是要"学西方宪政民主、摆脱对华依赖"，随着吴登盛政权民主化，中缅关系恐怕再也"无法继续在'胞波'名义下往前走"。⑥

理论上看，吴登盛要延续合法性就必须秉持对选民负责任、透明公正的态度，"民意"成为决定新政权存续的根本源头。"民意"要

---

① Yun Sun, "China's Strategic Misjudgment on Myanmar", *Journal of Current Southeast Asian Affairs*, Vol. 21, No. 1, 2012, pp. 73 – 96.

② Kudo Toshihiro, "Myanmar's Economic Relations with China: Can China Support the Myanmar Economy?", *Institute Of Development Economics Discussion Paper*, No. 66. Instiute of Developing Economies, Japan External Trade Organization (JETRO), 2006; Trevor Wilson, "China and Myanmar's reforms", *New Mandala*, February 10, 2014, http://www. newmandala. org/china-and-myanmars-reforms/.

③ In International Institute for Democracy and Electoral Assistance, *Challenges to Democratization in Burma: Perspectives on Multilateral and Bilateral Responses*, 2001, pp. 69 – 86.

④ Yun Sun, "Has China Lost Myanmar?", *Foreign Policy*, January 15, 2013, https://www. brookings. edu/opinions/has-china-lost-myanmar/.

⑤ Robert G. Sutter, Michael E. Brown and Timothy J. A. Adamson, "Balancing Acts: The U. S. Rebalance and Asia-Pacific Stability", the George Washington University, August 2013, http://www2. gwu. edu/~ sigur/assets/docs/BalancingActs_ Compiled1. pdf.

⑥ Maung Aung Myoe, *In the name of Pauk-phaw: Myanmar's China Policy since* 1948, Singapore: Institute of Southeast Asian Studies, 2011.

求缅政府需获取国内合法性（选民支持）和国际合法性（受外界认可）来延续其执政，因而其对华政策调整，也是通过"民意"来满足合法性供给的。在程序合法性大致固定、功能合法性无法快速生效之时，通过价值凝聚的作用不仅锁定了缅甸转型的方向（民主化），也表明了缅甸转型的力度和决心。在此过程中，吴登盛政权不仅固化了既有的制度刚性，使民主化呈现某种"不可逆"的趋势，赢得了国内和国际的一致认可，还为其在转型下一阶段（巩固期）绩效的发挥留出了一定的空间。

在此过程中，价值共识性的制度主义和民族主义因素都得以充分体现，而通过对外政策的调整，两者将新政权所需要的国内和国际合法性进行了有效整合。在制度主义的层面，划清"民主和非民主"的界限，在国内体现的是与军人利益裙带的瓜葛，而在国际体现的是与美欧国家的亲近，看似毫无逻辑联系，却因为缅对外政策的整合而集中到了对华政策之上，将中国利益塑造成为新政权制度发展的"障碍"。在民族主义的层面，缅甸不仅利用了部分仇华势力所谓"摆脱对华依赖"的需求，还将对华政策的消极面作为向西方寻求援助的政治资本，以图削减对缅制裁、最大化外资收益。从价值共识提供的合法性来看，吴登盛政权的确采用了"转嫁矛盾"的方式，而被转嫁对象则是与其前政权长期有瓜葛的中国。

从 2011—2012 年吴登盛执政的效应来看，将缅国内不同的价值观对立矛盾的焦点转移到与前军人有紧密联系的中国项目上，短期内的确较为有效地形成过渡期内新政权的合法性供给。但此项"供给"及其不稳定，且其效果仍然取决于国际行为体之间的互动，有较大的不稳定性。

一方面，以价值对立来"转嫁矛盾"的做法，成效取决于被转嫁者与其他国际行为体之间的互动。换句话说，政治行为体之间往往充满着复杂的联动效应，缅甸调整对华政策也不仅仅是缅甸或者中国自身的问题，西方对缅战略的调整与积极施加影响，也在缅转型过渡期扮演了重要角色。奥巴马上台后，美就调整对缅政策为"行动对行动"，意在通过"胡萝卜＋大棒"的方式诱导缅甸民主化一步一步朝着美国所希望的方向走。① 与该政策匹配的，是美国亚太再平衡战略的实施，而该战略被认为与中国周边"走出去"战略有结构性冲突，美国积极影响中国周边国家也是遏制中国崛起的战术手段。

另一方面，塑造"民族矛盾"的政策代价和风险不容忽视。其一，对于过渡时期的缅甸新政权而言，最需要的是稳定的发展环境，最不需要的是民族矛盾和对外树敌。吴登盛政权对华政策的波动在实际运行过程中，并未止于密松水电项目的停工，在中后期进一步波及其他大项目甚至影响到中缅贸易，这对于急需中国投资且远在欧美的外资难以很快进入的缅甸来说，打击是颇为致命的。其二，民族主义情绪一旦高涨，很容易在对外政策中催生不理性的因素，进而从经济领域"溢出"到其他领域，导致后期中缅关系回调的困难。

二　绩效巩固与对华政策的短期回调

从过渡期到巩固期，缅对华政策的波动却从经济领域逐步扩散到政治和安全领域，逐步超出吴登盛政权能够管控的范围。吴登盛执政不到一个月就在访华期间与中国建立了"全面战略伙伴关系"，但在"密松"事件后，缅甸朝野在地缘、族群关系甚至在战略上都提升了对华的消极安全认知与防范。这些负面认知既是对华政策在价值上的负反馈，又反过来影响到吴登盛政权之后对华政策的调整，直接影响到原有政策的合法性供给，主要表现如表 5 - 1 所示：

表 5 - 1　　　　　　　　对华负面认知在安全领域的表现

安全认知问题	执政目标	直接影响对华政策	间接影响对华政策
"民地武"问题	政治安全，警惕族际矛盾难以调解、无法兑现建设统一联邦制的承诺。 政权安全，避免族群内战导致军事政变或民众抗议。 军事安全，避免（可能的）民族分裂、割据壮大	以打促谈，威胁缅北和中缅边境安全	放任仇华、排华舆论的传播，通过民族主义作为打造政府与民意价值共识的媒介。将缅民意推向对华友好的对立面

---

① Kurt M. Campbell, "US. Policy Toward Burma", Testimony of Kurt Campbell, Assistant Secretary of State Bureau of East Asian and Pacific Affairs, U. S. Department of State, Before the Subcommittee on East Asian and Pacific Affairs, Senate Foreign Relations Committee, October 21, 2009, https: //2009 - 2017. state. gov/p/eap/rls/rm/2009/10/130769. htm.

续表

安全认知问题	执政目标	直接影响对华政策	间接影响对华政策
安全困境	资源安全，防止资源因非法贸易流失中国，怕中国掠夺缅资源、能源；环境安全，防止中国在缅项目威胁民众生存环境，"控制和破坏伊洛瓦底江母亲河"①	密松水电站被叫停	利用"反对与军政府密切的中资项目"作为"反对军政府"策略，打造与民意的价值共识。密松事件后对中国项目的反对情绪持续蔓延
战略心态	战略安全，担心继续依赖中国不利于新政权的巩固。意图摆脱对华过度依赖，赢得国际社会支持	亲美疏中	为打造与民意需求和国际社会主流价值观"民主主义"相符的价值共识，整个缅甸的价值认同向西偏转，将中国推向缅甸转型和中缅关系的对立面

从逻辑上讲，吴登盛政权伊始虽在价值上暂时转移部分合法性压力，但仍缺乏让合法性延续的动力来源，且其"退役军官"的属性也未改变。此时，依赖绩效来满足其合法性来源——"民意"的需求显得格外重要。此时，吴登盛采取渐进而为的思路，以"民族联邦构建"和"民主国家建制"两个维度为出发点，确定国家三大任务为"联邦不分裂""民族团结不分裂"和"主权稳定"。② 经济上，重组投资委员会、宣布修改《外国投资法》，宣布设立土瓦、迪洛瓦、皎漂经济特区，缅甸在2012—2013年经济达到6.3%增长水平，通胀率控制在3%以内。③ 除了经济上的成果，吴登盛政权减少对政治和社会领域的控制，实现新闻媒体自由，使得民众对于国家建设的热情增高。由于缅甸长期积贫积弱，新政权在"绩效增益"方面空间很大，也使得缅甸转型一路高歌猛进，吴登盛执政也受到多方

---

① Burma Rivers Network, "Who will save the Mother-river of Myanmar?", December 31, 2013, http://www. burmariversnetwork. org/index. php? option = com_ content&view = article&id =934：who-will-save-the-mother-river-of-myanmar&catid = 11&Itemid = 46.

② "We Have to Strive Our Utmost to Stand as a Strong Government While Conducting Changes and Amendments in Order to Catch Up with the Changing World：President U Thein Sein Delivers Inaugural Address to Pyidaungsu Hluttaw", *The Global New Light of Myanmar*, 31 March, 2011.

③ 邹春萌、许清媛：《2012—2013年度缅甸经济政策与经济形势》，载李晨阳等主编《缅甸国情报告（2012—2013）》，社会科学文献出版社2014年版，第115页。

褒扬。

此外，吴登盛政权的上台并没有选择清算前政府领导人，除了保护军人集团整体既得利益的考虑，部分原因也在于前政权领袖丹瑞、貌埃等将军并未像 1988 年下台的奈温那样饱受民众憎恶，丹瑞等人实际上可算是"自上而下"开启缅甸转型的肇始人，因此吴登盛政权的政策选择在功能有效性上实际并不存在"负面依赖"的情况。在丹瑞等人的默许下，吴登盛政权在政策上开始试探性地逾越部分前军人集团的底线，尤其是允许 2010 年刚被释放的反对派领袖昂山素季及其政党民盟重新合法化并回归政坛。与此同时，解除"党禁""报禁"促使缅国内政党和媒体如雨后春笋般建立起来，国内外公民社会组织也开始在缅甸社会活跃。"负面增益"也成为吴登盛政权功能有效性供给的有效切入点之一。

在巩固期持续一段时间后，吴登盛政权意识到对华政策波动与自身价值有效性需求存在矛盾，与此同时，该政权也陷入了改革的"困境期"。一是反对党开始发力，意图修改不利于军人的宪法条款；二是与少数民族谈判多次被战火中止；三是 2013 年在若开邦出现了"反穆斯林暴动"。其中，若开问题对缅甸外交影响最大，由于"罗兴伽人问题"备受美国和国际社会的关注，美国以此为借口延缓了其取消对缅制裁的承诺。

在转型的巩固期，缅政权的国际合法性和国内合法性的接洽点不再有过渡期那么多，反而存在一定的矛盾。原因在于，国内合法性的功能性供需并不总与国际匹配，国内供需取决于政绩的社会经济效应，而国际供需取决于外国政府的利益诉求。

首先，国内功能性供需存在一致性，而国际功能性供需存在差异性。不同国家能够提供缅政府施政的资源不尽相同，直观的感受还是"远水解不了近渴"。据悉，2011—2012 财年，中国是缅甸最大贸易伙伴和第一大进口国；尽管 2012—2013 财年中缅贸易额下降，但中国仍然是其最大贸易伙伴。即便是在下降期，中缅贸易额也仍达到 49.6 亿美元。相比之下，美国虽然解除部分对缅制裁，但在 2011—2012 财年，美缅贸易额仅达到 2.93 亿美元，2012—2013 财年反而下降到 1.23 亿美元。① 贸易额虽然并非经济发展的全部，但也能成为转型巩固期的缅政府通过绩效来巩固合法性的重要供给源。

其次，国内功能性供需与价值性供需的目标相近，都是为了有效施政与巩固转型，但国际供需存在功能与价值的矛盾，直观体现便是，西方对缅取消制裁存在价值前提，但满足这些价值前提并不一定有利于缅甸政府的有效施政。例如，缅甸需要的更多是经济发展而不再是价值对立，但在密松水电站停滞后，中资在缅项目于 2011、2012 年接连受挫，典型案例是莱比塘铜矿停工和中缅油气管道受质疑，这对于急需改善基础设施的缅甸来说非常不利。与此同时，虽然缅政权迎合了奥巴马"行动对行动"的缅甸政策，表面上是以"改革姿态"换取西方的信任和支持，但实际上，吴登盛政府恰恰迎合了美国"亚太再平衡"战略的需要，而该战略旨在平衡和制约中国的亚太影响，美国向着自身的价值目标进发，缅甸却未能满足自身的功能性需求。

再次，国际功能性供需的反馈与国内功能性供需的预期形成反差，缅对华政策的消极性和对美政策的积极性，带来的反馈结果却在其意料之外。中缅贸易额虽然有阶段性下调，但中国最终还是"以德报怨"，积极调整对缅政策，开启了一系列富有成效的公共、民间交往，李克强总理 2014 年访缅参加东盟会议又向缅开出 80 亿美元贸易大单。而在吴登盛政府中期，美国开始对缅甸"两面下注"，既同吴登盛政府交涉，又与反对党民盟及其领导人昂山素季联系紧密。此外，美欧对缅甸佛教民族主义蔓延、若开邦人权状况、民地武冲突持续进行的情况日益不满，对解除制裁态度模糊，这让缅政府对西方国家的期许值日趋降低，缅很难在战略、经济、安全上进一步向美靠拢。

在转型的巩固期，对华政策带来的直接、间接效应和延迟效应都有所体现，如表 5-2 所示。吴登盛政权意识到，如果民意再继续往中缅关系的对立面发展，将超出政府可掌控的范围，并冲击到自身现

---

① 邹春萌、许清媛：《2012—2013 年度缅甸经济政策与经济形势》，载李晨阳等主编《缅甸国情报告（2012—2013）》，社会科学文献出版社 2014 年版，第 133 页。

有的合法性根基。一是退役军人的本质决定了其"原罪"所在，民意敌视的对象不是中国而是军政府，该压力早晚会将矛头指向吴登盛政权；二是在中国投资降低，其他国家投资又尚未发挥实效的阶段，政府很难利用足够的资金履行其功能有效性；三是吴登盛政府逐步认识到，若对国内民族情绪调控不当，将极大冲击缅甸的稳定和发展。这些都意味着，一味诟病中国项目及造势中国投资对缅不利的言论已经超出了缅政府的预期，如果不能进行回调，缅甸将陷入发展与外交同时恶化的"两难境地"①。

表 5 - 2　　　　　吴登盛政权转型巩固期内对华政策的效应

经济发展诉求	直接效应	间接效应	延迟效应
民生改善	停止受民意诟病的项目	通过"负面增益"的绩效增加自身合法性，降低了中国项目的合法性	中国项目停止了，缅甸民生却没有得到质的改善
社会经济发展	加大管控中缅边境非法贸易	通过"负面增益"的绩效增加自身合法性，助长了对中国项目的警惕心理	延滞了缅北民族和解问题的解决以及上缅甸地区的经济发展
国家经济发展	减少对华依赖	"绩效依赖"的错觉，滋生了"中国大项目对缅不重要"等言论	各大项目停滞，缅甸电力基础设施的发展受影响。而随着中国"一带一路"和"孟中印缅"经济走廊的推动，缅疏远对华关系只能让其错失历史发展的重要机遇
增强外资外贸	加强与美欧、日本、印度、东盟的经济联系	"绩效依赖"的错觉，认为外资进入就能解决中资解决不了的问题，助长了"亲美疏中"情绪	中资受到打击的同时，外资并没有实质性增长和满足缅甸的经济发展需求。中缅贸易额波动效应"对称复制"，其他国家也在谨慎观望

　　吴登盛政府开始着力挽回中缅关系存在的危机，对美国的偏向也有"回收"之势。其一，吴登盛意识到中缅关系遇冷不利于缅解决自身稳定问题和发展问题，因此多次借国际会议场合访华或与到访中

---

　　①　Trevor Wilson，"China and Myanmar's Reforms"，*New Mandala*，February 10，2014，http：//www.newmandala.org/china-and-myanmars-reforms/.

国领导人互动，意图沟通相关问题，截至 2014 年吴登盛已经访华 6
次；其二，吴登盛多次公开或通过实践表面，缅甸并没有全方位的
"亲美疏中"，而是在中西方之间寻找平衡，并在此期间不断强调缅
中立主义的传统外交价值理念；① 其三，尽管密松水电站项目面临较
大的风险和挑战，后续中资项目也受到波折，但是缅政府进行了一些
管控，避免了莱比塘铜矿、中缅油气管道等项目被叫停。

三 合法性供给的瓶颈与对华政策的停摆

在即将进入 2015 年大选的时期，吴登盛政权通过内外政策提供
的合法性已经呈现"饱和状态"，其主要成绩如表 5 - 3 所示：

表 5 - 3 **吴登盛政府在合法性上取得的成绩**

	国内合法性	国际合法性
程序合法性	2008 年宪法所制定的规则和框架基本得到落实；国内各政治力量（尤其是最大反对党民盟）基本认可执政党巩发党的合法执政地位，并参与议会会议；民众对巩发党执政和改革措施基本支持；前军人集团未过多干涉吴登盛政府施政	国际社会认可吴登盛上台以来缅甸所取得的一系列变革；除美国外大部分国家完全取消对缅制裁；美国取消部分对缅制裁，希拉里、奥巴马多次访缅并会晤吴登盛总统；东盟国家鼓励和支持缅甸改革，缅甸顺利接任 2014 年东盟轮值主席国；中国未对吴登盛对华政策的调整有消极回应，反而积极调整并适应变革后的缅甸
功能有效性	吴登盛执政期间缅甸国家建设取得一定成绩：开放解禁政策为经济与社会发展释放活力；与民地武开展集体对话缔造全国停火协议（NCA）和国家和平大会（UPC）框架；颁布和修改了一系列法律	积极吸引外资和外援，得到各主要大国和国际组织尤其是来自中国、日本、欧洲、印度、东盟的援助和支持；国际社会与各国积极推进缅甸"不可逆转的改革"
价值共识性	"缅甸式民主道路"得到多数缅甸民众以及反对党、民族政党的积极支持和参与；建设统一联邦国家、开启和平进程的政策得到各方积极回应	"缅甸式民主道路"被西方国家奉为地方民主转型的新样板；② 和平与中立主义得到国际社会的接受和认可；在担任轮值主席国期间较好履行职责并得到各方赞赏

---

① Kyaw San Wai, "Myanmar's Strategic 'Realignment'", *RSIS Commentaries*, *Southeast A-sia and ASEAN*, No. 170, Singapore: Nanyang Technological University, 2011.

② BertilLintner, "Realpolitik and the Myanmar Spring", *Foreign Policy*, December 1, 2011, https://foreignpolicy.com/2011/12/01/realpolitik-and-the-myanmar-spring/.

　　在变动期，政权合法性能从价值和功能上取得供给的资源日益减少，吴登盛政权面临着严重的"瓶颈"。一是随着改革的深化，程序上原本就"非可靠合法"的退役军人无法免除其与军人集团紧密关联的性质，也无法完全从饱受诟病的 2010 年大选和 2008 年宪法中祛除"军人执政"的"原罪"。二是就功能有效性而言，吴登盛政权无法完全撇清与前军人利益集团及其裙带的关系，短期转移矛盾无法从根本上缓解其执政危机，其绩效便无法往前推进。而依赖绩效维持合法性，又是军人威权及其换装执政的"代理政府"难以逾越的障碍所在。[①] 三是吴登盛政府无法完全与长期对抗军人独裁的缅民众打成一片，而其对手民盟曾经在 1990 年大选中获胜，又长期享有"民主斗士"的光辉，在价值共识上比吴登盛政权更有优势。只要民盟为代表的反对党持续存在并发挥重要的政治影响力，吴登盛政权便无法完成合法性的质变。转型瓶颈期大致出现于 2014 年后，如图 5 - 1 所示。

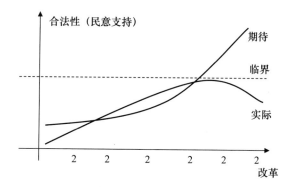

图 5 - 1　吴登盛政权合法性"瓶颈期"示意图

　　瓶颈期之前，吴登盛可以通过逐步和可控的改革，通过部分转移危机的方式来维持改革的实际值大于民众的期待值，使其合法性不断得到提升和巩固。但在瓶颈期到来后，既有政策和改革无法满足民众的改革需求，而本届政权的时间所剩不多。吴登盛需要重新考虑：如何通过大选来更新其程序合法性，获得一段新的执政周期，也就是巩

　　[①] 张维垿：《政权合法性理论及其论证方式——兼论威权政体的合法性问题》，《发展研究》2010 年第 2 期。

发党如何赢得 2015 年大选。2014—2015 年是大选的关键年,而此时反对党民盟已经在昂山素季的带领下具备强大的民意影响力,尤其是民盟以建设"联邦民主国家"为旗号,倡导民众支持修改 2008 年宪法,曾赢得 500 万民众的签字支持。① 在"瓶颈期"到来之际,挽救和延续自身执政合法性已经成为吴登盛政府首选,此时政府对民意的引导力已经被竞争性选举政治严重冲击,这就意味着吴登盛政府不得不再度妥协于国内民意。

变动期的缅甸转型,要求各政党首次要通过竞选来面对民意的真实考问,这导致不管是执政党还是反对党,其纲领和政策大量都会转向国内,即便对外政策也是服务于自身竞选的加分而动。合法性的程序需求成为压倒性的一切,因为一旦大选失利,其他合法性基础也便会遭到致命打击。然而恰恰在 2015 年 11 月的大选中,巩发党仅获得总议席的 7.5%,而反对党民盟获得近 80% 的多数席位。巩发党全面溃败,吴登盛政权在变动期内考虑的将不是如何延续自身的内外政策,而是如何将这些内外政策转交给新政权。

在此背景下,吴登盛政权对华政策首先是出现了反复。吴登盛政权一是仍希望通过平衡式的外交手段来获得美欧对其政权的支持,大选前多次与美国驻缅大使米德伟会晤并争取美方支持;二是意图继续从"转嫁矛盾"中获益,例如造势吴登盛"任内不再重启密松电站"的"誓言",促使"密松事件"将民意推向中缅关系的对立面成为"既定现实",放任社会舆论继续朝着"密松必须叫停"发展,以"让伊洛瓦底江流着伊洛瓦底江的水"为代表的环保标语和"尽你所能阻止密松电站"的民族情绪口号蔓延;② 三是强调某些具体议题短期难以解决的困难,谋求东盟等多边区域组织的支持,促成各方支持吴登盛政权胜选并获得"政策延续性",除了将"国家和平大会"等重要事情延迟到大选后,还迟迟不公布中资企业在皎漂项目上竞标的

---

① Jared Ferrie and Aung Hla Tun, "NLD Says 5 Million Sign Petition to Change Constitution", *The Irrawaddy*, July 22, 2014, http://www.irrawaddy.com/burma/nld-says-5-million-sign-petition-change-constitution.html.

② Chaw Chaw Sein, "Myanmar's Post-election Foreign Policy", *The Global New Light of Myanmar*, August 11, 2016.

结果，并一度将"中缅皎漂铁路"等项目中止。

此外，在反复而无力管控时，缅甸政府对华政策调整出现了停摆。一方面，吴登盛无力管控对华政策的回摆，出现数次不受欢迎的危机决策。例如"中国掠夺缅甸资源论"再度甚嚣尘上，以至于在"逮捕中国非法伐木工事件"前后，吴登盛采取了"先判终身监禁再释放"策略，但该决策实际上在民意和中国双边都不讨好；① 此外，缅军对民地武作战军机炮弹数次打入中国境内造成人员伤亡，但吴登盛似乎无力管控危机。虽然不乏吴登盛自己的善意和无奈，但调整或不调整对华政策，似乎已经无法挽回其政权从"瓶颈期"陷入危机期。尽管 2015 年吴登盛参加反法西斯暨抗日战争 70 周年纪念并发布中缅联合声明，并通过大赦释放了中国伐木工，但后续在缅北克钦帕敢镇发生的大型矿难再度将"中国在缅非法采掘资源破坏环境"推到了中缅关系的风口浪尖。吴登盛无力再回调中缅关系，后续中国一些重要的活动，如博鳌论坛等其都没有再参加。另一方面，吴登盛政权评估认为似乎"着力解决对华政策中的棘手问题无益于获得选票"②，一是吴登盛政权无意让中方介入民族问题的解决，而其所创建的联合谈判、NCA 框架以及后来的和平大会框架，已经尽显所能但仍然无法解决缅甸民族冲突的痼疾；③ 二是"密松难题"已经使得中缅关系被资源民族主义④和负面民族情绪所裹挟，但转型后的缅甸在经济上无法离开中国，尤其是边境贸易极度依赖中国，中国又是缅甸潜在的最

---

① 不少媒体认为，吴登盛的决策既不能有效贯彻民意，也让中国丢足了面子，还表明了缅甸"终承受不住中国压力"的实施，实际上两边不讨好。详见 "Chinese loggers's Release Not Victory of Diplomacy"，*Global Times*，July 31，2015；Ye Mon，"Government Trumpets Pledges from China"，*Myanmar Times*，August 3，2015。

② Khin Maung Soe，"Suu Kyi Slams Myanmar Government for Leaving Myitsone Dam 'Hanging'"，January 6，2014，Radio Free Asia，http：//www. rfa. org/english/news/myanmar/myitsone - 01062014173251. html.

③ Lahpai Seng Raw，"The Dilemma of Ceasefires Without Peace"，*The Irrawaddy*，October 20，2016，https：//www. irrawaddy. com/opinion/the-dilemma-of-ceasefires-without-peace. html.

④ 从密松水电站所关联的"水电"和"生态"来看，实际上应该被称为"能源民族主义"或"生态民族主义"，但此处引用"资源民族主义"的传统定义来做引申：反抗和争取自然资源（能源、生态环境）主权的政治行动，强化政府在资源（能源、生态环境）部门中的主导地位，提高国家在资源（能源、生态环境）利益分配中的份额。参见张建新《资源民族主义的全球化及其影响》，《社会科学》2014 年第 2 期。

大市场，吴登盛要在"顺应民意"取消密松项目与不得罪中国并保持中国对缅经济支持中做出两难选择，这越发助长了缅转型变动期对华政策的不稳定性；三是吴登盛既要依赖美欧在"国际道义"上支持缅甸转型，又无法完全依赖其获取发展红利，最后，随着大选全面失利，吴登盛既无意也无力继续调控民意与中缅关系存在的矛盾，其对华政策调整也陷入停滞，大量遗留的问题只能交给下届政府。

实际上，程序维度的国际合法性与国内合法性，无法在供需上相提并论，即便国际上压倒性地支持某个政权，其执政党在大选中失利也无法避免其合法性根基的丧失，更何况除非涉及外国政府的核心利益，否则大部分国家不会选择去干预大选的结果。从缅甸大选前后的情况来看，在转型变动期的缅甸，当国内程序合法性全面转向民盟之后，各主要外国政府均开始重新思考如何与民盟政府主导下的缅甸政府打交道，缅甸转型已经无可避免地进入到下一周期。

第二节　昂山素季时期缅甸对华政策的回摆

对外政策方面，昂山素季政权的上台被西方视为"民主的胜利"，潜台词"理应"是缅甸将会继续向西方倾斜，然而缅民盟政府不仅没有向西方倾斜，还将中国作为首个出访的大国，中缅关系在两年内得到迅速改善；相反，缅政府不接受欧美为首的"国际社会"对缅甸在"罗兴伽"问题上的掣肘和施压，坚持认为若开当地发生的暴力袭击是恐怖主义，在人权问题上走到了西方的对立面，对外战略的天平又向中国倾斜。回顾两个时期缅对外政策的调整，可发现其有一个先偏向西方，再向中国回摆的倾向性。该回摆继续偏向中国或西方是当前和未来缅甸作为转型国家政策选择的一道难题，但并非无规律可循。

民盟政府周期自2016年4月开启，虽然昂山素季在执政初期曾一度宣誓要"另起炉灶"，但事实证明其后续施政纲领对吴登盛政权有很强的延续性。昂山素季政权周期并非新的转型，而是缅甸转型的吴登盛周期结束并进入了新的周期。作为新周期的标志，是缅甸权力关系由军人或退役军人转为民选文官政府，尽管合法性来源仍然是

"民意"没有改变，但该期间最大的掣肘——延续自威权政权的程序合法性问题已经基本不存在了。2015 年 11 月大选民盟的压倒性胜利虽然在外界意料之外，却在缅甸民众长年反抗军人独裁历史的情理之中。当然，昂山素季政权并不是就不存在合法性问题了，其不仅仍然需要来自政策方面的合法性供给，也因为其自身的问题存在合法性供需方面的困境。华尔兹曾说，"理论是对规律的解释"，因而理论必须兼具解释性和预测性。[1] 为此，根据当前缅甸政局走向的规律，此处将民盟执政第一周年作为转型过渡期进行实证考察，而对当前和今后一段时间可能存在的"巩固期"和"变动期"进行规律性预测。

一　昂山素季价值需求的更新及对华政策的新发展

人们普遍认为，昂山素季政权的上台不具备合法性方面的问题，因为民盟在程序上得到了票选的胜利，也得到军人集团的认可、确保了权力的平稳转移，在价值上也是"众望所归"。但如果从本书设定的转型合法性三维指标和二元分野来看，民盟和昂山素季还是不乏一些劣势的，特别是在执政一周年内所表现出来的问题。表 5 - 4 反映了这方面的优势和问题：

表 5 - 4　　　　　　　民盟政权在合法性上的优势及劣势

	国内合法性	国际合法性
程序合法性	优势："可靠合法"，完全通过民选竞争上台，且得到军人集团的认可和平稳交权	优势：美欧、中国、东盟等各方均支持民盟及昂山素季的上台，支持缅转型
	问题：在 2008 年宪法限制昂山素季出任总统的同时，昂山素季仍通过设立"国务资政"成为最高领袖，并基本全面主导立法、行政与外交权力	问题：部分国际声音指责昂山素季在执政后"独断专权"[2]、并认为民盟主政的议会存在"万马齐喑"的迹象[3]

---

① ［美］肯尼思·华尔兹：《国际政治理论》，信强译，上海人民出版社 2008 年版，第 8—11 页。

② Tony Cartalucci, "Myanmar's New Dictator: Aung San Suu Kyi", November 21, 2015, http://journal-neo.org/2015/11/21/myanmars-new-dictator-aung-san-suu-kyi/.

③ Ei Ei Toe Lwin and Htoo Thant, "MP U Sein Win Quits Ruling NLD, Citing Lack of Freedom", *Myanmar Times*, July 24, 2017.

续表

	国内合法性	国际合法性
功能有效性	优势：根基扎实、起点干净，可充分调动民意来施政，"绩效增益"与"负面增益"可灵活使用	优势：执政不久便争取到美国取消所有的行政制裁，昂山素季在执政初期亦推动《外国投资法》修订完成，制定"十二条新经济政策"，意图吸引更多外资
	问题：缺乏治国理政的实际经验。尤其是在执政一年中体现出来的社会经济治理方面的弊病	问题：执政实效差，更多外资仍处于观望状态，民族、宗教等问题，高通胀率和履政低效率抑制了外资的进入
价值共识性	优势：民盟上台象征着缅甸精英和民众长年追求"民主缅甸"理想的胜利；同时昂山素季也是务实的民族主义政治家，其履政思路体现了对缅甸"民族复兴"的关怀	优势：一开始便继承了"民主斗士"光环的昂山素季及其政党民盟，富有制度主义方面的天然外交优势。而本着"与所有国家友好交往"的缅式外交①也得到了中国等国的支持
	问题：军政矛盾仍续，昂山素季与军人在如何解决民族和解、构建民族国家问题上存在分歧；同时民盟执政对若开问题的解决思路、缅军方和民众对若开问题的解决期许存在价值分歧	问题：昂山素季意向中的"民族民主联邦"与美欧所乐见的民主主义存在制度性偏差；缅国内执政者对若开问题的解决思路以及国际社会的人权关切存在根本的价值分歧

综上而见，民盟政府在转型过渡期所面临的挑战依然存在。当然，这些合法性之间也存在优先排序问题。首先，程序合法性的问题即便存在，但除非民盟能够在短期内修宪，否则无法得到根本性改变，而民盟执政初期只对修宪有口头上的宣介，并未在政策中有真实体现。其次，功能有效性的问题在民盟执政头一年并未有突破性进展，正如不少学者在总结民盟执政一周年的绩效时谈到的，民盟头年政绩总体上只能说是"及格"或者说"称职"，谈不上"加分"或者更多的"增益"。② 直观的一组数据是：人均 GDP 仅 1300 美元左右，全国多数人口缺电，失业率约 1/3，2016 年 4—8 月，缅吸引外资约 7 亿美元，仅为上年同期的约 1/4，6 月和 7 月，缅通胀率超过12%。2018 年 10 月，缅币兑换美元汇率已超过 1520：1，创近年来新高。

---

① Aung San Suu Kyi, "New Year Message of 2016", *The Global New Light of Myanmar*, April 18, 2016.

② 张云飞：《新闻分析：四维度观察缅甸民盟施政一周年》，2017 年 3 月 30 日，新华社（http：//news. xinhuanet. com/2017 - 03/30/c_ 1120723685. htm）。

那么，价值共识是否再度成为缅转型过渡期合法性供给的重要源泉呢？从制度共识的角度来看，昂山素季政权对于缅甸需要一个什么样的制度有了新的思考，不仅仅是简单的西方民主制度，也不仅仅是退役军人所创造的民选责任制躯壳，用总统廷觉的话来说，缅甸要建立的民主要包括"正义、平等、自由和透明度"；只有符合缅甸历史与现实、实践与价值的民主才是"好的民主"。① 昂山素季在执政后还进一步阐述了缅甸转型的制度内涵，即"联邦民主国家"②。所谓的联邦民主国家，就是要"建立一个允许所有民族共享权利，而并非仅仅是政治或者民族平等，还包括语言、文化、传统和习俗。为了实现民主的可持续发展，必须培养一个和平和包容的社会。此外，还要建立一个值得信赖和包容性的机制"。用廷觉的话来说，民主、和平与繁荣同等重要，缺一便"不是联邦民主国家"③。

在执政第一年，昂山素季政权能在绩效不佳的情况下仍然实现了国家建设、民族和解等方面的一系列建树，其在制度方面的价值性创见不容忽视。实际上，昂山素季政权提出的民主建制，恰好位于军方所理解的"有秩序的繁荣民主"和西方所期望的"缅甸之春"之间。军方认可民主价值的前提是"三大国家事业"，即联邦统一、民族团结和主权完整，④ 其前提势必是2008年宪法规定的军人自留25%议席和对国防部、内政部与边境事务部的内阁控制权；而相应地，西方所理解的并被其赞许为"缅甸之春"的民主转型，强调的是"公民政治权利保障、平等保护人权与言论结社自由"。⑤ 如果说前者偏于保守化，那么后者又过于规范化，缅甸转型必然是对保守和规范之间

---

① U. Tint Kyaw, "Message Extended by President of the Republic of the Union of Myanmar, to the 7th International Day of Democracy", *The Global New Light of Myanmar*, September 15, 2017.

② Aung San Suu Kyi, "Speech & Press Conference on First Day of Union Peace Conference – 21st Century Panglong (Second Session)", *The Global New Light of Myanmar*, May 25, 2017.

③ U. Tint Kyaw, "Message Extended by President of the Republic of the Union of Myanmar, to the 7th International Day of Democracy", *The Global New Light of Myanmar*, September 15, 2017.

④ Mae Sot, "The White Shirts: How USAD Will Become the New Face of Burma's Dictatorship", *Network for Democracy and Development*, May 2006.

⑤ "A Burmese Spring, Special Report of Myanmar", *The Economist*, May 25, 2013.

的调和，这样才能找到"共识性"的最小公倍数。

昂山素季政权所提倡的民主建制，既强调民族团结的凝聚性，又强调民主自由的开放性，这可以从其政策中的两方面来体现。一是倡导全面包容的"21世纪彬龙—联邦和平大会"机制，这是一个兼具民族国家构建与发扬平等对话精神的平台，也是一个"继往开来"的平台，因为它既延续了吴登盛政权时期的"联邦和平工作委员会（UPWC）—联邦和平对话联合委员会（UPDJC）—联邦和平大会（UPC）"机制，[①] 又整合了来自欧洲和平援助的框架机制缅甸和平中心（MPC）与政府负责和平事宜的机构改组为民族和解与和平中心（NRPC）。虽然过于强调参与代表性的民主机制降低了和平问题解决的效率，但却在价值上为昂山素季赢得了来自军方和西方的共识。二是倡导"经济发展助力民族和解"的"十二项新经济政策"。昂山素季强调，转型之下的自由市场经济和外资外援，应当转化为各个地区发展的动力，而"经济发展是民族和解的重要助力，民族和解是经济政策取得成功的基础"[②]。昂山素季在第71届联合国大会讲话中进一步将发展与和平的互动关系形容为"可持续的解决方法"，赢得了国际国内的共同赞许与认同。[③]

昂山素季上台伊始，西方国家留足了空间让军人政权将权力"稳当转交"，以确保缅甸转型能够继续向西方臆想中的方向前进，确保一个能够"代言西方民主"新缅甸的诞生万无一失。然而昂山素季并不仅仅是西方的一个"民主符号"，她早期就已经表达过："坚持民主根本原则是基础，但民主必须根植于缅甸国土，不同于美国或者英国的民主。"[④] 在价值共识上，缅甸的国内供需和国际供需发生了

① "State Counsellor Visits Myanmar Peace Centre", *The Global New Light of Myanmar*, August 9, 2016; "Govt Invites Non-signatories of NCA to Join Political Dialogue Framework Meeting", *The Global New Light of Myanmar*, June 4, 2016.

② "Government Launches Economic Policy", *The Global New Light of Myanmar*, July 30, 2016.

③ Aung San Suu Kyi, "Speech for the 71st UN Assembly", Myanmar News Agency, September 23, 2016.

④ Bertil Lintner, *Aung San Suu Kyi & Burma's Struggle for Democracy*, Chiang Mai: Silkworm Books, 2011, p. 80.

偏差，昂山素季所追求的价值需求是基于民族国家构建的民主建制，而西方所宣扬的人权观、平等观，以及要求昂山素季优先修宪"去军人化"的"法治观"，并未能提供昂山素季所需要的政治空间。

在此环境下，昂山素季政权选择的是"多元主义"和"独立自主"的外交传统，只不过这次给予政策倾斜的不再是西方，而是中国。首先，在世界眼光坐观缅甸新政权继续向西方靠拢之时，昂山素季在 2016 年 4 月 17 日的缅历新年讲话中强调"我们的外交政策是全球视野的"，并在 4 月 22 日的外交部长就职仪式上强调"外交意味着'求同存异、和而不同'"。[①] 其次，昂山素季在 2016 年 8 月 17—21 日率团对华进行正式访问，这是其成为国务资政之后首次访问的东盟以外的国家，也是其就任后访问的第一个大国，凸显其对缅中关系的重视。昂山素季在见习近平主席时表示，感谢中国对缅甸的经济与社会发展支持，并表示对中缅深远的"胞波友谊"表示赞赏。[②]

昂山素季看似"一反常态"地重新调节对华政策，促使中缅关系迎来新一轮发展，这并非没有内在逻辑可言，这在其与中方接触中所涉及的历史共识、民族问题与若开问题中得以充分体现。首先，不管是重申中缅历史上紧密相连还是强调"邻居不可选"，抑或是强调"独立自主"与"和而不同"，都是对吴登盛政权时期唱衰中缅关系杂音的有力回应。"相互尊重"与"平等互利"是中缅历史上共同倡导"和平共处五项原则"中的重要价值共识。这既是对缅甸民意的有利引导，也促使对华政策中的价值共识与缅甸国内价值供需接洽，这体现了昂山素季作为民族主义政治家务实的一面。

其次，昂山素季接受和承认中国在解决缅甸民族问题中的重要作用。在吴登盛时期，缅方片面将"民地武"问题归咎于中方，又不愿意接受中方建设性介入。在民盟时期，缅方摈弃了强烈的"民族主义"情绪。昂山素季在 2017 年 5 月 16 日参加中国主办的"一带一路高峰论坛"并与习近平主席和李克强总理会面，双方共同见证

---

① Aung San Suu Kyi, "Myanmar to be Made Strong by Using the Strength of the People to Push Foreign Policy", *The Global New Light of Myanmar*, April 23, 2016.

② "State Counsellor Daw Aung San Suu Kyi Meets Chinese President", *The Global New Light of Myanmar*, August 20, 2016.

了关于"建设中缅边境经济合作区的谅解备忘录",中方表示"愿意继续为缅甸国内和平进程提供必要的支持"。[①] 中方这一姿态,为昂山素季提出的"经济发展助力民族和解"提供了强力的价值支持。2017 年 5 月,在政府与民地武就是否参加 21 世纪彬龙大会第二次会议胶着之际,中国政府当机立断,力促 7 支缅北武装赴缅参会,兑现了支持缅民族和解的许诺。[②]

再次,昂山素季在若开"罗兴伽"问题上急需获得中国的支持。自 2012 年 5 月"罗兴伽"穆斯林与佛教徒发生大规模暴力冲突后,缅甸人权状况受到以美欧为首的国际社会的关注。[③] 昂山素季上台后,更是爆发了数起针对若开北部的极端主义袭击。[④] 在此过程中,国际社会对缅甸的指责和施压日趋严重。[⑤] 而在此问题上,中国坚定地站在缅甸政府的立场上。昂山素季政权在转型过渡期内绩效不佳、

---

① "State Counsellor meets with Chinese president and premier", *The Global New Light of Myanmar*, May 17, 2017.

② "Northern Armed Groups: first step to end war taken", *The Global New Light of Myanmar*, May 27, 2017.

③ 虽然"罗兴伽"人曾经在缅甸历史上获得过合法身份,但自军政府上台至今,缅甸官方和主流民意仍然不承认该族群的存在,客观上造成该族群流散于孟缅边境,人数在 80 万—110 万之间不等。参考自 Nehginpao Kipgen, "The Rohingya Conundrum", *Myanmar Times*, September 24, 2012; Nehginpao Kipgen, *Myanmar, A Political History*, Oxford University Press, 2016, p. 132。

④ 自 2016 年 10 月 9 日极端主义团体"若开罗兴伽救济军(ASRA)"袭击缅甸若开北部哨站造成 9 人死亡,数十人受伤后,据缅甸官方统计,至 2017 年 8 月 16 日共爆发了 466 次有关袭击案件,成百上千人死亡。2017 年 8 月 25 日,若开北部再度爆发大规模冲突,据政府 9 月 4 日统计,共有 38 人被杀,6842 所房屋被毁,近 3 万人流离失所。参考自 "Press release regarding the attacks on the Border guard police posts in Maungtaw township – 14th October 2016", *The Global New Light of Myanmar*, October 15, 2016; "Home Ministry pledges to bring terrorists to court", *The Global New Light of Myanmar*, August 31, 2017; "Humanitarian aid provided to displaced people without segregation", *The Global New Light of Myanmar*, September 6, 2017。

⑤ 例如继联合国难民事务高级专员报告称缅甸"践踏人权、屠杀罗兴伽人"后,该组织又称有 42.9 万"罗兴伽"人逃离缅甸;与此同时,美欧一反此前坚定支持昂山素季的态度,在数次国际场合公开指责昂山素季和民盟无力制止缅军在清剿行动中"践踏罗兴伽人人权"的行为。一直以来支持缅甸转型的东盟成员国也站到了对立面,时任马来西亚总理纳吉布甚至在吉隆坡公开指责缅甸存在"宗教迫害"。参见 "Some return to Rakhine Homes, China backs Myanmar", *The Global New Light of Myanmar*, December 13, 2017; "Muslims in Myanmar decry Malaysian rally", *The Global New Light of Myanmar*, December 6, 2016。

备受国际社会关于"罗兴伽"问题的压力之下，通过对华政策的良性互动达成的包括在制度支持、民族问题、宗教问题上的多重价值共识，尤其是使原本埋怨昂山素季治国理政不佳的大量民众，通过各类方式声援昂山素季，不仅对若开问题，还对其在转型其他难题上的努力也表示理解和支持。① 整个过程中，中国为昂山素季政权合法性提供了有效的价值供给，中缅关系也得到了新的发展。

二　昂山素季时期民族政策对华依赖

吴登盛政权在民地武问题上，最初是希望避除中方影响因素来探讨解决方案的，尽管此举并不能否认中国在缅甸和平进程中依然重要的作用所在。自 2009 年"果敢事件"之后，缅北地区沉寂了 10 年的宁静被再度打破，不顾最终可能会导致大量难民移到缅北中缅边境，给中国带来巨大压力的事实，2011 年 6 月 9 日，缅国防军与一直拒绝接受改编的克钦独立军（KIA）在距离中缅边境只有数公里的八莫和摩冒地区发生剧烈冲突。②

吴登盛执政时期，中缅关系一度受到缅北局势的影响，而该地区的紧张局势很大程度上是因为缅军方"以打促谈"的方略造成的。虽然吴登盛政权与部分少数民族签署了全国停火协议（NCA），但真正的停火并没有来临，而是将矛盾转交给了民盟政府。吴登盛政权时期，缅甸在民族问题上同中国的关系并没有得到建设性进展，这与整个吴登盛时期对华政策的波动，以及其中涉及的安全认知都有一定关系。与此相对，昂山素季政权便比较重视民族和解问题上中国的地位。昂山素季在上台前代表民盟领袖访华，以及上任后首访中国，均强调中国在缅和平进程中有重要作用，与此同时，缅欢迎中国亚洲事务特使孙国祥多次访缅交流有关民族和解方面的事务，中方表示支持昂山素季主导的 21 世纪彬龙会议机制。③ 昂山素季接受和承认中国

① "Rally Shows Solidarity with State Counsellor", *The Global New Light of Myanmar*, September 25, 2017.

② 李晨阳：《缅甸民族问题长期存在的原因探析》，载李晨阳等主编《缅甸国情报告（2011—2012）》，社会科学文献出版社 2013 年版，第 87—88 页。

③ "State Counsellor Daw Aung San Suu Kyi Meets Chinese President", *The Global New Light of Myanmar*, August 20, 2016.

在解决缅甸民族问题中的重要作用，这与吴登盛政权时期部分将民地武责任归于中方，却又不愿意接受中方参与和平进程的心态有所不同。昂山素季在 2017 年 5 月 16 日参加中国主办的"一带一路高峰论坛"并与习近平主席和李克强总理会面，中方表示"愿意继续为缅甸国内和平进程提供必要的支持"。[1] 2017 年 5 月，中方在缅甸第二次 21 世纪彬龙大会胶着之际，通过外交手段敦促七支缅北民地武参会，兑现了中国支持缅民族和解的许诺。[2]

三　昂山素季的中立主义：若开危机与压力的缓解

（一）对外政策中的若开危机

若开危机从昂山素季上台之后就不断国际化，并成为缅对外政策中的一大障碍所在。在转型过渡期内，昂山素季最大的优势依然是外交优势，但该优势不久便被若开问题侵蚀，昂山素季及其民盟政府因"罗兴伽"问题卷入的国家暴恐问题和国际公共关系危机，使其原本优先于经济发展和民族和解的精力被大大分散。若开危机不仅让缅甸的安全环境更加恶劣，其发展环境也不容乐观。

因为"罗兴伽"人的跨国界状态，若开问题本身就是一个国际问题，在吴登盛政权转型周期内，除爆发了 2012 年大规模佛教徒与穆斯林冲突的群体性事件，还因为"船民"危机使罗兴伽问题备受美欧国家和东盟国家的关注。昂山素季政权上台后，迅速牵头成立了若开和平、稳定与发展中央执行委员会，并带头解决若开发展问题。但真正将若开问题推向国际风口浪尖和舆论危机的，肇始于 2016 年 8 月缅政府邀请前联合国秘书长科菲·安南担任若开邦咨询委员会（又名若开邦事务顾问委员会）以来。2016 年 8 月 24 日国务资政部宣布，为了有效地处理若开邦事务和寻找解决若开邦问题的良好方法，政府成立了若开邦事务顾问委员会，由前任联合国秘书长科菲·安南担任主席。在委员会的 9 名成员中，6 名成员是来自缅甸机构和

---

[1]　"State Counsellor Meets with Chinese President and Premier", *The Global New Light of Myanmar*, May 17, 2017.

[2]　"Northern Armed Groups: First Step to End War Taken", *The Global New Light of Myanmar*, May 27, 2017.

社团的缅甸籍人物，3 名成员为外国专家学者。国务资政府部和科菲·安南基金会就成立委员会事宜签署谅解备忘录。自此，因外国介入罗兴伽问题，昂山素季面临着数轮困难期。

一是当地民众强烈反对包括安南在内的外国人干预若开事务，但随后国际社会对若开人权状况的关注日益增多。缅甸最大少数民族党派若开民族党（ANP）主席埃貌率先发表声明称，质疑昂山素季成立若开咨询委员会的举动是"故意将内政问题变成国际问题"①。2016 年 9 月，若开邦议会收到一份关于"反对成立安南特使领衔的若开咨询委员会"的提案，该提案称：该提案没有获得包括若开人在内的少数民族、缅甸公民的同意，因此不会承认委员会，也不会同意委员会做的一切。同期，ANP 领导 1000 多名当地民众在若开邦实兑市举行示威活动，高举写有"不要科菲领导的委员会"和"不要外国人插手我们若开邦事务"的标语牌，反对科菲·安南领导的若开邦事务顾问委员会。对此，昂山素季通过国务资政部发表多次声明，解释成立该委员会意图与包括伊斯兰合作组织（OIC）等多个组织合作，促使原本就涉及国际问题的若开问题能够得到更加公正、客观和合理的解决。

二是在 2016 年 10·9 事件后，国际恐怖主义势力宣告"入驻"若开，加剧了当地安全形势，也加深了西方国家社会与缅甸的相互误解。2016 年 10 月 9 日，缅甸发生了边境警察哨站被极端分子袭击的案件，至少 9 名警察死亡，此事随后被缅官方定义为"恐怖袭击"。随后，类似的事件在 11 月初再次发生，缅甸若开北部进入紧急状态，实施军事管制，缅军警开启针对若开邦暴恐分子的清剿行动。2017 年 2 月 3 日，联合国人权高级专员办公室发布了一份新的关于缅甸罗兴伽人人权状况的报告。该报告指出，缅甸若开邦北部、孟都（Maungdaw）以北地区的大量"罗兴伽"人遭到缅甸安全部队的屠杀、暴力强奸等严重侵犯人权行为的侵害；这些罪行之普遍，很有可能达到了危害人类罪的程度。② 联合国此举彻底将缅甸若开问题给予

---

① "ANP Slams Annan Commission", *Eleven Myanmar*, August 25, 2016.

② "Report of OHCHR Mission to Bangladesh Interviews with Rohingyas Fleeing from Myanmar since 9 October 2016", United Nations Human Rights Offiice of the High Commissioner, February 3, 2017.

了"人权践踏"的定性，缅甸回应该报告称，对此高度谨慎和敏感和"严正关切"，并派遣副总统吴敏绥领衔的调查委员会进行深度调查。此外，包括多名诺贝尔和平奖得主在内的国际社会活动家联名指出缅甸领导人昂山素季涉嫌"种族清洗和违反人权罪"，包括英国《卫报》在内的多个国际媒体则有专栏文章要求"摘掉昂山素季诺贝尔和平奖的桂冠"①。若开局势似乎在"说不清究竟是恐怖袭击还是人权事件"中被严重复杂化，整个国际社会对缅甸政治转型的理解，也逐步跑偏。

三是原本支持缅甸的东盟国家，出现了反对昂山素季"侵犯若开人权"的声音。2016 年 9 月，昂山素季在东盟议会联盟大会上讲话表示"若开邦局势复杂，受东盟内外关注。自从新政府建立后，就致力于迎接这些挑战"，她表示，政府正在努力构建信任、相互理解，排除偏见、偏狭与极端主义。② 但 10 · 9 事件后，东盟国家对缅军警清剿暴恐分子的过程也表示怀疑，认可西方国际社会解读的"大缅族伺机倾轧罗兴伽少数族群权利"的人道主义危机。2016 年 11 月昂山素季访问新加坡期间，有媒体报道"对昂山素季在新加坡嘲笑罗兴伽种族灭绝行为提出指控"③，随即被认定是假新闻，但此事让缅甸和东盟国家意识到，"罗兴伽"问题已经成为缅甸—东盟关系中不可逾越的大障碍。2016 年 12 月 4 日，马来西亚总理纳吉布在吉隆坡集会中公开指责缅甸存在"宗教迫害"，呼吁东盟国家"为穆斯林群体的权利而奋斗"。缅甸外交部、国家媒体纷纷对马总理的发言进行批判，认为马来西亚这次集会是对东盟成员国奉行长期不干涉彼此内政原则和传统的公然污蔑。12 月 6 日，印尼外长马苏迪女士访问内比都并会见昂山素季，双方就若开"罗兴伽"问题进行了交流。昂山素季表示："如果国际社会帮助我们维护和平和稳定，帮助两个族群之间建立更好关系，而不是总追根溯源意图挑起更大冲突，

---

① George Monbiot, "Take Away Aung San Suu Kyi's Nobel Peace Prize. She No longer Deserves it", *The Guardian*, September 5, 2017.

② "National Reconciliation, Harmony Stressed: State Counsellor", *The Global New Light of Myanmar*, October 2, 2016.

③ "Aung San Suu Kyi laughs out at Rohingya Genocide Allegations While in Singapore", 原来自 http://theindependent. sg，该条新闻因涉嫌造谣目前已被删除。

我会非常感谢。"① 针对有关问题引发的东盟成员国间争端，东盟轮值主席国老挝在 12 月 19 日紧急召集了外长非正式会议。昂山素季就若开邦事件重申，缅甸联邦政府已下定决心要妥善解决在若开邦存在的一切问题，但"需要更充足的时间"。会议上，东盟成员国就若开邦问题坦率交流了意见，最终决定将继续积极支持缅甸政府应对挑战的一切努力，此事危机才得到管控。②

总的说来，昂山素季执政初期，或者说其主导下的缅甸转型过渡期，笼罩在"罗兴伽"问题和若开危机的阴霾下。昂山素季和整个缅甸走到了以美欧为代表的国际社会的对立面，甚至无法在东盟的立场之下立足，这使得偏重于独立自主和中立主义传统的缅甸，不得不转向对在若开问题上支持其努力的中、印、俄等国。

（二）寻求中、印、俄支持缓解若开危机

在昂山素季执政一年半后，民盟进入政治转型巩固期之际，缅甸再度爆发了大规模恐怖袭击。若开北部孟都地区 30 多个警哨处 8 月 25 日凌晨 1 点发生极端恐怖主义袭击事件，造成 12 名警察死亡。本次恐怖袭击是若开邦持续紧张状态的升级，是 2016 年 10 月份恐怖主义的延续，截至 8 月 31 日已经造成 109 人死亡。由于该袭击发生在 8 月 24 日联合国秘书长、缅甸若开咨询委员会安南发布报告的第二天凌晨，有缅甸官员认为这是蓄意挑衅行为。科菲·安南 8 月 25 日当天谴责此暴力行径并表示"没有任何理由能够掩饰这项鲁莽和愚蠢的屠杀"③。

即便欧美国家为首的国际社会对缅甸发生的"一系列的袭击"进行了谴责，但其在表述上基本上只用"冲突"（confict）一词，呼吁"各方抑制冲突、保持克制"，因为在西方国家眼里，本次事件并不是什么恐怖袭击，而只是另外一场因为宗教分歧引发的群体性冲突。不久之后，英国牛津市剥夺昂山素季"荣誉市民"称号并移除

---

① "Muslims in Myanmar Decry Malaysian Rally", *The Global New Light of Myanmar*, December 6, 2016.

② 《由缅甸外交部主办的东盟外长非正式会议在仰光召开》，缅甸《金凤凰》（中文版）2016 年 12 月 19 日。

③ "Extremist Terrorists Attack on Police Outposts in N-Rakhine", *The Global New Light of Myanmar*, August 26, 2017.

昂母校牛津大学中昂山素季的画像，充分表明西方国家对缅甸事务的不理性、不理解和不原谅，这让本就深陷困境的缅昂山素季政权越发受冲击。①

　　而对此，中国态度坚定、表态明确，支持缅甸打击恐怖主义守卫国家安全的做法。"8·25 若开事件"发生后，中国驻缅大使洪亮公开表示中国支持"缅甸安全部队打击极端恐怖主义的行为"②，随后在 9 月 20 日联合国大会上，中国外长王毅表示"中国支持缅甸维护稳定的努力"③。缅甸政府对中国在若开问题上的支持表示赞赏，并欢迎由来自人民日报、CRI、凤凰卫视为代表的中国记者团体到缅甸若开地区采访，以澄清"罗兴伽"问题的真实情况。④

　　与此同时，印度政府也表达了对昂山素季政权的支持。印度大使在 9 月中旬发表声明称，印度是缅甸的近友，也是首个在发生恐怖袭击后进行谴责的国家。印方坚定站在缅政府一方并且也将继续如此。印度对孟都事件有三点看法：一是安全，印方全面理解缅甸有权捍卫其安全的立场；二是人道主义援助，印度将继续援助缅甸政府；三是长期发展，印度将按照双边签署的谅解备忘录继续双边的合作。⑤

　　在中印力挺缅甸政府的同时，俄罗斯也做出了积极的表态。2017年 9 月 10 日，俄罗斯警察在圣彼得堡抓捕了数十名支持"罗兴伽"人的示威抗议者。实际上，对日益复杂的"罗兴伽"问题，中俄两国作为联合国安理会常任理事国，早在 2017 年 3 月中旬英美意图"对缅甸局势表示严正关切"的决议中进行了否决，此举受到缅方高度赞扬。据俄罗斯常驻联合国执行代表彼得·伊利乔夫解释说，"我们没有达成一致的原因是，俄罗斯和中国都认为，研究人权的应当是

---

①　Richard Adams, "Oxford College Removes Painting of Aung San Suu Kyi from Display", *The Guardian*, September 29, 2017.

②　"Rakhine Issue is an Internal Affair: Chinese Ambassador", *The Global New Light of Myanmar*, September 14, 2017.

③　"China to UN: We Support Myanmar's Efforts for Stability", *The Global New Light of Myanmar*, September 21, 2017.

④　"Chinese Media Arrives in Sittway", *The Global New Light of Myanmar*, September 22, 2017.

⑤　"Union Minister Dr. Win Myat Aye Separately Receives Ambassadors from Japan and India", *The Global New Light of Myanmar*, September 16, 2017.

有关机构，而非安理会"。为了表达对中、印、俄三个国家的感谢，仰光市中心在 10 月 14 日爆发的支持国务资政昂山素季的游行示威中，挂上了三个国家领导人的头像。

在海外缅人缅侨和中、印、俄等国的支援下，缅甸若开危机也逐渐得到一些西方国际社会的理解和同情。2017 年 9 月中旬，在英国外交部大楼门口，众多海外缅甸人举着标语和昂山素季的画像声援昂山素季，反对英国外交大臣波利斯·约翰逊所发表的"呼吁缅甸国务资政谴责对若开穆斯林进行袭击的行为"①。美国参议院多数党领袖麦凯恩则在会见昂山素季后公开发言表态："请勿再攻击缅甸国务资政，她当前的处境'极其为难'。"②

① "Myanmar Community in UK Holds Peaceful Demonstration Outside Foreign Office", *The Global New Light of Myanmar*, Spetember 16, 2017.

② "US Senator: Do Notattack the State Counsellor", *The Global New Light of Myanmar*, September 15, 2017.

第 六 章

缅甸政治转型的系统机制分析

为了将前文所述转型系统的三种机制操作化，本书根据缅甸政治转型各主要因素作用机制的不同，具体找寻可供操作的控制变量。政治转型的主体虽然是主权国家，但主权国家并不会天然地产生对内对外政策，所有的政策都是由执政主体——国家政权来产生的，而能够左右执政主体地位和施政效果的重要变量之一便是"合法性"。当然，合法性并不是执政主体进行施政的唯一变量，例如缅甸国家建设中的经济需求、安全认知、民族性和意识形态性，外部干涉等都会发挥重要影响力。但如果将合法性作为执政集团的"需求"来看的话，实际上不管经济、安全、民族、意识形态甚至对外互动，都是围绕着"合法性"展开的，这可以见诸后文提出的"三维指标"问题。

第一节　影响机制的操作化：合法性的
"三维指标"与"二元分野"

一　作为政治转型的控制变量——合法性的基本概念

合法性（Legitimacy）泛指人们对于政权或权威统治地位的认同和服从（程度）。合法性是一整套理论，存在一定争议。现代意义上的合法性理论，一般认为滥觞于马克斯·韦伯的论述："一如历史上在国家之前出现的政治团体，国家是以一种正当的（legatine）武力为手段而存在的支配性关系。国家的存在，在于被支配者必须顺从支配者声称的权威。"① 李普塞特则认为："合法性是政治系统使人们产生和坚持现存政治制度是社会的最适宜制度之信仰的能力。"② 哈贝马斯则指出，"合法性意味着某种政治秩序被认可的价值"③。此外，马克思主义者倾向于从"对人类需求的优先考虑必然成为判断公共政策是否合法的最终基础"出发，来寻找经济基础的决定作用，并以此对资产阶级统治合法性进行批判。④

有学者认为合法性需要区分法学意义、政治哲学意义和社会学意义，法学意义探讨的是"是否合乎法理"、政治哲学意义探讨的是"权力使受众接受的方式方法"、社会意义探讨的则是"某个特定时期人们接受权力支配的经验事实"。⑤ 有中国学者提出，该词译成中文应该翻译成"正当性"，而不是"合乎某种法律"。⑥

转型合法性是指社会成员对（体制）转型的认可程度。是否具有合法性往往决定了政权能否有效制定和落实政策，转型能否取得足够的上下支持，从而成为转型能否不断向前推进的关键因素之一。一般来说，能否促进社会的全面发展，并使更广泛的社会成员从中获益是决定转型合法性与否的最重要因素。⑦ 以此为基础，当体制转型无法促进社会发展并阻碍了社会成员从中获益甚至受害时，就会陷入转型合法性危机。从 1962 年奈温执政以来，军人政府就一直面临着转型合法性危机，遇到学生、市民和僧侣的抵制，甚至集团内部的分裂和内讧。1988 年以来，政变上台的军人统治者未向 1990 年大选中获

---

① ［德］马克斯·韦伯：《学术与政治》，钱永祥等译，广西师范大学出版社 2004 年版，第 198 页。

② Seymour Martin Lipset, *Political Man*, New York：Anchor Books, 1963, p. 80.［美］西摩·马丁·李普塞特：《政治人：政治的社会基础》，张绍宗译，上海人民出版社 1997 年版，第 55 页。

③ ［德］尤尔根·哈贝马斯：《交往与社会进化》，张博树译，重庆出版社 1989 年版，第 184—190 页。

④ 《马克思恩格斯选集》第 1 卷，人民出版社 1995 年版，第 307 页。观点转引自俞可平《全球化时代的"社会主义"》，中央编译出版社 1998 年版，第 84 页。

⑤ David Beetham, *The Legitimation of Power*, Atlantic Highlands：Humanities Press International, 1991, pp. 3 – 14.

⑥ 刘杨：《正当性与合法性概念辨析》，《法制与社会发展》2008 年第 3 期。

⑦ 孙景宇、单既琛：《利益集团与制度变迁的"陷阱"——兼论转型的合法性危机》，《财经研究》2009 年第 10 期。

胜的政党交权，遭到西方国家的制裁和国内民众的诟病。2007 年袈裟革命、2008 年纳尔吉斯风灾中军政府的无能表现，都严重打击了统治集团的执政信心。这一合法性危机直到 2011 年民主大选才得到解除。

二　合法性来源的三维指标

一个政权的上台总伴随合法性的问题，合法性的巩固或者衰落伴随着整个政权的存续直至其灭亡或更迭，因为其为政党统治提供了最基本的理论支撑，正如卢梭指出的："即使是最强者也决不会强得足以永远做主人，除非他把自己的强力转化为权利，把服从转化为义务。"① 亨廷顿在其政治转型理论中提到合法性的重要性所在。②

合法性的核心概念在不同学者的界定中有不同区分，如韦伯和马克思概念中"统治"与"服从"是核心概念；哈贝马斯和李普塞特概念中存在共同价值、共同信仰的问题；后来还有学者就"合法性"的操作问题进行了结构化，例如戴维·伊斯顿归结于"意识形态、结构和个人品质"③ 来讨论，大卫·比特汉姆和克利斯托夫·洛德则将其分为"法律性（legality）、目的的正当性（normal justifiability）以及受承认的程度（legitimation）"④，夸克认为可分为"被统治者的首肯、社会价值观念的认同和法律及其作用"，⑤ 中国学者周丕启认为可以界定为"意识形态、有效性和制度"⑥。

合法性在不同的社会环境下有不同的侧重，但从现代转型国家的

① ［法］卢梭：《社会契约论》，何兆武译，商务印书馆 2003 年版，第 9 页。
② ［美］塞缪尔·P. 亨廷顿：《第三波：20 世纪后期的民主化浪潮》，欧阳景根译，中国人民大学出版社 2012 年版，第 43 页。
③ ［美］戴维·伊斯顿：《政治生活的系统分析》，王浦劬译，华夏出版社 1999 年版，第 348—374 页。
④ David Beetham and ChristopherLord, *Legitimacy and the European Union*, London：Addison-Wesley Longman Limited, 1998, p. 3.
⑤ ［法］让·马克·夸克：《合法性与政治》，佟心平、王远飞译，中央编译出版社 2002 年版，第 2 页。
⑥ 周丕启：《合法性与大战略：北约体系内美国的霸权护持》，北京大学出版社 2005 年版，第 67—73 页。该书虽然论述的是"国际组织"内部的合法性问题，但也有国内合法性和国际合法性交叉的地方。

背景出发，合法性来源是最直接的合法性体现。作为反映选民心态的"民意"，是责任制政府主要的合法性来源，而"民意的改变"往往能够反映执政者合法性来源的改变，进而探究其政治行为取向。马克斯·韦伯提出三种合法性来源，即传统习俗、克里斯马（个人魅力）和法理程序；亨廷顿又提出两种，即负面合法性和绩效合法性。① 不管合法性来源如何改变，都必须满足合法性在三个维度上的核心概念，才能有效避免合法性危机。在任何一个层面面临危机，都有可能经由民意而导致"合法性危机"。

一是程序合法性，即某个政权如何在制式上"名正言顺"地合乎民意。程序合法可以通过实证性观察来大致界定，例如接受专业性选举审查（如国际监督）、民意调查、舆论监督等，参照标准则为该国历史上（可能存在）的责任制政权体例，或者其他某个受国际社会公认的责任制政权体例。根据"群体认可"与"制度规范"两个维度的界定标准，在转型国家的案例中，程序合法的取值可以界定为：不合法、非可靠合法、可靠合法和完全合法（见图6－1）。

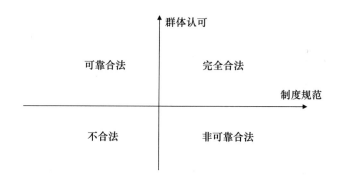

图6-1 程序合法性的取值范围

"完全合法"或"不合法"可以直观地表现在政权更迭的进程

① 又可翻译为消极合法性（negative legitimacy），本意是指"新的体制因民主体制的失败，并因它明显不同于民主体制而从中受益"，本书在后文中引申其定义并扩大内涵为"新的体制因旧体制的失败，通过弥补其负面效益从中受益"。参见［美］塞缪尔·P. 亨廷顿《第三波：20世纪后期的民主化浪潮》，欧阳景根译，中国人民大学出版社2012年版，第46页。

中，合乎宪法且受到国内外广泛认可基本归于"完全合法"的范畴，反之亦然。"可靠合法"指尽管执政者在上台过程中采取了一些僭越法律的措施，但由于政党领袖的个人魅力或者竞争对手的更恶劣行为，其合法性仍得到认可。"非可靠合法"指尽管某个政权是经由竞争性选举进程上台或经由某些方式论证其执政合乎法理，但其上台仍受到广泛质疑，比如被怀疑存在舞弊、权钱交易、权威施压等。不同取值范围的程序合法，其所得到的民意支持程度也不尽相同，如图6-2所示：

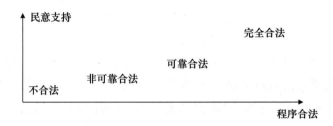

图6-2　程序合法与民意支持

程序合法性具有一定的"制度刚性"，也就是转型国家政权可以通过责任制政府有效施政、顺利更迭来固化，形成"程序正义"，即便新政权倒台，也有通过程序性票选、合法性主体更迭的制度缓冲，避免转型因为旧势力的反攻而付诸东流。该过程类似于亨廷顿所强调的"民主的巩固"，其形式往往包括：转型后经济得到发展、执政精英的妥协和暴力的减少、第二次大选的顺利进行、外部环境的积极支持等。① 1988年后，缅甸军人凭借暴力和威权执政，当然性地丧失了程序合法性，其必须通过举行新的国民大会、制定新的宪法、组织有效选举来挽回程序合法性。根据亨廷顿的理论，首次民主化转型后上台的政权，很少能达到"完全合法"，其必须理顺与保守派、反对派和革命派之间的关系，并进行民主制度巩固后，才能建立此种理想状态。②

① ［美］塞缪尔·P.亨廷顿：《第三波：20世纪后期的民主化浪潮》，欧阳景根译，中国人民大学出版社2012年版，第202—204页。

② 同上书，第116—119页。

转型后的新政权更多是介于"可靠合法"与"非可靠合法"之间。2011—2015 年间的缅甸就处于该阶段,直到 2015 年第二次民主大选和政党轮替,政府完全的合法性才建立起来,缅甸真正进入了民主巩固期。

二是功能有效性,即政权通过提供国家和民众所需要的安全稳定、经济发展、社会秩序、国际地位来奠定的合法性,也称为绩效合法性。填补前政权的负面效应、增加新政权的财富积累、促进国民经济发展、减少贫困并改善民生,为社会提供发展所需要的基本秩序,在区域和国际交往中提高国家的地位等,都属于功能有效性的范畴。以管理的有效性来佐证其正当合理的国家,基于功能性原则,使所有的措施、法令、命令都极其符合实际政策,这种合法性并非来源于规范化的公共意志,也难以使其他公共职能、事务和专业领域来隶属于这些规范。① 功能有效性原则在缺乏法制规范传统,习惯于权威规范而非理性规范的后起发展中国家,尤其是转型初期的国家中显得更为重要。衡量功能有效性的指标很丰富,包括国家在某个政权执政期间经济指数(如 GPD 增长率与人均 GDP、CPI、PPI 等)、政府治理指数(如清廉指数、自由指数、和平指数)、社会发展指数(人类发展指数、幸福指数)等。"执政绩效"是论证国家合法性的常用方式,但比起法理规范来说有很大的不稳定性。当遇到经济危机或者在经济领域无法取得理想成绩时,执政根基就会受到动摇,进而蔓延至政治和社会领域。仅靠功能有效性,无法确保政权合法性自我更新,因此当功能有效性受挫,往往就伴随着合法性危机。将功能有效性具体指标化,可以有以下分类(见表 6-1):

表 6-1 功能有效性的类别

功能有效性类别	表现形式
绩效增益	通过提高绩效来巩固合法性,起到"锦上添花"的作用
绩效依赖	必须依赖绩效来巩固合法性,否则将陷入危机

① [德]卡尔·施米特:《合法性与正当性》,冯克利等译,上海人民出版社 2015 年版,第 98—107 页。

续表

功能有效性类别	表现形式
负面增益	通过填补前政权的负面效益来为自身增加合法性①
负面依赖	必须依赖填补前政权的负面效益来维持合法性，否则将陷入危机

功能有效性内含了关于国家构建中经济或者安全需求的要素，正是由于国家和民众有这样的要求，才决定了政权需要将经济和安全作为绩效合法性的内容，内化为国家稳定和发展的需求。一个政权的绩效好坏，当然也可以通过国家是否稳定、是否发展来考察。吴登盛时期的缅甸经济发展速度较快，民生得到较大提高，从而克服了其脱胎于军队的先天不足，巩固了其合法性。民盟在 2016 年执政后，将解决民族问题作为新政府的首要任务，将发展民生放在了第二位，就包含了安全和经济需求的要素。

三是价值共识性，即政权通过社会价值观念或意识形态来达成集体共识，从而奠定合法性基础。价值观念是传统意义的合法性来源，对传统权威的认可、敬重甚至宗教信仰都曾经是政权合法性的基础。现代国家大多数不再依赖传统权威或宗教信仰，但仍然有结构性支配的主流价值观念或者意识形态，例如共产主义之于社会主义国家、民族主义之于威权国家。② 价值共识在执政者施政的过程中体现为"被统治者对于社会价值观念的分享与认同"，作为合法性的心理基础而存在，③ 同时也

---

① 具体有：针对上届政府的各类弊端提出"保护言论自由、恢复法律和秩序、保护民族凝聚、消除腐败、减少社会动乱、提高社会凝聚力"等，亨廷顿还提到"诉诸传统宗教、共产主义或者反共产主义的方法"，但这在缅甸转型的时代背景下已经被证明不可能了。参见［美］塞缪尔·P. 亨廷顿《第三波：20 世纪后期的民主化浪潮》，欧阳景根译，中国人民大学出版社 2012 年版，第 58 页。

② 在亨廷顿的论述中，民族主义既可为威权国家提供合法性，也可以为民主国家提供合法性，但威权国家很大程度上对民族主义依赖性更强。参见［美］塞缪尔·P. 亨廷顿《第三波：20 世纪后期的民主化浪潮》，欧阳景根译，中国人民大学出版社 2012 年版，第 43—45 页。

③ ［德］马克斯·韦伯：《学术与政治》，钱永祥等译，广西师范大学出版社 2004 年版，第 199 页。

为程序合法性提供了法理基础、方向和目标。① 衡量价值共识作为合法性的存在，可以通过执政者显著借用的价值宣传及其效果进行考察。例如宣扬民族主义的政权，往往打造"同仇敌忾"的氛围，如果社会舆论充斥着狂热民族主义的倾向，这个政权的合法性相对而言就较强；宣扬民主主义的政权，往往以公正、平等与法制来衡量政权的合法性。以民盟政府为例，从2015年大选到执政初期民盟的支持率达到峰值，执政1年后，经济增长低迷、通货膨胀和外国投资额急剧下降导致民众对民盟的支持率开始下降，在2016年和2017年若开邦罗兴伽人穆斯林与当地佛教徒和国防军的武装冲突后，民众受到佛教民族主义的动员，政府的支持率又开始回升。是否达到价值共识，也可以从以下几个指标判断（见表6-2）：

表6-2 **价值共识性的类别**

价值共识性界定	表现形式
受前政府影响大小	是否有效区别于前政府的价值观，如果民众与前政府价值分歧大，则区别越大新政权得到民意支持的可能性越大
国内认同程度	是否能够找寻到使国内民意认同的价值观。例如，民族主义、民主主义、社会主义、孤立主义等
国际认同程度	是否能够与其他国家达成价值共识。例如，民主主义、共产主义、不结盟/中立主义、地区主义、多边主义等。一般而言，民族主义很难与其他国家达成价值共识，除非是泛民族主义或宗教民族主义

值得注意的是，功能有效性和价值共识性并不具备"制度刚性"，一旦原有功能和价值丧失，其原本支撑的"合法性供给"便容易中断。更甚者，如果功能和价值发生剧变，例如出现严重的贪腐而又缺乏制度性管控（威权国家尤甚），或者出现严重的价值性对立（宗教国家尤甚），那么转型很有可能会快速发生逆转。

三 转型合法性的二元分野

一般而言，转型合法性常指国内概念。但合法性概念在"国际

---

① ［法］让·马克·夸克：《合法性与政治》，佟心平、王远飞译，中央编译出版社2002年版，第3页。

公法""国际社会"概念出现后进一步衍生出"国际合法性",产生二元分野。其含义有以下几种:其一,某国政权的合法性得到国际认可,从而产生对该国的国际承认;其二,国际社会关于国际大家庭对合法成员的一种集体认定,即国际社会对于其成员的合法身份、国家主权如何转移和国家的继承权如何管理的集体判断;[1] 其三,国际行为或规则符合国际公共行为规范,比如美国入侵阿富汗、伊拉克,被多数国家认为"缺乏合法性"[2]。在国际关系理论中,国际合法性常被用在后两种语境中,即在既定的"无政府状态"下,肯定"国际社会"的存在,进而研究其中国家间行为的"合法性"问题,衍生理论有国家间冲突、国际共享价值、国际秩序、国际公共产品理论。但本书只指狭义层面的"国际合法性",即第一种含义。

转型中的合法性可从"国内民意"与"国际支持"两个纵切面来观察,国内民意对合法性的影响是基本的、核心的。转型后的政权为维护其程序合法性、功能有效性和价值共识性,在民意方面往往采取审慎的、积极的措施,兑现竞选诺言以使施政能够得到支持和延续。但与此同时国际合法性也有非常重要的意义。其一,国际社会是否承认一个政权意味着该政权是否能够获得国际贸易、国际援助与国际舆论支持,在全球化日益拉近国家间关系的时代,没有哪个国家和政权能够故步自封和闭关锁国。其二,国际社会是否承认一个政权与该国国内民意是否能够持续支持该政权也紧密相关。当代国际社会普遍支持一个国家顺应符合其国家稳定和民众发展而发生的转型,为促进该转型"不可逆转"以利于外资安全,或促进有关区域组织一体化进程,或促进该国民众人权状况的改善,国际合法性的建立是一个政权开展外交和国际关系的着眼点。其三,国际合法性的建立符合一个"独立自主与中立主义"偏好的国家的期许,尤其是如果该国政权能够平衡好大国之间的关系,使自身国家利益最大化,并发挥一定区域影响力,促进该国国际地位的提高,则将在提高该国民众自豪感的过程中自然获得合法性。基于以上三点,国际合法性的衡量大致也可以通过程序

---

[1]　Martin Wight, *Systems of States*, Leicester: Leicester University Press, 1977, p. 153.

[2]　Ian Clark, *Legitimacy in International Society*, Oxford: Oxford University Press, 2005, pp. 3 – 10.

合法、功能有效与价值共识的取值来界定：该政权需要通过符合国际标准和认可的程序上台执政，该政权需要有效引领该国积极参与国际事务、国际贸易和区域交往，该政权可通过某些原则来表明自身的外交原则，例如亲近某类国家，或者表明自身独立自主或有所站队等。在吴登盛政府初期，政府积极推动改革和开放，得到民众支持，西方国家调整了对缅政策，缅甸国际环境大大改善，导致国内民意和国际支持的"共振"。在民盟时期，国内民意和国际支持出现了二元背离，民众一致支持军方和政府对罗兴伽人采取强硬态度，而西方国家指责缅甸政府和国防军压迫罗兴伽人和侵犯人权，并恢复了部分制裁措施。

第二节　反馈机制的操作化：国家建设中的"安全—经济"指标

一　国家建设与"安全—经济"指标

前文所述的控制变量"合法性"，在政治转型系统中是决定行为体影响机制的重要归口，但并非整个系统的核心控制变量，影响整个系统的还是前文所述的"影响—反馈—调节"机制。所谓的"反馈机制"，就是通过反作用来实现行为体与环境的互动，进而形成系统内部"存量"与"流量"的平衡，在系统内部又被称为"反馈回路"（feedback loop）。[①] 虽然反馈机制中"环境"要素很关键，不管是国内还是国际合法性，都会受到环境要素的反作用，但"环境"作为一个较大的外延概念，需要通过较为显著的指标来反馈，这些指标便是系统"反馈回路"中的控制变量。

这里可以借用"国家建设"的概念来观测有关指标。所谓国家建设，是现代民族国家为促进国家整合而采取的各项措施、政策与制度安排，民族国家建设是现代民族国家政治制度得以生存的前提。[②]

---

①　Donella H. Meadows and Diana Wright, *Thinking in Systems*, *A Primer*, London：Chelsea Green Publishing, 2008, p. 28.

②　宁骚：《民族与国家：民族关系与民族政策的国际比较》，北京大学出版社1995年版，第204—205页。

这一定义使得国家建设成为一个整合各类要素并进入转型系统的通道，其中两大核心概念便是"国家生存"与"国家发展"，两者对应的指标分别是——"稳定（安全）"与"发展（经济）"，可以通过这样一个评判标准即"国内国际环境是否有利于国家的稳定（安全）与发展（经济）"，进而形成对国家转型的有力反馈。从逻辑上讲，国内国际环境只要有利于国家建设，就说明国家转型朝着相对良性的方向发展。然而，由于一个国家的社会资源始终有限，很难促使安全与发展两大要素并行不悖地得以推进，这就使得许多转型国家转型过渡期始终不顺。尽管国家稳定是发展的必要因素，但过于强调稳定而产生的过激措施和防备心态，不利于外资的引进和对外开放，容易给经济起飞带上镣铐；同样地，尽管经济发展是当前许多奉行 GDP 主义国家和政权取得政绩以快速巩固政权的希冀，但片面强调经济自由和对外开放容易造成社会不公、寡头经济乃至寡头政治，将蚕食国家稳定的根基，反噬国家经济发展。缅甸就面临着这一两难境地。

现代国家转型，始终绕不开"安全—经济"这一对相互存在矛盾且很难理顺的关系，许多国家转型一开始就面临一组难题，即"国家究竟应该先实现绝对稳定，还是先兼顾发展，缺乏稳定的发展是否可实施，缺乏发展的稳定状况是否可持续"。正因为这对关系的存在，国内和国际环境是否"有利于"国家转型，往往可以沿用其是否有利于国家建设的逻辑——只要存在某一方面的偏废，国家建设的危机都将影响国家转型。

缅甸国家转型的反馈机制如图 6 - 3 所示：

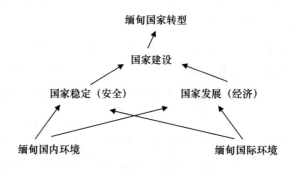

图 6 - 3　缅甸国家转型的反馈机制

值得注意的是，不管是安全指标还是经济指标，都必须进入到转型系统的"反馈机制"中，也就是只有那些通过反馈回路影响和作用于转型系统，并且能够影响到下一步转型行为体的那一部分指标，才能够有效反馈国家转型。例如，使用移动电话数量可能影响国家的稳定和经济的发展，属于有效的指标之一，但使用移动电脑数量可能反映经济的发展状况，但并不能反映转型系统，因为这和人们自身的生活习惯更有关系。

二　安全反馈机制

安全反馈机制是从每个国家的安全状况及国内政权的安全认知来决定的，主观上的安全认知需要大致符合客观上的安全状况，一旦安全认知达不到安全状况的需求，国家就会陷入不稳定、不安全的境地，从而反映出国家转型缺乏安全环境的事实。相应地，一旦安全认知超出安全状况的需求，多余的安全措施将会耗费原有可用于国家发展的机会成本，甚至转化为对社会资源的限制和浪费，这便是威权国家最常见的"过犹不及"或者"国家干预社会"的困境。

以缅甸为例，该国安全认知的突出表现是，缅甸因为特殊的地缘位置和国内族群关系，安全认知倾向消极，不仅自身缺乏安全发展的环境，罹受自然灾害和国内族群冲突影响，而且还对周边印度和中国"巨邻搬不走"的现状深感不安，一方面不得不"心存敬畏警惕"，另一方面又"无可奈何"而必须寻求"与其相处之道"。[①] 其中，以中国为警惕对象，缅对华消极认识在中国不断崛起发展的过程中不断积聚。首先，"安全困境"占据了一批缅甸精英和民众的对华认知。[②]

---

① Sanjay Kumar Pradhan, "Struggle for Democracy in Myanmar: Response of Neighbours, U-nited States and ASEAN", *Jadavpur Journal of International Relations*, Vol. 11 – 12, No. 1, 2008, pp. 228 – 241.

② 安全困境本指国家间增强防卫的措施反而会降低彼此之间的不安全感，这里泛指国家间的恐惧感和不信任感。根据有关的论述，中缅之间的"安全困境"被描述得更像是一种"不对等的安全困境"，即缅甸担心中国军备增强对其自身安全不利，中国则担心缅甸增强军备针对缅北民族武装发动内战导致中缅边境地区不稳定，给中国边境地区带来安全及难民压力。参见 International Crisis Group, *China's Myanmar Dilemma*, Asia Report, 14 September, 2009。

中国在缅具有历史和现实的强烈影响力，这是其他国家无法比拟的，但这引发了民族主义者们一系列的担心。例如，将中国商人赴缅投资出现的一些问题渲染成为经济上的"新帝国主义掠夺论"，造势中资密松水电站"破坏缅甸母亲河"，将缅甸华人融入当地族群渲染为"同化当地民族"等。[1] 其次，吴登盛政府开启的和平进程中，缅北民族武装消极参与，而缅北民地武一度因其与中国境内民族存在"跨境同源"的关系被怀疑是"与中国紧密关联"，中国被认为是阻碍缅统一的消极力量之一，甚至在某些地方还出现了"缅北佤邦是中国在缅甸的克里米亚"这样的论调。[2] 再次是"战略不对称"心态，缅认为中国作为大国应该在战略、安全方面给予更多支持和保障，但美国"亚太再平衡"的回归使得缅对华安全期待发生了偏转。一方面，美国开始积极介入缅民族和解与和平进程，与缅北民地武对话和接触；另一方面，美国以人权和民主的进步为由头，开始同缅军接触并进行防务合作。

根据缅甸安全认知的主要内容，可以按照内部安全与外部安全的范围将其与对华政策进行关联化和谱系化（见图6－4）：

图6－4 缅甸安全认知与对华政策的关联化与谱系化

① David Arnott, "China-Burma Relations", in International Institute for Democracy and Electoral Assistance, *Challenges to Democratization in Burma: Perspectives on Multilateral and Bilateral Responses*, 2001, pp. 69 – 86; Burma Rivers Network, "Who Will Save the Mother-river of Myanmar?" December 31, 2013, http://www.burmariversnetwork.org/index.php? option = com_content&view = article&id = 934: who-will-save-the-mother-river-of-myanmar&catid = 11&Itemid = 46.

② Nay Tun Naing, "Myanmar's Northeast: China's Version of Crimea?", *Eleven Myanmar*, March 17, 2014, http://elevenmyanmar.com/index.php? option = com_content&view = article&id = 5414: myanmar-s-northeast-china-s-version-of-crimea&catid = 38: opinion&Itemid = 361.

三 经济反馈机制

经济反馈机制则是从每个国家的经济状况（包括宏观经济与社会经济）来出发的，每个国家都需要经济发展来满足转型所启动的各项政策措施得以履行，每个政权和执政党都希望通过经济发展来证明自身的绩效合法性，以延续自身的执政。经济是否能够持续、稳定增长，以及经济发展的成果是否能够得以公平分配，经济指标是否与社会指标相匹配（如贫困率、失业率等），都可以反映出国家建设的状况，进而指示国家转型的状况。

缅甸新军人政府上台后，受到了以美欧为主体的国际社会孤立、制裁，因此在战略、安全和经济上全面依赖中国。1988 年后中缅边境贸易兴盛，中国商品一度占据了缅甸市场 50% 以上的份额。仅到 1989 年，双方贸易额就达到 7603 万美元，是 1988 年的 8 倍，且其后两年贸易额也在前一年度的 2 倍以上。① 尽管如此，内部面临族群冲突、外部备受国际孤立的缅甸，在经济上却没有像受益于改革开放的中国那样腾飞。缅甸 GDP 增长率波动严重，在东南亚地区经济份额长期处于 2% 之下，这跟缅甸东南亚面积第二大、人口第二大、资源丰富的国情严重不符（见图 6 – 5）。

缅甸经济欠发达的原因很多，政治与社会因素如族群冲突、毒品贸易、政府治理失当、劳工权益缺少保障、大量人口外流等扮演着至关重要的作用。然而，由于这段时期中缅贸易占比最大，而其中存在一些不合理、不对等、不透明等问题，这些问题在吴登盛政府初期放开媒体管制后被大量揭露出来，并冠之以"民意"的合法外衣，中国在缅的经济存在被认为是影响到缅甸发展的重要因素之一。其理由大概包括：其一，认为前政府"全面对华依赖"的过程缺乏透明度，其中中国援助或者中缅贸易的资金大量流入军人执政者的裙带集团，缅基层民众没有受益，中缅活跃的经贸往来不仅没有让缅甸经济发展起来，反而助长了缅甸的贪腐

---

① 徐本钦：《中缅政治经济关系：战略与经济的层面》，《南洋问题研究》2005 年第 1 期。

图 6-5　1988—2010 年缅甸 GDP 增长有关系数

和社会经济的衰退；①其二，认为缅甸民主化长期以来被迟滞是由于中国资金支援了军政府的"苟延残喘"，将一直以来争取民主付出的惨痛代价归咎于缅政府尾大不掉的庞杂机构及其经济依托，并认为在国际社会孤立缅独裁军政府时中国依然为缅政府提供先进的武器和军事技术②的行为助长了缅政府的肆意妄为；其三，认为中缅经贸的繁荣景象是不对等的，中国商人赢利心重，仅仅重视与军政府打交道的过程，而不重视解决缅甸的社会民生和就业问题，不愿意进行技术转让、不注重补偿当地民众、不注重企业当地公众印象，留下了"轻蔑傲慢的暴发户"印象，部分民众认为国家数十年没有发展起来要归咎于中国；③其四，在吴登盛政府放开管制后大量出现的缅国内外NGO、CSO 组织，部分学者和民众反思当地生态破坏、环境污染和毒品替代种植造成的移民时均将矛头指向中国，加深了缅各阶层对中国的负面认识。

① ［缅］敏辛：《缅甸人对中国人的态度：中国人在当代缅甸文化和媒体中的形象》，《南洋资料译丛》2014 年第 4 期。

② 徐本钦：《中缅政治经济关系：战略与经济的层面》，《南洋问题研究》2005 年第 1 期。

③ Toshihiro Kudo, "Myanmar's Economic Relations with China: Can China Support the Myanmar Economy?", *Discussion Paper*, No. 66, dilivered to the Institute of Developing Economies, Japan External Trade Organization (JETRO), July 2006.

吴登盛政府初期，与舆论频频发出的对华负面言论相伴随的，是美欧各国向缅甸伸出橄榄枝，频频以赞赏和支持缅民主进程的民意提出要减免对缅制裁。美、日、印、欧及东盟各国纷纷来访缅甸，提出这样那样的经济合作意愿，这迎合了缅长期意图发展经济的诉求。经济诉求要求缅外交多元化，缅在对外交往中开始寻求最大化自身利益的贸易伙伴，似乎不再囿于中国在缅大型项目合同和订单的限制，对外政策呈现了"亲美疏中"的态势。

根据缅甸经济发展的诉求，也可以按照内部诉求和外部诉求与对外政策进行关联化与谱系化（见图6-6）：

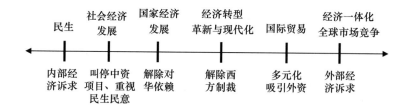

图6-6　缅甸经济发展诉求与对外政策的关联化与谱系化

第三节　调节机制的操作化：国内调节机制与国际调节机制

一　调节机制与增强机制：系统动态循环的重要机制

为了确保系统不会崩溃，并保障行为体互动的动态平衡，需要调节机制来发挥作用。在系统三大效应彼此结合后，系统影响通过内外反馈形成了动态反馈，进而促使行为体能够进行下一步的互动，这些互动会形成新的影响，其意图往往是调节此前形成的不利于行为体本身的反馈机制，这便是系统中的调节机制。对于具有保持存量稳定、趋向某目标调节或校正的作用的反馈回路，可以称之为"调节回路"（balancing feedback loop）。调节回路并非唯一的反馈回路，当反馈机制展现出来的是处于行为体意图之内的反映，行为体有可能选择继续原有影响机制，或者当行为体发出调节机制后，由于各类要素的制约该调节机制失灵，就有可能增强原来的影响机制，进而形成"增强机制"，其对应的反馈回路名为增强回路（reinforcing feedback loop）。[1]

之所以要列出调节机制和增强机制两种机制，是因为这两者往往是"调节机制"本身伴生的两种结果，只是由于是否符合人们意图中的效应，强化了人们对其"调节"（主观性）和其自身"增强"（客观性）的不同映射。广义的调节机制应该包含两种机制，并且在新的影响机制中产生带有干预色彩的正向、负向的反馈机制，简称正反馈（positive feedback）和负反馈（negative feedback），这实际上是"路径依赖"（path dependence）所造成的。在道格拉斯·诺斯（Douglass North）的研究中，路径依赖是指人们一旦选择了某个体制，会导致该体制沿着既定的方向不断得以自我强化，惯性的力量会使这一选择不断自我强化，并轻易走不出去。[2] 正反馈表现为"蒸蒸日上"的增长，负反馈则是"江河日下"的衰减，"滚雪球"效应对于国家建设来说是负面增强回路，也便是负反馈（见图6-7）。

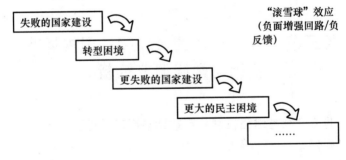

图6-7 负反馈示意图

① Donella H. Meadows and Diana Wright, *Thinking in Systems*, *A Primer*, London: Chelsea Green Publishing, 2008, pp. 30 – 31.

② 道格拉斯·诺斯的解释包括：由于规模经济（Economies of scale）、学习路径依赖效应（Learning Effect）、协调效应（Coordination Effect）、调试性预期（Adaptive Effect）以及既得利益约束等因素的存在，导致这种"惯性"的发生。参见 Douglass C. North, *Institutions, Institutional Change and Economic Performance*, Cambridge: Cambridge University Press, 1990。

　　在国家转型的动态系统中，发挥行为体动机和促使调节机制得以发生的，存在国内与国际的两股压力，正是这两股压力的相互作用，促成缅甸历史上几次转型中存在的增强回路与调节回路。就国内而言，能够产生强大压力的主要是国家建设中，具有较强意识形态的力量——民族主义。从英国殖民时代开始，民族主义就成为推动缅甸政治发展的最主要动力。在 1948 年独立后，极端民族主义又导致缅甸各族同室操戈，冲突延续至今。民族主义可以促成对国家政权的价值认同，从而提供价值合法性，也可以直接以爱国主义的形式出现，在国家存亡之际发挥重要的凝聚作用；既可以在内部调节那些可能危及国家稳定的分离主义，又可以是造成不稳定因素的本身；既可以在外部抑制国外意识形态的干预，又可能因为跨界民族主义而对国家主权造成危害。

　　而就国际而言，外部压力则根据不同性质来源于三个不同方向。一是民主压力（制度压力），往往是促成转型的自外而内的重要催化剂。一方面，外部民主压力可能通过影响第三国来形成"多米诺骨牌"效应，那些没有做好准备的国家由于感同第三国命运之身受，而自觉或不自觉地催生转型的内部压力，"阿拉伯之春"的横向传播给缅甸军人政权造成了极大的压力，便是较好的例子；另一方面，外部民主压力可能通过大国来直接作用，尤其是那些具有"传教士"精神的西方民主国家，在颠覆转型国家原政权或敦促有关国家进行自上而下的转变中，往往发挥了强大的作用，例如美国之于南美洲国家，英法之于北非国家等。缅甸军人政权 2005 年将首都迁往内比都，就是因为感觉到美国的压力。在军人高层看来，美国未得到联合国授权攻打伊拉克，也就完全有可能攻打缅甸。二是地区主义，往往与转型国形成价值共识或利益共同体，进而影响转型，积极正面的地区主义通过容忍和包容的精神来促进国家自上而下的良性改变，如后期的东盟一体化；较为消极的地区主义则通过经济与政治的双重压力来施压，促成国家流血或不流血的转型，如"冷战"后早期的北约扩张。三是大国博弈，往往让转型国家的命运从属于大国的利益需求，早期东南亚国家的转型，与美苏"冷战"对抗博弈有莫大的关联。

二　国内调节机制：民族主义的作用

转型国家在独立前，民族主义是为争取国家独立解放而存在的，并在独立后转化成为推动国家建设和维护民族统一的理念，因此，民族主义赋予了转型国家新的历史含义。为了实现民族繁荣或振兴，20 世纪中后期的民族主义实际上赋予了民族群体以"现代性"，为整合国内资源、形成国家凝聚力奠定了基础。但是，由于不同民族主义的价值取向（尤其是民族沙文主义、大民族主义和地方民族主义）之间发生了激烈的碰撞，一旦国家民族主义无法占据主导，便无法促使所有民族形成对国家的统一认同，无法促成所有民族齐心协力推动国家转型。因此，民族主义对于国家建设来说是一柄"双刃剑"。缅甸就是典型的例子，尖锐的民族矛盾和此起彼伏的民族武装冲突成为长期影响缅甸转型的重要掣肘因素，而核心国家民族认同建立不起来，则导致缅甸从建国初期便倡导的"联邦制"也无法建构。

广义的民族主义包括前文指出的民族产生时和产生后的含义，广义的民族主义在空间和性质上是有歧义的，至少可以指种族[①]民族主义（ethnic nationalism）、文化民族主义（cultural nationalism）和国家民族主义（state nationalism）三种狭义范畴。种族或者种族民族主义以血统作为界定变量，将民族看作一个有机实体，寻求建立单一种族国家。[②] 在那些种族单位与政治单位不完全重合的地方，种族民族主义很可能导致强制性同化或分裂主义运动。民族分离主义指多民族国家在国家独立后，由于无法处理国内复杂民族关系引发的民族分离、独立的思想和运动。[③]

文化民族主义以文化作为界定变量，比种族更大，认为文化相同或相似的民族应当建立政治共同体。文化民族主义同种族民族主义相

---

① 关于民族主义的界定，两篇较有代表性的文章分别使用了"族种"和"种族"，后文统称种族民族主义。参见朱伦《西方的"族体"概念系统——从"族群"概念在中国的应用错位说起》，《中国社会科学》2005 年第 4 期；王绍光《民族主义与民主》，《公共管理评论》2004 年第 1 期。

② 王绍光：《民族主义与民主》，《公共管理评论》2004 年第 1 期。

③ 民族分离主义定义很多，本书主要参考王联《世界民族主义论》，北京大学出版社2002 年版，第 199 页。

结合，形成了对外优势，就衍生出大民族主义，又称为沙文主义。大民族主义指一国强势民族强制被压迫民族接受同化，并使他们在经济上和政治上处于从属地位。大民族主义在缅甸表现为大缅族主义，是作为主体民族的缅族排挤少数民族或族裔的思想或政策，被指责是当前缅甸佛教徒（缅族为主）和穆斯林（罗兴伽人等）间的流血宗教冲突频发、缅甸政府军和多支"民地武"武装冲突难止的主要原因。

国家民族主义以整个主权国家作为共同体来界定民族，这个共同体"希望为异质的人群建构起一个同质的实体"①。国家民族主义是通过文化民族主义发展而来的，同时具备政治民族的属性，它提倡与血缘和文化脱钩，比前两种民族主义有更强包容性。② 国家民族主义与爱国主义（Patriotism）紧密相连。缅甸国父昂山有类似的思考，即"在联邦的名义下，引导各少数民族组成一个整体，形成民族联合的局面，然后第二步才是促进民族团结，形成民族的认同感，争取少数民族不再分离"③。缅甸新军人政权 1989 年后将国名从"Burma"改成"Myanmar"，Myanmar Nationalism 从后来建立的"缅甸联邦"角度，可视为当局建构"缅甸国家民族认同"的国家民族主义努力。为了较全面地研究缅甸民族主义，同时又不至于陷入歧义，本书选取国家民族主义、民族分离主义和大缅族主义在内的三大狭义民族主义进行综合论述。

缅甸的民族主义产生于二战前缅甸各民族对独立建国的诉求。最早构筑完整国家民族主义思想的缅甸民族主义者是"独立之父"昂山将军。由于其 1947 年遇刺早逝，围绕其一整套思想的继承、争论和调整，缅甸民族主义经历了吴努时期、奈温时期和新军人政府时期

---

① Philip Spencer and Howard Wollman, *Nationalism：A Critical Introduction*, London：SAGE Publications Ltd. , 2002.

② 也有学者指出"无论这样定义的民族包容性有多高，它一般还是会将某个种族和文化作为其核心"。这是由于国家民族主义本身是由前两种民族主义发展而来的，不同时期应当强调不同民族主义的作用，因而本书偏重于强调该定义的包容性，并在后文对其中的悖论进行一定解释探讨，详见 Anthony Smith, *The Ethnic Origins of Nations*, Oxford：Wiley-Blackwell, 1986。

③ 祝湘辉：《试析昂山的民族思想》，载《北大亚太研究》，香港：香港社会科学出版社有限公司 2004 年版，第 382 页。

三个阶段。在这些阶段里，缅甸民族主义因为国家民族主义、大缅族主义和民族分离主义之间不同形式的分歧和互动形成了利弊相合的情形，成为缅甸国家建设的一柄"双刃剑"。

国家民族主义、大缅族主义和民族分离主义三种民族主义，与昂山民族思想有着直接或间接的关系。国家民族主义来源于昂山思想的"爱国性"。在昂山对民族主义的定义中，他认为"世界上每一个民族都应发展预期全体福利一致的民族主义，而不论其民族、宗教、阶级和性别"①。"爱国性"思想所强调的爱国主义，是缅甸国家民族主义的核心所在，但昂山"强政府"的想法却没有能够得到正确贯彻，这种爱国主义随着缅甸独立后反殖民需求的淡化，也逐渐被强烈的民族分离主义和大缅族主义所冲击。

大缅族主义来源于在昂山思想中拔高佛教和缅族自身优越性的理念。尽管昂山代表了这种思想中较为理性的管控力量，但昂山原有的反对佛教干预政治的重要主张却被后来的领导人忽略了。缅甸在被殖民之前从来没有建立过包括克钦、克伦等少数民族的统一的多民族国家，而整个缅甸的王朝史实际上也是缅族领袖统治留下的政治遗产。缅族除了与掸族和孟族打交道外，较少与现在缅甸版图内的其他100多个少数民族交往，导致后者缺乏对缅族人的认同。英国殖民者采取"分而治之"的政策，给予克钦、克伦等少数民族不亚于缅族的待遇。而缅甸独立后，实际建立了缅族占优的国家，军政机关中的领袖精英基本是缅族，缅族精英主导中央政府和国防军，这就为大缅族主义大行其道埋下了伏笔。

民族分离主义，很大程度上来源于昂山思想中"实用性"的思想。该思想构建的中间路线暂时掩盖了民族矛盾，但民族矛盾产生的民族分离主义成为国家分裂的定时炸弹。"实用性"过于依靠领袖的政治头脑，随着领袖的更换，实用主义也无法执行下去。反之，与大缅族主义相对立的少数民族分离主义愈演愈烈，包括孟族、若开（阿拉干）族、克耶（克伦尼）族、克钦、克伦等几大民族在内的领袖逐步建立起自己的反政府武装，缅甸内战零零星星持续了半个世

---

① 贺圣达：《缅甸史》，人民出版社1992年版，第449页。

纪，至 2015 年 10 月，才签署一个只有 8 支"民地武"签署的"全国范围停火协议"，但这个协议缺乏包容性，还有十几支少数民族武装未签署协议。

三种民族主义的互动推动国家建设，在多民族国家无法单独发挥效应。其一，国家民族由优势和弱势族种构成，因此受分离主义和大民族主义的双重作用；其二，国家民族主义为统一国族认同，通过调节控制分离主义和大民族主义；其三，国家民族主义的增强使分离主义和大民族主义减弱；其四，分离主义和大民族主义对国家建设的影响，也基本都是通过对国家民族主义的影响和反馈来实现的。

分离主义与大民族主义只有良性互动时，国家民族主义才会有所提高，反之亦然。所谓良性互动，是指在各存量间存在一个较完善的调节机制，这个机制往往通过一些协议、制度来保障，使得分离主义与大民族主义在一定期间内增强或减弱时，更倾向于考虑国族利益而非本族利益，也不会因为失控而造成恶性循环，进而损害国家民族主义。良性互动的最佳结果，就是分离主义和大民族主义均逐渐减少乃至消失，以使国家民族主义最大化，进而推进民族国家建设。

第三节　国际调节机制：民主主义、地区主义与大国博弈

一　民主主义的外在压力

缅甸现代化与诸多发展中国家一样，是仿效西方推进经济市场化、政治民主化和社会文化多元化的社会变迁历程。西方民主对缅甸而言是"舶来"的制度，民主化的观念和制度虽并没有扎根在缅甸政治文化中，但因作为"解决军事威权制度下国家落后情境"的一大希望深深地扎根在缅甸民众心中。从争取摆脱奈温统治到 1990 年大选后军政府重新上台，从 2007 年袈裟革命到 2012 年缅甸最大在野党民盟在议会补选中获得压倒性胜利，对于"民主化"能够为缅甸现代化带来希望的信念一直扎根在反对党和广大民众心中。民主转型作为 2011 年吴登盛民选政府的上台最引人注目的光环，因推动缅甸

转型进入了新的历史阶段而备受西方好评，被称为"缅甸之春"。

　　"民主化"本应是现代化进程中政治现代化的特征，也就是政治转型的进程中界定"政治现代化"的重要标准之一，是结果或者过程，而非动力前提；但在缅甸，来自外部的民主压力和由外及内的民主需求，却成了不可忽视的重要动力之一。

　　从时间上来看，民主化是指由非民主向民主转型的过程，其概念取决于民主的概念。海伍德将民主概括为"政治平等原则"，也就是尽可能广泛、平均地分配政治权力。① 亨廷顿认为民主化是以"波"的形式扩散，故而有涨潮也有退潮，一波民主化则是指"一个特定的时间期限内发生的一组由非民主政权向民主政权的转型"，"且转型数量明显超过反向转型的数量"；② 从空间上看，民主化一度被认为是西方自由民主向全世界的扩散，是西方意识形态的胜利，甚至被称为"历史的终结"③，但事实上，对西方民主的吸收和调试是后起发展中国家现代化进程中的一种努力和尝试，它们试图以民主化作为突破要素，寻找最适合自身国情的政治制度。从性质上看，民主化被认为是世界现代化特别是政治现代化的核心组成部分，狭义的政治现代化理论甚至一度被等同于对政治民主化的研究。④ 亨廷顿在《变化社会中的政治秩序》中指出，政治现代化是传统政体到现代政体的一种运动，⑤ 其中的合法性问题、多元结构和社会参与的问题相当于民主政府产生、运作和延续的过程，尽管很多新兴国家未采用严格意义上的西方多元民主，但"民主"依旧是大部分国家延续政府合法性、吸引大众参与政治和支持国家发展的动力。缅甸的民主化就是在

---

　　① ［英］安德鲁·海伍德：《政治学》，张立鹏译，中国人民大学出版社 2015 年版，第 75 页。

　　② ［美］塞缪尔·亨廷顿：《第三波：20 世纪后期的民主化浪潮》，欧阳景根译，中国人民大学出版社 2013 年版，第 11 页。

　　③ 参见［美］弗朗西斯·福山《历史的终结及最后之人》，黄胜强、许铭原译，中国社会科学出版社 2003 年版。

　　④ Seymour Martin Lipset, "Some Social Requisites of Democracy: Economic Development and Political Legitimacy", *American Political Science Review*, Vol. 53, No. 1, March 1959, pp. 69 – 105.

　　⑤ ［美］塞缪尔·亨廷顿：《变化社会中的政治秩序》，王冠华等译，上海人民出版社 2008 年版，第 50 页。

追求合法性的动力推动下，军人政权主动推进的一次政治变革，尽管保留了军人的一部分特权，但 2008 年宪法规定的普选、议会和宪法法院等民主形式都已具备。民主化作为政治现代化的必要条件是西方概念，但作为制度选择的民主化目前已然成为多数后起国家政治现代化的评判标准之一。当然，各国国情不同，必须探索出适合本国国情的民主化道路，而非全盘照搬西方制度，否则，容易出现"水土不服"的乱象，反而伤及国家现代化进程。

关于民主主义外在压力，具体操作方案体现在价值共识性（合法性）方面的制度主义层面。制度主义压力给缅甸带来的转型动机和范例，以及缅甸追逐民主主义的历史经历，都为民主主义的外在压力及其形成的调节机制产生了影响。

二　地区主义的外在压力

地区主义（regionlism）又叫区域主义，是研究区域合作的核心要素之一，它意味着区域政治、经济、社会、文化的融合，但核心是地区国家行为主体"推动区域间制度化合作的各种思想、观念、计划及其实践进程"①。地区主义与民族主义阴阳相合，构成了区域一体化的有机结构，使得各方在和而不同、求同存异的基础上寻找合作的共识。寻找地区性共同语言，一方面使得民族性内涵扩大成为某种区域民族（如美洲人、亚洲人），另一方面也包容了区域内各民族的不同制度文化。民族主义在东盟一体化中既是阻力又是张力，而地区主义在东盟一体化中既是合力更是动力。缅甸正是乘着东盟一体化的快车，在众多东盟国家支持下，逐步踏上了对内改革、对外开放的道路。

地区作为一个强地理概念，不同地区有着较大差异性，因而东亚的地区主义要异于欧洲、拉美的地区主义。从制度影响力和约束力来看，最成功的地区一体化案例是欧盟。以欧盟为榜样，次之于欧盟的地区组织，还包括拉美、非洲等地区。这些地区在模仿欧盟的过程中由于发展水平、文化差异过大，地区主义和民族主义在排

---

① 郑先武：《区域间合作与东亚区域主义》，《国际观察》2009 年第 6 期。

他性竞争中互相对立，故而效果不彰。欧盟之下其他地区一体化组织中较成功的，反而是约束力弱、松散、非强制性的东盟。东盟是目前东亚地区一体化中率先垂范的代表，是引领地区主义合作范式的先行者，也引发了人们对地区主义和地区化的新一轮思考。东盟模式真正意义地结合了地区实情，包括从准发达国家至中等发展中国家，再到欠发达国家等多种类型。东盟传统上对缅甸一直行使不干涉内政政策，但在关键节点上仍然发出自己的声音。例如，在2007 年军政府镇压袈裟革命中，以及 2008 年纳尔吉斯风灾中，东盟都对缅甸军政府提出了善意的批评，这无疑对军人政权产生了一定的压力，促进了缅甸的转型。

地区主义的差异性，来源于地区化程度的差异。庞中英指出，"东亚地区化"与"东亚地区主义"不像"欧洲地区化"和"欧洲地区主义"那样是单数，而是复数，即东亚存在着多种不同进程的地区化与地区主义。① 一种理解是，所谓的复数，就是东亚存在经济、政治、社会等各类要素地区化进程的不同步，经济区域一体化早就开始了，却没有建立起相应的政治、社会一体化。关于东亚"地区主义"与"地区化"的区别，许多学者倾向于认为地区主义是"政治概念"、地区化是"经济概念"，② 大致能反映此种不同步现象。概括下来就是：虽然东亚各国之间经济互通有无已经很早，但由于缺乏制度之间的统筹，缺乏一种规范区域一体化的指导思想与合作框架。另一种理解是，东亚历史上存在复数个地区化进程，既有中国、日本等大国引领的一体化进程，也有由东南亚 10 个较小国家组成的东盟引领的一体化进程。东盟并非东亚一体化的结果，而是东亚一体化的其中一环，东盟的目标不仅在于东亚一体化，还曾有制衡中国、日本为主导的一体化进程的客观需要，既有聚合性也有排他性。在聚合性与排他性的不断互动交融中，东盟从解决柬埔寨问题发挥重要作用开始，在进入 21 世纪后建设性介入缅甸事务，为解决缅甸问题奠定了良好的制度基础和实践基础。

---

① 庞中英：《地区化、地区性与地区主义——论东亚地区主义》，《世界经济与政治》2003 年第 11 期。

② 同上。

三　大国博弈的外在压力

大国在缅甸的战略博弈直接影响缅甸转型进程，作为重要的外部因素，具有正反两方面的复杂作用。从外部力量的结构性分类来看，大国博弈有以下几种模式：一是稳定型博弈，当大国博弈出现力量对峙相当、相对平衡时，该国转型一定程度会受制于大国之间的利益交换，并需要遵循大国认定的规则来行事。但对于民族主义强的国家而言，则会主动采取平衡战略、利益均沾。由于某一大国受制于其他大国的力量约束，会尽可能在容忍的情况下满足该国的需求，进而使得该国转型进程中的对冲战略所获取的利益最大化。二是失衡型博弈，当大国博弈出现强烈失衡、一边独大时，一国转型会受到该大国支配性影响，进而形成对该国的依赖。对于民族主义强的国家而言，则会积蓄不满，对大国寻求对冲制衡，吸引新一轮大国博弈，以增强自身自主性。三是斗争型博弈，当大国博弈出现权力格局变动、开始失衡时，该国转型可能会卷入大国博弈的斗争中，沦为大国利益斗争的牺牲品。若该国严守中立，则会在一段时间后进入第一种状态；若该国选择站队，则在博弈斗争后很可能进入第二种状态；若该国盲目排外，则可能陷入全面孤立的境地。

大国博弈会否长期出现强烈失衡或处于斗争的结构，是决定缅甸转型能否有稳定外部环境的基本标准。一般认为，大国博弈越稳定，则越有利于转型；大国博弈越不稳（不管是失衡型或者斗争型），则越不利于转型。大国愿意投入多少战略资源到缅甸来进行博弈，又取决于当时的国际格局、大国间外交关系、大国全球战略与局部政策等因素。

稳定型大国博弈是力量对峙的一个临界点，在力量大致平衡的情况下，大国间达成默契，愿意在平等竞争的情况下与小国交往，并致力于该国的稳定与发展，使得"共利"最大化。以中美两国为例，缅甸现代化进程有利于中美关系的稳定，有利于中国的印度洋通道和美国的"印度—太平洋战略"的实施。而中美两国在该地区的力量对峙大致均衡，没有谁能绝对控制，也没有谁要寻求支配性霸权。因此，中美两国可以寻求稳定型大国博弈，在协调中获得双赢。如

表6－3所示：

表6－3　　　　　　　　　　　　协调型博弈模型

国别	由中国占利	由美国占利
由中国占利	（5，4）	（0，0）
由美国占利	（0，0）	（4，5）

协调型博弈是合作型博弈的典型代表，只要合作（不管是谁占利），都会取得优于对抗的结果，关键在于如何分配利益的问题。长远来看，不管是美国暂时占优还是中国暂时占优，由于缅甸问题作为战略利益和经济利益，并不会涉及两国的"核心利益"（无主权领土争端），两国可以通过市场性质的良性竞争，来彰显自身在缅甸的优势，而两国均须确保缅甸的安全、稳定与发展，这些都是有利于塑造缅甸转型的良好外部环境的。

稳定型大国博弈在缅甸的特点是，对缅甸战略投入与力量相对平衡、不涉及核心利益、良性竞争。稳定型大国博弈能持续多久，受制于大国对缅战略定位和两个大国或多个大国更大范围内外交战略的互动，这一点上缅甸并不具备主动性。为了提高自身的主动性，缅甸在参与互动的过程中会选择通过利益均沾、平衡战略的形式，试探大国底线，从而使自身利益最大化。

在对峙两国中运筹帷幄，最好的姿态便是采取两面下注的"对冲战略"。由于自身战略位置突出，缅甸作为小国反而有着更大的选择权，它并不需要承担更多国际责任或义务，而自己与大国形成了"天然不平等"，就算因为试探行为占了大国便宜，那也可以"心安理得"。①

稳定型大国博弈有利于营造转型外部环境，而且对于缅甸增强主动性、采取平衡战略也大有裨益，但稳定型大国博弈要长期稳定可控，至少需要两个前提条件。其一，需要有力的区域制度、机制来约

---

① Laurent Goetschel ed. , *Small States Inside and Outside the European Union*, Boston：Kluwer Academic Publishers, 1998, pp. 203 – 204.

束。在制度规则的约束下，大国需要考虑国际道义成本、考虑同区域
组织的关系、考虑与对手竞争的资本，进而更愿意扮演合作者而非挑
战者的角色。东盟、东亚峰会等机制，都有积极的作用，因而地区主
义是重要的约束条件。其二，需要缅甸自身有效管控大国博弈，但缅
甸管控能力受制于其民族主义的敏感性和脆弱性不能总是发挥作用。
随时变动的小国政策和异动情绪会因为民族主义情绪的"敏感"而
造成误判，从而卷入大国博弈中进行站队，失去中立性则意味着大国
博弈无法稳定平衡；而缅甸对外平衡能力受到经济、安全等因素掣
肘，一旦彰显"脆弱性"，也便无法延续对冲战略，从而失去稳定平
衡的主动性。

　　越是稳定的大国外部博弈、越是主动的利益平衡战略，缅甸需要
承受的风险和考验也就越多。稳定型大国博弈的积极影响是促成当前
缅甸转型的有利因素之一，但历史上数次失败的转型表明，不稳定型
大国博弈随时可能发生，且对于缅甸转型来说具有强大的副作用。

结　语

　　2011 年吴登盛执政后，致力于政治转型、经济改革和对外开放，国内政治多元化和媒体自由化，赢得了国际社会的认可。2016 年民盟执政后，依然面临着严重的挑战，对施政措施和外交政策进行了调整，大体上继承而不是推翻了吴登盛的政治遗产。作者在此做出基本评估：

　　一是除非发生大的民族冲突或突发事件，缅甸政治转型进程不可逆转。缅甸已经回归到国际社会，成为一个正常的东盟成员国，并担任了一届东盟轮值主席国。目前对缅甸最大的挑战是罗兴伽人问题，它对缅甸的国际形象造成了伤害。西方指责昂山素季在罗兴伽人问题上沉默不语，无所作为，成为缅甸军队欺压弱势群体的共谋者，之前昂山素季获得的荣誉地位也被西方国家一一剥夺，但西方国家仍然将军队和政府切割开来，未对昂山素季实施制裁。2017 年 9 月 8 日，美国助理国务卿帮办墨菲（Patrick Murphy）在一次讲话中说："……我们认识到昂山素季无法控制军队，而且在若开邦受害者不光是罗兴伽人，若开族长久以来也受到迫害……"2017 年 10 月 24 日，在国会和媒体的压力下，美国政府宣布撤销对缅甸的军事援助，并对涉及罗兴伽人问题的缅甸军方人员进行制裁。但是根据 1988—2011 年 20 多年的制裁历史来看，这些措施无法起到作用，而只能促进缅甸更加向中国靠拢。

　　有人预测随着国际压力增大，军队可能发动政变夺取民盟政权。如果回顾缅甸政治发展史，我们也许会得出相反的结论。1988 年到 2011 年间，军政府饱受国际社会的指责和制裁，从而制定了"七步民主路线图"，举行宪法公投，按宪法举行大选，组建了民选政府，军队在自身利益得到保证的前提下，退居在幕后。由民选政府在前台，直接面对国际社会的压力。这样的政治格局最能保证军队的利益，军队没有理由和动力再次发动政变。当前，民盟政府与军队的关系在外来压力下，反而更有可能形成统一战线。

从世界范围来看，族群、教派冲突是任何国家都可能遇到的难题，并非缅甸所独有。英国的北爱尔兰问题归根到底是信仰天主教的爱尔兰人与信仰新教的英格兰人格格不入，而印度与巴基斯坦也是由于信仰差别造成两国长期冲突不断；斯里兰卡的僧伽罗人与泰米尔人民族冲突的残酷性震惊了世人。在 1948 年缅甸独立后，罗兴伽人经历了多次驱逐和打击，尤其是奈温时期，政府发动了一系列军事行动驱逐数十万罗兴伽人到孟加拉国，当时并未成为热点问题。由于国际形势的变化，今天罗兴伽人作为一个弱势群体，引起了全世界的关注。但是，缅甸民主转型比罗兴伽人问题更加重要，如果因为罗兴伽人引发缅甸民主转型的逆转是得不偿失的，也是西方国家所要避免的。

二是基于本书的核心假设和本转型周期内昂山素季政权发展趋势，无论在 2020 年大选中民盟能否继续执政，缅甸民主都将得到巩固。昂山素季在执政过渡期（第一周年）虽然困难重重，但由于是民盟历史上首次执政，各方面缺乏经验，而很多方面也仅仅是"不作为"带来的问题，故并无大过。但在执政的巩固期（2017—2019年），如果不能尽快展示"绩效增益"，那么就将在将来被动转变为"绩效依赖"，因为当前民盟不仅在国际上面临着缅甸投资环境差的问题，其在国内改良基础设施、改善民生与社会经济发展方面也乏善可陈。

只要昂山素季政权周期内能顺利度过转型巩固阶段，那么即将迎来的便是 2020 年大选和下一个转型的变动期。民盟政权是否能够在巩固期结束之际，塑造缅甸民主的基本框架制式，其政绩是否可以让民众和军人集团基本满意而避免出现自上而下或者自下而上的变动，这些都决定了民盟的合法性能否延续到下届政权。理论上看，转型变动期的收口是程序合法性，即化作选票的支撑性"民意"。

缅甸要能够顺利进入新的变动阶段，必然需要度过人们担心的几个"问题区间"：一是昂山素季身体依然健康，或者党内出现明确、有力和合法的接班人；二是民盟政权未出现重大决策失误，民意未出现对该政权产生严重不满；三是军人集团未出现过激反应，即民盟并未通过激进性修宪挑战军人底线，或者军方未出现激进人物的上台；四是缅甸政局未出现严重到影响国家稳定和主权完整的内忧外患，尤其是当前民族问题和"罗兴伽"问题未出现恶化。

如果以上"区间"缅甸都能熬过去，那么民主政治必然得到巩固。不论2020年大选的结果是什么，民盟或其他政党领袖将继续引领缅甸转型向前推进。在此情境下，"变动期"的对华政策仍然会延续"巩固期"的合法性供需逻辑，即缅甸只会期望一个能促进本国取得发展红利的中国，一个与缅甸在价值共识上不断贴合的中国，一个能够支持缅甸转型的中国。缅甸也希望中国支持其国家稳定、民族和解与经济发展。程序上的"期许"，意味着缅甸政府将保持政策延续性，而这对转型中的缅甸以及崛起中的中国来说都是有利而无害的。与此相对，一旦上述任一"问题区间"出现，缅甸转型必然又会陷入新的"坎"，这些挫折任一个都会让缅甸提前进入"变动期"，从而使中缅关系面临新的风险和考验。

三是中缅关系的基础稳固与否在于中国能否为民盟政府带来绩效和收益。在军人执政的20年间，由于特殊的外交环境，缅甸在对外关系上同中国保持了密切的政治、经贸和军事关系。2011年以来，缅甸摆脱了被孤立和制裁的外交困境，使缅甸拓展了广阔的外交空间，也为缅甸推行其传统的自主的不结盟外交提供了有利的条件。随着缅甸政治转型和内外政策的调整，缅甸结束了与中国的特殊关系。今天的缅甸已经成为一个正常的中国近邻。

中国也比较快地调整了对缅关系。中国对缅政策调整或升级主要有以下几个方面：第一，中国不但同执政党和政府进一步巩固良好关系，还加强了与主要反对党和少数民族政党的交往，建立了党际之间的关系。第二，由于缅甸军队仍然是缅甸政治生活中的主导力量，中国继续强化与缅甸军方的传统的亲密关系。第三，中国积极介入缅北民地武与缅甸政府的谈判中，促成双方的和解和政治解决。这些努力都发挥了一定的作用。第四，中国创造性地拓展了对缅公共外交、民间外交、慈善外交、救灾外交等新领域，强化了文化教育交流，夯实了两国友好的社会和民意基础。在两国关系中还出现了一种声音，即我们要跨越"密松电站"陷阱，重启中缅关系的新发展阶段。从民盟上台后的一系列举措来看，这种乐观是有一定基础的。随着中国"一带一路"倡议的推动，中国在缅甸的影响力必然会增加。

随着中缅关系的不断改善，实际上目前需要探讨的问题便是"中缅关系的改善"是否能够在功能性上为昂山素季政权加分？如果不能有效加分，会不会出现继续"转嫁矛盾"的情形？如果中缅失去当前的价值共识（如罗兴伽问题），那缅甸对华政策又是否会出现新的波动？

对于第一个问题，中国帮助昂山素季提高功能性绩效的潜能是显著的，中国不仅继续领跑缅甸贸易额首位，还在 2017 年 6 月领跑了外国投资榜。据缅甸投资委员会的数据，自 1988 年 3 月到现在，缅甸 FDI 已经达到 637 亿美元，其中，中国占 180 亿美元。[①] 中国在缅甸能源、工业、基础设施方面的投资经历了吴登盛政权时期的挫折，更加重视对当地社会效益和环境效益的保障，正如翟崑等指出的：中国在反思对缅战略中调整政策，重新赢得缅甸支持；缅甸未来对华依赖将加强，缅中关系将开启新的战略机遇期。[②]

第二个问题实际上又回到中缅关系中的"密松困境"这个话题。西方媒体和一些缅甸舆论造势"密松绝不会重启"的压力，并认为这是缅甸转型合法性的根源之一。[③] 但根据本书前边的分析，实际上密松项目只是吴登盛政权"转嫁矛盾"以获得价值认同，为其在转型过渡期赢得合法性的一个"牺牲品"。昂山素季不存在类似的问题，所以她可以选择成立一个审查委员会重新审核该项目，而没必要完全被民意裹挟。当然，昂山素季政权并非不存在合法性问题，如果在风口浪尖上强推密松重启，其建立在良好根基上的民意认同可能会

---

① "Chinese Companies Continue to Dominate Investment in Myanmar", *Union Daily*, June 3, 2017.

② 翟崑、宋清润：《缅甸转型过程中的动力与博弈》，载《中国国际战略评论》，世界知识出版社 2015 年版，第 178—191 页。

③ Tira Foran, Laur Kiik, "Large hydropower and legitimacy: A Policy Regime Analysis, Applied to Myanmar", Munich Personal RePEc Archive, August 23, 2017, pp. 1–5.

受到波及，进而使绩效合法性难以发挥作用。一般来说，在缅甸急缺电力，而中国电力富余的互需互补格局下，昂山素季政权即便在"密松"问题未决之时，也很难再选择其他"转嫁矛盾"的方式来解决合法性问题。

第三个问题涉及中缅关系在昂山素季周期内"相互依赖"的程度。当前中缅关系因"罗兴伽"问题取得的共识，至少在道义上形成缅对华政策积极的映射。即便昂山素季没有因为此时的价值共识对中国"投桃报李"，中缅两国在实际合作中的热络化也将客观上促使缅对华依赖向前推进。中缅共识不仅推动了民盟政府在过渡期的价值收益，也将在民盟政府的巩固期，通过两国积极互动为其创造绩效收益，而绩效合法性的巩固反过来也将促进中缅共识进一步升温和发展。反之，如果中方不能通过积极互动为民盟政府带来绩效收益，中缅共识将会受到冲击，中缅关系也便有出现波动的风险。

附 录 一

前缅甸总统吴登盛就职演讲

尊敬的联邦议会议长和各位议员：

首先，我谨祝议长阁下和各位代表身体健康，万事如意。

联邦议会选举我担任国家总统，对联邦议会和联邦政府负责。因此，今天我有义务向各位代表阐明新政府执政的路线、方针和政策。各位代表和我一样，都是广大人民群众选举出来的代表。因此，我们有责任遵守和维护广大人民一致通过的缅甸联邦共和国宪法。我呼吁，各位代表和我一起拥护我们的宪法，热爱根据宪法建立的新民主国家，并全力以赴地保卫她。为了从殖民主义统治下获得独立，全国各族人民团结一致，抛头颅、洒热血。但夺取胜利后，全国人民并没有投身到国家重建工作中，反而产生了信仰分裂、宗派分裂和民族分裂，各民族各自拿起武器，发动了长达50余年的族群战争，使人民陷入水深火热之中，对此，各位代表也有深切体会。军队深知自己的职责，当国家面临分裂，政权面临颠覆之时，挺身而出，多次挽救了国家政权。最近的1988年，军政府扭转混乱局面，重新建立了各方面都已经衰败不堪的政府。继承优良传统，继续建设和平稳定的现代化国家的任务落到我们的肩上。我们要沿着军政府为我们铺好的道路，人民群众既然选择我们，让我们以更高的标准，继续建设更加和平、更加发达的国家；为此，我们要与时俱进，制定符合新形势的政策、方针和路线，并坚定不移地执行。历史的经验告诉我们，"国家统一、民族团结、政权稳固"三大任务不仅是我们这一代，也是我们的子孙后代都必须担负的民族责任。因此，我们新政府要将三大任务当作我们的首要任务继续传承。为成功实现这三大任务，在我国需要发展壮大三股力量。一是政治力量；二是经济力量；三是国防力量。所谓政治力量就是指民族团结。对于一个有 100 多个民族聚居的国家，民族团结尤为重要。因此，要特别重视民族团结事业建设。根据经验，民族团结的实现不能只停留在嘴上，仅在谈判桌上也不能实现。要使地域分散的各少数民族地区合为一体，必须修建通向各少数民族地区的公路、铁路和桥梁。同时还要提高少数民族地区的教育和医疗水平。还要建设良好的经济基础，提升少数民族地区生活水平。随着道路的畅通，地区间交往也将随之频繁，各少数民族间的关系也将随之增进。这样，不仅在少数民族人民的物质生活上，少数民族人民的爱国主义精神也将得到提升。有关民族团结，至今都还有不接受走"七步民主路线图"和宪法的国外人士、组织、法律框架外的组织。这部分人士和组织也是我国的公民，其有着强烈的民族自豪感，应该把我们的政府看成是各民族、各阶层共同组成的政府。希望这些组织和个人不要在国际上发表任何损害我们国家声誉的言论，不要开展任何伤害我国公民的活动。在这里我需要提醒大家，虽然存在分歧，但为了国家的利益，我们将在共同的目标上开展合作。如果按照民主程序参加了大选，通过合法途径获得政权，我们将敞开和平的大门热诚欢迎。

我们将致力于强化作为第二力量的经济力量。如果没有强大的经济后盾，人民将会被歧视、受到打压。经济与政治是息息相关的。如果经济强大，人民生活水平得以提高，国内外的"黑暗势力"也就无法渗透破坏。我国是农业国家，历届政府都注重发展种植业，使我们不仅拥有足够的粮食，而且还有剩余。为了杜绝以后因人口增加而出现的粮食问题，我们正从事修建河坝、引水等农业基础设施建设。但是，农业发展并不是真正的发展，只是暂时性的，为了提高人民的收入水平，我们还要发展工业。我们国家有成为工业化国家的自然资源基础，但需要资金、能源、专家等等。如果我们拥有了上述条件并通过努力，必将实现成为工业化国家的目标。为此，目前新政府将继续大力发展农业，并为实现工业化国家这个目标而努力。

国防力量是维护国家独立和主权的基础，是我们世世代代必须建设发展的一项工作。如果国防力量薄弱，人民就会受到压迫剥削。持续达上百年的拥有独立自主、主权的贡榜王朝之所以会轻易地沦为殖民地，主要是因为没有一支强大的现代化军队。如果对待国防事业持马虎态度，我们将会被现代化所抛弃。大家都要有一种危机意识，新的殖民势力随时都有可能对不管是在地理上还是在经济方面都处在中心枢纽的我国实施侵略。因此，为了保卫国家，我们需要一支世界级的军队。我们要将我国现有的部队建设成为一支强大的、拥有强烈爱国心的现代化军队。保卫国家是全民的责任，因此，我们全民都要动员起来担负起保家卫国的责任。我们的政府还将按照相关规定认真贯彻落实 2008 年按照广大人民的意愿制定的缅甸联邦宪法。

　　尊敬的联邦议会议长和各位议员，在经济领域方面，过去几年里，我们建设了许多基础设施，颁布了许多法律、法律细则及相关法规，以促进市场经济的发展。对包括私人企业在内的所有体制进行了改革。因此，为尽早实现我们的市场经济体制和快速提高人民的生活水平，我们还需要对财政、税务等方面的政策做出修改调整。在经济政策方面实行市场经济体制，使我们的经济纲领得以实现，经济纲领的要点就是实行市场经济体制。实行市场经济体制的目的是将国家和地区中所有的组织、合作社及私人等经济实体联合在一起从事经济活动。此外，我国作为一个发展中国家，其经济主体是中小型企业，实行市场经济体制能为这些中小型企业提供许多机会。我们所展望的市场经济是一种本着国家和人民发展，该开放的要开放、该修改的要修改、该邀请的要邀请的一种市场经济体制，让全国的基层百姓享受到这种改革所创造的利益。而这种利及基层百姓、提高全民生活水平的改革就需要制定一些必需的法律法规。在市场经济体制上，各国的认知不同，因而实施的方法也各不相同。部分国家实行的是完全放纵的市场经济，部分国家实行的是政府介入并宏观调控的市场经济。我们国家实行的就是政府介入并宏观调控的市场经济。所谓的介入并宏观调控并不是控制市场的独立性，而是防止一些企业主操纵市场。并且介入调控仅仅是基于民族利益，在此过程中也将会尽可能地减少介入调控。在执行的过程中，还要考虑到缩小贫富差距、城乡差距和维持一个公平的市场经济体制。为增加就业率和获得先进的科学技术，需加大引进国外投资，设立经济特区，对国内少数民族企业主提供帮助，促进工业和制造业的快速发展。另外，要想国家发展和经济增

长，必须将工业放在主要位置。因此，军政府将不遗余力推动国家向
工业国家迈进。如今，我们已经迈出了成为一个发达工业国家的最开
始的一步，相信我们在将来的发展中也会拥有一个好的前景。因此，
我们在奋力迈向工业国家时，需要聚集农业领域的力量和国内外投资
等有生力量，以建立一个发达的工业国家。我们需要给农民和工人提
供更多的帮助，提高农民和工人的社会经济生活水平。在农业领域，
我们要完善保护农民权利的相关法规，制定合理的农产品价格，提高
农产品质量。工人方面，要为他们提供更多的就业机会，维护是市场
价格稳定，让他们享有工作福利和社会福利的权利。同时，需要按照
现在的社会水平协商制定出工人的最低月工资标准。不仅让国内的工
人享受到工人的权利，而且还要让国外的缅甸劳工享受到相关权利。
总的来说，农民和工人是国家的根本，他们应该劳有所获，享有平等
生活的权利。而我们政府正努力朝着这个方向努力。

　　尊敬的联邦议会议长和各位议员，在将我们国家建设成为新的繁
荣发展的现代化国家过程中，需要大量高素质的专家、学者。包括肩
负国家未来的新时代青年在内的全国民众能力素质大发展是最为基础
的需求。为此，我们要把教育提升到与国际水平持平的高度，要重视
鼓励能力素质的培养。

　　教育方面。我们划出了 24 个特别发展区，各省邦为提升教育水
平，建设了许多大学、学院。目前实行的义务教育制度要继续努力去
实现，还要努力提升已经建立的各大学、学院、高中、初中、小学的
教学水平，提升教育工作者的能力素质和生活水平，继续提升中学的
入学率，努力将其建设成为具有国际水平的学校。还要与联合国等国
际组织、非政府组织、国内社会组织、协会加强合作。同时，要颁布
相关法律，有力促进私立教育大发展。此外，为学习国外先进的教育
技术，要为那些成绩优秀和对教育有突出贡献的人士设立奖学金和教
育奖金。

　　卫生方面。要重视提升那些过去 20 年中建成的大型医院医疗水
平，加强医务工作者的能力素质培养。此外，还要努力提升乡村医疗
站医疗水平和医务人员的能力素质。为能达到这些目标，要与联合国
等国际组织、非政府组织、国内社会组织、协会加强合作。另一方

面，要颁布必要的法律，促进私立医疗机构有序发展。将来还要建立起国家、人民及其他组织共同参与的医疗制度，大力发展基础卫生事业。防治艾滋病、肺结核、疟疾的国家计划中还要与国际组织加强合作。

尊敬的联邦议会议长和各位议员，将来的新民主国家中，按照宪法规定，实行全民平等制度也是我们政府的首要工作。行贿受贿不仅会损害其他人的利益，还会影响国家和民族的声誉，要在人民的帮助下，对这类活动进行有效的打击。因此，要对现行法律进行必要的修改或者废除，或者制定颁布新的法律。为此，要尽快加强研究和分析，联邦议会据此方可开展法律起草工作。我们还要完成的一项工作便是保护环境。除要保护森林资源外，还要加强空气污染、水污染、工业废弃物污染的监管，加强对野生动物的保护。我们将制定一项经济发展与环境保护协调发展的制度。开展环境保护工作，需要人民及其他组织共同参与，进行广泛的知识宣传。施行有关环境保护的法律，并进行必要的修改补充，或者颁布新法律。我们还要继承并保护好已有的良好基础，建立长期发展战略；建设平等、团结的社会；保障公民的基本权利。在此，我承诺，这将是我们首要施行的国内政策。为实现刚才所提及的国内政策，联邦政府拟向相关议会提交对如下法律进行修改的提案：

一、修改与宪法不符的现行法律中的条款；

二、依据宪法提交确保公民基本权利的法律草案；

三、颁布有关公务员及退休公务员待遇的法律草案；

四、对制定保障农民生产的法律进行分析，与时俱进地修改现行法律并进行重新分析；

五、与时俱进地修改保障工人工作的法律并重新进行分析；

六、与时俱进地修改起草维护公民健康和社会保障的法律，并提交法律草案；

七、颁布提升教育水平和医疗水平的法律草案；

八、依据宪法修改颁布不符合时代特征的有关新闻媒体的法律；

九、颁布有关环境保护的法律，按照环境保护的需求，对有关工业、矿产业方面的法律进行修改；

十、为能在因气候变化而发生无法预料的自然灾害中实施救援、安置和预防自然灾害，重新分析并修改相应的计划。

尊敬的联邦议会议长和各位议员，在向大家汇报完国内有关方针政策后，再向大家汇报一下外交方面的方针政策。自独立以来，各届执政政府虽在政治、经济、政策方针、理论问题等方面存在分歧，但在外交政策方针方面却出奇地一致，奉行的是不偏不倚、独立自主的外交政策，在处理国际关系事务方面一直坚持着"和平共处五项基本原则"。"不盲从于任何大国的影响、国际关系方面不加入任何组织、不允许任何国家在缅甸领土设立军事基地、不挑衅或侵略任何国家、不干涉他国内政、维护国际和地区的安全与稳定"等方针一直都是缅甸引以为傲的外交方针政策。新政府将毫不动摇地继续秉承上述方针政策，与世界各国建立友好合作关系。此外，新政府一方面将积极加强与包括联合国在内的国际组织的合作，另一方面还要加强与东盟等其他区域性组织的合作，力争融入世界这个大家庭。因此，各国应该看到缅甸的进步，认可缅甸在实现民主和提高人民生活水平等方面所做的努力，特别是那些正对缅施加压力、实施制裁的国家及反缅政府组织应尽快停止阻碍缅甸发展的做法，支持根据宪法组建的新政府，现在是时候选择与新政府合作了，我们诚挚邀请你们与新政府合作，共同促进缅甸的发展。

尊敬的联邦议会议长和各位议员，自今天开始，缅甸将正式步入民主过渡的新时期，民主过渡的第一步多党民主大选已经举行，大选结束后还有很多工作要做。为确保国家的立法、司法、行政等所有方面的工作都严格按照宪法并以民主的方式开展，联邦政府与各省（邦）政府、联邦议会与各省（邦）议会须建立起加强合作同时又相互理解的机制，而参加各级立法议会的议员们也要形成相互信任相互理解的默契。此外，对于对"七步走民主路线图"持怀疑态度和对宪法拒不接受的人员，我们要展现出足够的诚意和耐心，慢慢消除其怀疑心态，逐步将其争取到为国为民的阵营中来。同时，对于"看不见"缅甸民主过渡进程的部分国家，我们要展示出我们的决心和努力，让其明白，缅甸正实实在在地推行真正的民主制度，正为实现缅甸的高度民主而付出努力。在推进民主进程的过程中，需在议员之间采取公开透明的民主程序，同样，在全国人民之间也需要施行公开公正的民主程序。在此，我代表新政府承诺，新政府将与议会内部各政党、议会外各有诚意的政治力量和地方各社会组织加强合作。此外，我呼吁每位爱国人士能为国为民遵纪守法，同时也警告那些破坏目前民主进程和破坏和平稳定的不守法人士立即停止违法行动。新政府欢迎所有符合宪法规定的促进行为，同时将对所有宪法之外的行为实施阻止和打击。民主只有辅之以良好的管理才能取得成功，为此，作为在民主过渡初期的新政府，我们将选择最好的管理制度来重点实施。

尊敬的联邦议会议长和各位议员，当前，我们都肩负着成功推行均衡自觉与独立的民主制度的任务。人民选出了议会议员，并从中产生了总统和政府各部部长，为了感谢广大人民对我们的信任，我们将广泛开展合作，履行好我们身上的责任。各政党在开展议会内部工作时，尽管存在政见方面的差异，但为人民谋利益的目标是相同的，应以此为基础谋求共同合作。同样地，各政党议员们在开展立法工作时，也要注意听从多数人的意见，同时尊重少数人的意见，只有相互理解和尊重，才能体现民主。特别在缅甸政治前景方面，政府与反对派不应再持相互矛盾的政见，而应以人民利益为重，在此基础上达成一致，成为"伙伴"和"共事人"。国家要获得稳定与发展，政府的法令必须彻底地得到贯彻和落实。不仅要在国内有威信，在国际上也要有一定的影响力，这样才能受到尊重。因此，一方面在实行休整和改组政府统治机器的同时，另一方面也要努力构建一个可靠而强有力的政府。

尊敬的联邦议会议长和各位议员，缅甸国家和平与发展委员会自1988年至今，在政治、经济、社会等各方面为未来的民主国家创建了坚实的基础。在此，我代表新政府对给我们未来民主国家创造出安全稳定，具有法制而又富有发展潜力基础的全国人民、军队及政府部门官员们表示衷心感谢。为此，联邦议会也提议将上述人员的功绩载入史册。

最后，我在此保证，我们将重视一致支持我们的人民的决定，坚决而长期地担负起国家和人民赋予的责任，为了国家和人民的美好未来，广泛开展公正、平等和自由，为将祖国建设成为高度民主的国家并使之永久长存而奋斗终生。同时，也呼吁全国人民与我们一起为了祖国的明天团结一致，共同奋斗！

（《缅甸新光报》2011 年 3 月 31 日）

附 录 二

缅甸总统吴廷觉就职演讲

我很高兴被联邦议会选举为总统，这是一件载入史册的大事。成为总统后，我将对联邦议会负责。根据 2015 年选举的结果产生了第二届议会与新政府，议会与新政府都是按照昂山素季领导的民盟的政策来组建的。新政府将致力于制定一部民族和解、国内和平、实现民主联邦制度的宪法，提高人民生活水平。此时此刻，我想强调两点，一是刚才我已宣誓就职，我将遵守我的誓言。二是新政府有责任制定适应本国国情、符合民主标准的宪法，百折不挠地实现民众盼望的国家目标。最后，新政府将努力不屈不挠地实现民众的期许，祝国民能安居乐业。

（《缅甸新光报》2016 年 3 月 31 日）

附 录 三

缅甸 2016 年大事记

1 月

1 日，吴登盛总统发表新年贺词表示，2016 年将是缅甸政治经济发展面临良好机遇的一年，相信 2016 年将使国家的发展明显提速。民盟主席昂山素季发表新年贺词称，值此新年之际，希望每个人都思考，将为国家带来什么样的新年礼物。国家需要和平、需要团结、需要发展，每位国民都有权利为此而努力。缅甸国防军总司令敏昂莱大将在新年贺词中强调，军队承担着维护国家和平稳定、团结发展的任务。2016 年将是国家民主制度进一步巩固和向前发展的特殊年份，军队将按照宪法赋予的职责，以国家利益为重，与新一届政府共同努力，履行使命。

6 日，缅甸国防军总司令敏昂莱大将会见了到访的印度海岸警卫队司令。双方就加强两军关系、基层军队在边境事务方面加强合作、加强交流培训等进行了会谈。

8 日，缅甸国家能源规划（Myanmar Energy Master Plan）启动仪式在内比都举行，规划是缅政府、非政府组织、社会团体及亚洲开发银行共同撰写，是基于未来十五年缅甸能源需求预测而制定的规划。

11 日，吴年吞副总统、缅甸国防军总司令敏昂莱大将分别会见了到访缅甸的英国国防参谋长霍顿一行。

11 日，缅甸国防军总司令敏昂莱大将会见了到访的中国外交部亚洲事务特使孙国祥一行。

12 日，吴登盛总统会见了到访缅甸的联合国秘书长特使南威哲，双方就在缅甸改革进程中继续加强合作及缅甸持久和平建设等进行了交谈。

12—16 日，缅甸联邦和平大会在内比都国际会展中心举行，吴登盛总统、人民院议长吴瑞曼、民族院议长吴钦昂敏、国防军总司令敏昂莱大将、民盟主席昂山素季等党政军要员、政府代表、议会代表、民族武装组织领导人和代表、政党代表、少数民族代表、外国驻缅甸使节、联合国机构和国际组织代表、观察员、协助组织和特邀人员等出席会议。吴登盛表示，召开联邦和平大会是为了更好地向即将上台的新一届政府移交和平工作。敏昂莱大将表示，和平的大门始终向尚未签署全国停火协议的民族武装组织敞开，他们可以按照自己的意愿参与签署全国停火协议。昂山素季表示，全国停火协议只是实现联邦和平的第一步，要不懈努力，促使所有的民族武装组织都在全国停火协议上签字。大会结束时通过了四项倡议。

18 日，美国副国务卿布林肯一行到访缅甸，期间，吴登盛总统会见了布林肯，双方就缅甸大选后美国为缅甸的改革与民主转型提供帮助等事宜进行了交谈。美国代表团还拜会了国防军副总司令梭温副大将和民盟主席昂山素季等。

22 日，缅甸内政部宣布，为庆祝首届联邦和平大会的顺利召开和世界佛教和平大会的召开，当局特赦了 102 名在押犯人，其中包括 1 名外国人。

22—24 日，世界佛教和平大会在缅甸实皆举行，吴登盛总统出席会议并发表讲话。

25 日，缅甸国防军总司令敏昂莱大将与民盟主席昂山素季在内比都举行会谈，双方就政权交接、国内和平、议会工作、新政府组建等事宜进行了坦诚交流。

25 日，吴登盛总统签发 2016 联邦议会法字 19 号，颁布《2016—2017 财年国民计划法》，计划新一财年 GDP 增长幅度为 7.8%。

28 日，吴登盛总统出席第一届联邦议会第十三次例会并发表讲话，对本届政府五年来的工作进行了回顾和总结，他指出，其任内推动签署了全国停火协议，为下一届政府继续开展和平工作奠定了良好的基础；经济上制定了 2010—2030 年缅甸二十年发展规划，2010—

2035 年缅甸工业发展展望和其他的概念计划，完成了三十年来首次全国人口普查，国家经济形势持续好转；外交上实现了与外国关系正常化，获得了贸易普惠权，美国也取消大部分制裁措施。最后，吴登盛总统再次保证，将有序顺利地移交权力。

2 月

1 日，第二届联邦议会人民院第一次例会正式开幕，会议选举吴温敏为新一届人民院议长、吴迪昆妙为人民院副议长。

2 日，中缅电力合作委员会第三次会议在内比都举行，缅甸电力部长吴钦貌梭、中国国家能源局副局长刘琦等出席会议。

3 日，第二届联邦议会民族院第一次例会正式开幕，会议选举吴曼温凯丹为新一届民族院议长、吴埃达昂为民族院副议长。

3 日，吴登盛总统和国防军总司令敏昂莱大将分别会见了到访的泰军总司令一行。

8 日，第二届联邦议会第一次例会正式开幕，吴登盛总统向新任联邦议会议长致函称，相信本届议会能够维护国家宪法，并重视按照宪法条款的规定进行努力。

15—17 日，缅甸副总统吴年吞一行赴美出席美国—东盟峰会。

17 日，国防军总司令敏昂莱大将与民盟主席昂山素季在内比都举行第三次会谈。

24 日，政府方与民盟举行第三次政权交接协调工作会议，并就 3 月初举行第四次协调会达成了一致。

3 月

1 日，第二届联邦议会第一次例会决定于 3 月 10 日提名新的总统副总统人选。会议还决定成立法律和特别事务评估委员会，推选吴瑞曼为委员会主席。

10 日，第二届联邦议会人民院和民族院各自提名了副总统人选，分别是：吴廷觉、赛茂康博士、吴亨利班提优、吴钦昂敏。3 月 11 日，经过不记名投票方式推选出三名总统副总统人选，分别是：吴廷觉、吴亨利班提优、吴敏绥（退役中将）。

11 日，政府和民盟第四次政权移交协调会议在内比都举行，会议就举行国家领导人权力移交仪式、行政改革原则、联邦各部人事产生程序等事宜进行讨论。

15 日，联邦议会举行总统选举，吴廷觉以 360 票高票当选为缅甸总统，投票总人数为 653 人，吴廷觉所获选票为最多，超过了选票总人数的一半。来自钦邦的吴亨利班提优得票为 79 票，仰光省行政长官吴敏绥获 203 票，两人均分别当选为第一、第二副总统。15 日和 17 日，吴登盛、敏昂莱分别致电祝贺吴廷觉当选新任总统。

22—25 日，缅甸副总统赛茂康博士出席在海南三亚举行的澜沧江—湄公河合作首次领导人会议和博鳌论坛。

25 日，仰光证券市场开始首日交易，首日参加交易的仅有 FMI 一家公司。仰光证交所于 2015 年 12 月 9 日正式开市，但开市之日并没有开始交易。

27 日，缅甸举行建军节七十一周年庆祝活动，吴登盛总统和夫人、国防军总司令敏昂莱大将和夫人等党政军要员、已签署和平停火协议的民族武装组织代表及各界代表等出席活动。

28 日，吴登盛总统签发 2016 年 1 号法令，撤销 2012 年 1 号若开邦紧急状态令。

30 日，上午 11 时 30 分，总统交接仪式在总统府内举行，吴登盛向新任总统吴廷觉移交了代表国家总统权力的绥带。下午 6 时 30 分，吴廷觉总统和夫人杜素素伦举行招待会，昂山素季作为特别贵宾出席招待会。国防军总司令敏昂莱大将和夫人、国防军副总司令梭温副大将和夫人等也出席了活动。

30 日，吴廷觉总统签发命令，宣布联邦政府、国家安全委员会、国家宪法法院、联邦选举委员会相关人事任命。

31 日，亚行发表 2016 年亚洲经济报告预测，认为 2016 财年缅甸经济增长率可望达 8.4%，上一财年由于缅甸全国大部分地区发生水灾，使缅甸经济增长率仅达 7.2%。

31 日，美国总统奥巴马发表声明祝贺吴廷觉就任新一届缅甸总统，贺电称美国希望成为缅甸的友好国家，希望与吴廷觉总统为首的缅甸新政府继续加强合作。

4 月

1—4 日，第二届联邦议会民族院、人民院围绕《国家顾问法》进行了激烈的讨论。虽然遭到议会中军人代表的抗议，仍然通过了该法案。

2 日，日本外相岸田文雄访问缅甸，分别与吴廷觉总统、昂山素季外长、敏昂莱大将举行会谈。

2 日，美国国际开发署署长盖尔·E. 史密斯访问缅甸。

4 日，前总统吴登盛前往彬乌伦机场附近一座寺院进行短期出家修行。

5—6 日，中国外长王毅一行到访缅甸，先后与缅甸外长昂山素季、总统吴廷觉、国防军总司令敏昂莱大将举行会谈。

7 日，国家顾问昂山素季签发国家顾问办（2016 年 1 号）公告宣布，将尽可能努力释放所有政治犯。

16 日，吴廷觉总统签发总统府 2016 年 33 号令，特赦 83 名人犯。

17 日，吴廷觉发表缅历新年贺词表示，本届政府将致力于民族和解、国内和平、出台一部真正符合联邦精神的新宪法、提高人民生活水平等方面的工作。

18 日，国家顾问昂山素季发表新年贺词阐释执政理念。

22 日，缅甸外长昂山素季在内比都的外交部内与各国驻缅甸外交使节见面，阐述新政府外交政策。

26 日，昂山素季出席第五次联邦级全国停火联合监督委员会工作会议，建议在未来一两个月内召开第二次彬龙会议。

28 日，美国新任驻缅甸大使马歇尔召开媒体见面会。

5 月

6 日，应老挝国家主席本扬 ·沃拉吉邀请，吴廷觉总统和国家顾问昂山素季一行赴老挝进行友好访问。

8 日，泰国总理特使、泰国外长敦·巴慕威奈一行到访缅甸。

9 日，全国民族和解与和平中心（NRPC）组建工作会议在内比都召开，昂山素季主持会议并发表讲话。

10 日，第二届联邦议会通过了决议组建国家顾问部。

13 日，国防军总司令敏昂莱大将会见缅甸新闻委员会成员和国内媒体记者时表示，军队希望永久和平，并已向昂山素季表明态度希望在五年内实现和平。在回答关于其本人的任职年限问题时，敏昂莱称，只要能工作，希望能在军队继续工作，尚没有退休的打算。

19 日，到访缅甸的中国外交部亚洲事务特使孙国祥一行拜会了缅甸国防军总司令敏昂莱大将，期间，双方就中缅两国友谊、缅甸和平事宜等进行了交谈。

19—20 日，吴廷觉总统一行前往俄罗斯的索契市出席东盟—俄罗斯对话国二十周年纪念首脑会议，期间，与普京总统进行了单独会谈。

22 日，美国国务卿克里访问缅甸，期间，拜会了缅甸外长昂山素季，双方就缅甸的民主发展、加强两国合作关系、美国更多地向缅甸投资等事宜进行了交谈。克里在缅期间还拜会了缅甸国防军总司令敏昂莱大将。

25 日，外交部长昂山素季在内比都会见联合国秘书长缅甸特使南威哲，双方就缅甸和平进程事宜、缅甸与联合国之间现在与将来的合作等事宜进行了交谈。

26 日，泰国总理会见前往泰国进行友好访问的缅甸国防军总司令敏昂莱大将，双方就国内和平、投资文化和旅游合作等事宜进行了交谈。

30 日，吴廷觉总统签发总统府 2016 年 23、24 号令，组成若开邦和平发展委员会和中央工作委员会，昂山素季担任主席。

6 月

2 日，缅甸计划财政部常务秘书长吴吞吞奈与日本驻缅甸大使分别代表本国政府签署日本政府向缅甸政府提供援助的三份文件。日本政府将提供援助 29.56 亿日元。

6 日，缅甸外长昂山素季和国防军总司令敏昂莱大将分别会见了到访缅甸的欧盟军事委员会主席，双方就加强缅甸与欧盟军方合作、将欧盟的军事经验分享给缅甸、欧盟继续对缅甸的和平人权和民主进程提供帮助等事宜进行了交谈。

6 日，缅甸外长昂山素季、国防军总司令敏昂莱大将、缅甸国防部长盛温中将分别会见了到访缅甸的日本防卫大臣一行。

7 日，国防军总司令敏昂莱大将会见中国驻缅甸大使洪亮，期间，双方就进一步加强两国友好关系、加强边境管理、结束民族武装矛盾、两国合作、创造就业机会和争取当地民众信任等事宜进行了讨论。

7—9 日，新加坡总理李显龙和夫人一行到访缅甸，两国领导人表示将进一步加强双方投资合作，并就缅甸和新加坡两国公民持普通护照互免签证到对方国家旅游、停留时限为三十天事宜进行换文。

9—12 日，联邦和平大会——21 世纪彬龙会议筹备委员会工作会议在仰光举行。会议对联邦和平大会——21 世纪彬龙会议的政治讨论议程框架进行了讨论。

12 日，应法国陆军总司令的邀请，缅甸国防军总司令梭温副大将一行前往法国出席国际国防、地面和空中安全展会。

13 日，吴廷觉总统和国防军总司令敏昂莱大将分别会见了到访缅甸的土耳其外长一行。缅甸外长昂山素季也会见了代表团一行，双方就增进友谊，加强合作等事宜交换了意见。

14 日，吴廷觉总统会见了到访缅甸的亚洲开发银行行长一行。缅甸外长昂山素季也会见了亚洲开发银行行长一行，双方就亚洲开发银行在包括道路交通等基础设施的改善和能源发展方面提供更多的贷款支持事宜进行了讨论。

14 日，蒙古共和国总统一行对缅甸进行工作访问。

15 日，缅甸外长昂山素季在会见亚洲各国驻缅甸大使时说：得到人民支持的外交政策才能够获得成功，外交政策成功了才能够服务于人民。

16 日，吴廷觉总统会见了到访缅甸的印度总理特别代表、印度国家安全顾问一行，双方就加强经济、贸易、科技和道路交通等方面的联系等事宜进行了交谈。

19 日，联合国人权报告撰写人李亮喜到访缅甸，这是新政府执政时间其首访缅甸行程，也是对缅甸的第四次访问行程。

23 日，吴廷觉总统前往距内比都彬马那镇以东约 26 英里处的上邦朗水电站视察。上邦朗水电站为装机容量 140 兆瓦的两台发电机组发电，年平均发电量为 4.54 亿千瓦·时，并已与国家电网并网供电。

23—25 日，应泰国总理巴育的邀请，缅甸国家顾问昂山素季前往泰国访问。

24 日，第五十四届缅甸珠宝交易会在内比都举行。

28 日，国家顾问昂山素季与已签署全国停火协议的八支民族武装组织代表举行会谈，各方一致同意，联邦和平大会最迟不超过八月底的最后一周举行。

7 月

1 日，联合国缅甸人权状况特别报告员李喜亮在仰光举行新闻发布会，称缅甸新政府致力于领导缅甸迈向民主社会，并为国家的长期可持续发展而努力，这将成为一个新的里程碑，但同时也将面对人权事务的新挑战。

1 日，昂山素季会见了前来参加湄公河—韩国商务论坛的韩国外交部副部长一行。本次论坛的主题是"湄公河次区域的投资机遇"。

4 日，外国人管理中央委员会工作会议在内比都召开，副总统吴敏缓出席会议并致辞，强调依法加强对缅甸外国人人身安全的保护，对于已被列入黑名单的人员和蓄谋破坏的人员必须进行认真检查。

6 日，昂山素季和敏昂莱大将分别会见了到访的中国国家安全部长耿惠昌一行，双方就两国关系、安全合作、边境安全、反恐和禁毒等事宜进行了交谈。

6 日，日本驻缅甸大使和日立公司总裁拜会缅甸副总统吴亨利班提优。双方就日本参与缅泰合作的土瓦经济特区项目投资合作、加大日本私营公司到缅投资、信息技术援助、人力资源培训援助、缅日贸易投资合作等事宜进行了交谈。

11 日，吴廷觉总统签署总统府 2016 年第 50 号令，组建以昂山素季为首的全国和解与和平中心。

13—15 日，吴廷觉总统出席在蒙古首都乌兰巴托举办的第十一届亚欧首脑会议，期间分别会见了中国总理李克强、蒙古总统、克罗地亚总统、挪威外交大臣、印尼副总统、荷兰首相、卢森堡首相、芬兰总理和孟加拉国总理等。

14 日，昂山素季出席在内比都召开的若开邦和平发展工作会议，强调实现和平需要务实努力。

19 日，缅甸举行 69 周年烈士节纪念活动。吴廷觉总统前往泽贡寺向高僧布施，昂山素季、敏昂莱大将等出席在烈士陵园内举办的纪念活动。

18—20 日，参加全国停火协议签字的民族武装组织领导人会议在泰国清迈召开，并发表公告。本次会议参会人员共 41 人，包括已参加全国停火协议签字的八支民族武装组织领导人、代表和顾问等。

20 日，昂山素季会见了到访缅甸的美国战略与国家安全合作顾问本·罗兹。本·罗兹还向昂山素季递交了奥巴马总统邀请其访问美国的邀请信。

22 日，木姐 105 码贸易区内的贸易中心开业仪式在贸易区内举行。贸易中心的开业将进一步促进掸邦北部，特别是木姐贸易的发展。

23—26 日，缅甸外长昂山素季出席在老挝万象举办的第 49 届东盟外长会议及系列会议。

26—30 日，各民族武装组织全会在克钦邦的迈扎央举行。本次会议除德昂民族解放军（TNLA）、果敢同盟军（MNDAA）、那加兰组织（NSCN-K）和佤联军（UWSA）四支民族组织外，其余组织均到会。

29 日，计划与财政部在内比都举办国家经济政策说明会，公布了 12 项国家经济政策。昂山素季出席会议并发表讲话，称将实行以全国和解为基础的经济政策，尽可能在全国实现平衡发展。

30 日，拜会了昂山素季、国防军总司令敏昂莱大将等会晤来访的孟加拉国总理特使。

31 日，柬老缅越（CLMV）四国旅游合作会议在仰光举行，副总统吴亨利班提优出席会议并致辞。会上，四国签署了加强旅游合作的谅解备忘录，并发表了联合声明。

8 月

1 日，以丁妙温博士为首的和平委员会与第四特区（勐拉军）代表在仰光举行会谈。

3 日，甘波沙银行首个驻国外的代表处在泰国曼谷开业，这也是首家向国际市场迈进的缅甸私营银行。

4 日，昂山素季出席教育部在内比都举行的教育发展研讨会并致辞，称只有教师们愿意学，才能够培养出一颗教好学生的心。教师们不仅要教学生们有个好记性，还要教他们有思想。

5 日，吴廷觉总统与到访的老挝国家主席会谈，昂山素季和老挝外长沙伦塞签署缅甸—老挝友谊大桥管理协定。

8 日，民盟仰光总部举行了隆重的"8888"民主运动 28 周年纪念活动。

8—11 日，民族和解与国内和平研讨会在内比都巩发党总部举行，党主席吴登盛出席会议，并就缅甸历史、民族和解、联邦和平建设进程和致力于民族团结的联邦制建设等发表讲话。

11 日，昂山素季、敏昂莱大将、缅甸联邦议会法律与特别事务调查委员会主席吴瑞曼、巩发党主席吴登盛等分别会见到访的中联部部长宋涛。

12—15 日，缅甸政治谈判原则框架讨论会在仰光举行，已签署全国停火协议的八支民族武装组织和尚未签署全国停火协议的八支民族武装组织代表均出席会议。

17—19 日，昂山素季率团访问中国。期间，与习近平主席、李克强总理举行了会谈，就缅中双方继续加强两国战略合作伙伴关系、保持两国领导人之间的高层互访等进行了交流。期间，双方发表了联合声明。

22 日，吴廷觉总统和昂山素季会见了到访的印度外交国务部长一行，就加强两国的贸易关系以及在卫生、能源和农业领域的合作事宜进行了交谈。

24 日，缅甸组建以联合国前秘书长安南为首的若开顾问委员会。该委员会共由 9 人组成，其中 6 名成员来自缅甸社团和社会组织、3 名成员为外国专家学者。

25 日，昂山素季会见了到访缅甸的日本首相特别顾问 Hiroto IZU-MI。双方就仰光发展规划事宜、农业发展、迪洛瓦经济特区发展、国家的长远发展、创造就业机会等进行了交谈。

27—30 日，吴廷觉总统访问印度，拜会了印度总统、总理，就两国关系和国际事务进行了广泛的讨论。期间与印度签署了民族药品、可再生能源和基础设施建设的合作谅解备忘录。

30 日，昂山素季会见了来访的联合国秘书长潘基文，就缅甸与联合国关系的现状及未来的合作等进行了交谈。

31 日，柬老缅越（CLMV）四国旅游线路（Four Countries-One Destination）会议在仰光举行。

31 日，缅甸联邦和平大会暨 21 世纪彬龙会议在内比都开幕。本次会议于 9 月 3 日闭幕。

9 月

3—9 日，联合国前秘书长安南一行访问缅甸，并在若开邦和内比都就若开邦事务调研。

6 日，敏昂莱大将会见了到访的中国中央军委副主席许其亮上将一行，双方就提升两军战略伙伴关系、加强边境管理合作、中国为缅甸民族和解与和平进程提供帮助等事宜进行了交谈。

6—8 日，昂山素季参加在老挝万象举行的出席第二十八届和第二十九届东盟峰会及系列会议，期间分别会见了越南、日本、新西兰和印度总理。

6—9 日，敏昂莱大将、副总统吴敏绥和昂山素季分别会见了到访的中国中央军委副主席许其亮上将一行。

9 日，密松电站项目当地民众新闻发布会在密支那举行。该新闻发布会组织委员会主席吴杜康称，将努力使因密松电站项目而搬迁的当地民众搬回原住地，并联合各个组织继续反对密松电站项目的实施，直到该项目完全停止。

10—13 日，副总统吴敏绥出席第十三届中国—东盟博览会和中国—东盟商务与投资峰会，并会见了云南省委书记、省长陈豪。

10—25 日，国家顾问昂山素季出席第七十一届联大会议并顺道访问英国、美国。

12 日，日本驻缅甸大使和缅甸计划财政部副部长吴貌貌温签署了一项政府间合作文件，日本政府将向缅甸提供 5 亿日元的援助，用于社会经济发展项目。

13 日，缅甸全球投资论坛在内比都举行，缅甸相关政府部长以及国内外企业家和媒体代表出席。

17—19 日，缅甸经济特区中央委员会主席、副总统吴亨利班提优一行前往迪洛瓦和图瓦经济特区视察。

25 日，联邦和平对话委员会与团结各少数民族联合委员会（UN-FC）的代表团在泰国清迈举行会谈。

25 日，缅甸宣布加入《全面禁止核试验条约》。

27 日，吴廷觉总统、国防军总司令敏昂莱大将分别会见了到访缅甸的中国国务委员、公安部部长郭声琨。

31 日，吴廷觉总统、议会两院院长和国防军总司令等分别会见了到访缅甸的联合国秘书长潘基文。

10 月

1 日，副总统吴敏绥出席在内比都举行的第五十二届缅甸警察节庆祝活动，并在致辞中表示，为了提高警察部队的战斗力、增进忠诚度和公平公正地为人民服务，将加大财政方面的支持力度。

4 日，吴廷觉总统签发〔2016〕联邦议会法字 38 号，颁布《和平集会与和平游行法》。

5 日，缅甸国防军副总司令梭温副大将会见到访的美国太平洋总部副司令克拉奇菲尔德中将。

5 日，英国下院议长约翰伯考一行访缅，分别拜会了人民院议长吴温敏、民族院议长曼温凯丹、联邦议会公众财务合作委员会主席吴埃达昂等。

9 日，若开邦发生大规模袭警事件，导致多名警察伤亡。

14 日，缅甸有关国家安全保卫工作的特别会议在总统府内举行，讨论若开邦暴力袭警事件及安全形势。

15 日，缅甸全国停火协定签署一周年庆祝活动在内比都举行，昂山素季和敏昂莱大将出席会议并发表讲话。

16—20 日，昂山素季出席在印度果阿举行的金砖国家领导人和"环孟加拉湾多领域经济技术合作倡议"成员国领导人会议。期间，昂山素季会见了习近平主席，印度总统、总理和外长等。随同访问的外交部副部长吴觉丁同印度保险机构和印度电力部签署了有关保险和电力领域合作的谅解备忘录。

18 日，吴廷觉总统签发 2016 联邦议会法字 40 号，颁布新的投资法。

18—21 日，政治谈判原则框架重新评审会议在内比都举行。

21 日，迪洛瓦经济特区 B 期项目建设合同签署仪式在内比都举行。已有 17 个国家的 72 位投资人获准在该特区内投资建厂运营。

21 日，缅甸警察部队与总部设在西班牙的欧盟人民基金会签署合作文件，据此，双方将开展由欧盟提供 5000 万欧元的援助、为期五年（2016—2020 年）的警察培训合作项目。

23 日，缅甸青年创新企业家协会主办的首届缅甸企业家峰会在内比都举行。

26—28 日，吴廷觉总统参加在越南河内举办的第七届伊洛瓦底江—湄南河—湄公河经济合作战略首脑会议和第八届柬老缅越四国首脑会议。

28 日至 11 月 3 日，敏昂莱大将等一行到中国进行友好访问，与习近平主席等会晤。

30 日，第三十七届东盟议会会议开幕式在内比都举行。本次会议于 10 月 2 日闭幕。

11 月

1 日，缅甸副总统吴敏绥会见了到访缅甸的印度海军司令一行。

1—5 日，昂山素季访问日本，与安倍首相、日本天皇会晤。期间缅甸计划财政部长吴觉温与日本驻缅甸大使分别代表本国政府签署了合作文件。

2 日，国家顾问部发布公告，称为了促进经济发展，消除腐败，民众可对政府部门工作人员的贪腐行为进行实名举报，政府对举报者将予以保密。

7 日，吴廷觉总统发电祝贺克伦邦六十一周年邦庆。

11 日，密松电站项目联合调查委员会发布初步调查报告。

16 日，湄公河光明行项目启动仪式在内比都举行，中国驻缅甸大使洪亮等出席并致辞。

16 日，国家顾问部组建新闻发布委员会负责发布有关若开邦恐袭事件的消息，委员会主席为国家顾问部副部长吴钦貌丁。

22 日，第三届缅甸—欧盟人权讨论会在外交部内举行。昂山素季会见欧盟人权特使一行。

22 日，敏昂莱大将会见了到访的泰军总司令素拉蓬·素万纳阿将军一行。

25 日，缅中两国外交部、国防部 2 + 2 高级别磋商首次会议在内比都举行。

28 日，边境与民族地区发展中央委员会工作会议在内比都举行，昂山素季出席并致辞，称边境地区与少数民族地区的发展关系全国的发展，政府的目标是要建设一个联邦制、全体民族参与的稳定国家。

30 日至 12 月 3 日，昂山素季访问新加坡。双方就新加坡—缅甸职业学校合作延期、避免双重征税和练过公民互免签证等进行交流。自 2016 年 12 月 1 日起，持普通护照的缅新两国公民互免签证协议正式生效，两国持普通护照的公民可免签证到对方国家，允许居留的时间为 30 天。

12 月

1 日，缅甸成立若开邦孟都事件调查委员会，由第一副总统吴敏绥担任主席。

5 日，吴廷觉总统、敏昂莱大将会见了到访的马来西亚军队总司令一行，就加强两国人民间友好关系、进一步促进两国投资贸易发展等事宜进行了交谈

6 日，昂山素季会见了到访的印尼外长蕾特诺一行，就印尼为若开邦提供人道主义援助等事宜进行了商谈。

12 日，联邦和平对话委员会与和平进程小组（PPST）在仰光举行工作协调会议，会议就举行国家级政治对话、成立监督国家级政治对话委员会、举行各级别政治对话的时间表、成立 21 世纪彬龙会议工作委员会等事宜进行了讨论。

13 日，吴廷觉总统致电祝贺若开邦 42 周年邦庆。

19 日，缅甸外长昂山素季在内比都会见东盟各国外长们，就孟都事件向东盟各国的外长们进行了说明，希望外界能够给予更多的时间和耐心。会上达成两条共识，一是缅甸政府同意将若开事务的信息向东盟通报共享，二是珍视东盟国家提供的人道主义援助。

20 日，缅甸在内比都举行和平进程基金协调组织（Joint Coordi-

nating Body for Peace Process Funding-JCB）成立大会。

21 日，联邦停火联合监督委员会（JMC）首次全会在内比都举行，就如何解决面临的困难和挑战事宜进行了讨论。

23 日，缅甸与日本签署勃固大桥 310.51 亿日元的政府援助贷款项目文件。

29 日，昂山素季出席在内比都举行的克伦族新年庆祝活动。

参考文献

一 中文文献

［英］安德鲁·海伍德：《政治学》，张立鹏译，中国人民大学出版社 2015 年版。

包刚升：《政治学通识》，北京大学出版社 2015 年版。

包刚升：《民主崩溃的政治学》，商务印书馆 2014 年版。

［美］保罗·皮尔逊：《时间中的政治：历史、制度与社会分析》，黎汉基、黄佩璇译，江苏人民出版社 2014 年 5 月版。

［美］本尼迪克特·安德森：《想象的共同体：民族主义的起源与散布》，吴叡人译，上海人民出版社 2003 年版。

陈明华：《当代缅甸经济》，云南大学出版社 1997 年版。

［美］戴维·伊斯顿：《政治生活的系统分析》，王浦劬译，华夏出版社 1999 年版。

［英］厄内斯特·盖尔纳：《民族与民族主义》，韩红译，中央编译出版社 2002 年版。

［美］弗朗西斯·福山：《历史的终结及最后之人》，黄胜强、许铭原译，中国社会科学出版社 2003 年版。

［英］弗尼瓦尔：《缅甸社会经济史纲要》，王泰译，商务出版社 1944 年版。

［英］哈威：《缅甸史》，姚梓良译，商务印书馆 1974 年版。

贺圣达：《缅甸史》，人民出版社 1992 年版。

贺圣达：《当代缅甸》，四川人民出版社 1993 年版。

贺圣达：《东南亚文化发展史》，云南人民出版社 1996 年版。

贺圣达、李晨阳：《列国志：缅甸》，社会科学文献出版社 2009

年版。

［德］卡尔·施米特：《合法性与正当性》，冯克利等译，上海人民出版社 2015 年版。

［美］肯尼思·华尔兹：《国际政治理论》，信强译，上海人民出版社 2008 年版。

李晨阳主编：《缅甸国情报告（2012—2013）》，社会科学文献出版社，2014 年版。

李晨阳、全洪涛主编：《缅甸法律法规汇编（2008—2013 年）》，经济管理出版社 2014 年版。

李谋、姜永仁：《缅甸文化综论》，北京大学出版社 2002 年版。

李谋：《缅甸与东南亚》，中国出版集团 2014 年版。

李元书：《政治发展导论》，商务印书馆 2001 年版。

梁英明：《近现代东南亚（1511—1992）》，北京大学出版社 1994 年版。

廖亚辉：《独立以来缅甸政治转型问题研究》，中国社会科学出版社 2016 年版。

［法］卢梭：《社会契约论》，何兆武译，商务印书馆 2003 年版。

［德］马克斯·韦伯：《学术与政治》，钱永祥等译，广西师范大学出版社 2004 年版。

马戎：《民族与社会发展》，民族出版社 2001 年版。

［缅］貌貌：《缅甸政治与奈温将军》，赵维扬等译，云南省东南亚研究所 1983 年版。

宁骚：《民族与国家：民族关系与民族政策的国际比较》，北京大学出版社 1995 年版，

派伊：《东南亚政治制度》，刘笑盈译，广西人民出版社 1993 年版。

潘维：《比较政治学理论与方法》，北京大学出版社 2014 年版。

［法］让·马克·夸克：《合法性与政治》，佟心平、王远飞译，中央编译出版社 2002 年版。

［美］塞缪尔·亨廷顿：《变化社会中的政治秩序》，王冠华等译，上海人民出版社 2008 年版。

［美］塞缪尔·亨廷顿：《第三波：20 世纪后期的民主化浪潮》，欧

阳景根译，中国人民 大学出版社 2013 年版。

[苏] 瓦西里耶夫：《缅甸史纲（1885— 1947）》，中山大学历史系东
　　南亚史研究室和外语系编译组合译，商务印书馆 1975 年版。

王缉思主编：《国际战略评论》，世界知识出版社 2016 年版。

王联：《世界民族主义论》，北京大学出版社 2002 年版。

杨长源：《缅甸概览》，中国社会科学出版社 1990 年版。

[德] 尤尔根·哈贝马斯：《交往与社会进化》，张博树译，重庆出版
　　社 1989 年版。

张锡镇：《当代东南亚政治》，广西人民出版社 1995 年版。

中国东南亚研究会：《东南亚史论文集》，河南人民出版社 1999
　　年版。

钟智翔、李晨阳：《缅甸武装力量研究》，军事谊文出版社 2004
　　年版。

周丕启：《合法性与大战略：北约体系内美国的霸权护持》，北京大
　　学出版社 2005 年版。

祝湘辉主编：《缅甸国情报告（2015—2016）》，社会科学文献出版社
　　2017 年版。

祝湘辉主编：《缅甸国情报告（2017）》，社会科学文献出版社 2017
　　年版。

二　缅文文献

丹吞：《新缅甸史纲》，仰光信念出版社 2017 年版。

丁梭：《昂山将军的经济观点》，仰光人民出版社 1974 年版。

觉德：《缅甸联邦政治史》，仰光耶德那崩出版社 2015 年版。

钦纽：《我国西部边境的冲突》，仰光百花文学出版社 2016 年版。

钦纽：《我一生所见所闻》，仰光百花文学出版社 2016 年版。

拉德绵：《简明缅甸史》，仰光健康出版社 1971 年版。

缅甸社会主义纲领党：《人和环境相互关联的体系》，仰光文学宫出
　　版社 1963 年版。

宁基达亚：《缅甸的行政制度（19 世纪到 20 世纪）》，仰光妙瓦底出
　　版社 1993 年版。

吴巴开：《缅甸政治史》，仰光古玛拉出版社 1966 年版。

吴登佩敏：《登佩敏的政治经验》，仰光瑞卑旦出版社 1956 年版。

吴觉梭莱：《和平进程亲历者的分析》，仰光摩诃随出版社 2016 年版。

吴觉梭莱：《四年和平进程回顾》，仰光摩诃随出版社 2016 年版。

吴觉温等：《少数民族问题与 1947 年宪法》，仰光大学出版社 1990 年版。

吴勒貌：《缅甸政治史》，仰光文学宫出版社 1974 年版。

吴敏基：《1958—1962 年缅甸政治》，仰光吴通丁大学出版社 1991 年版。

丹温莱：《军事强人吴丹瑞的一生》，仰光瑞佐曼出版社 2017 年版。

三　英文文献

Bertil Linter, *Burma in Revolt*, *Opium and Insurgency Since* 1948, Boulder, Colorado: Westview Press, 1994.

Bertil Lintner, *Aung San Suu Kyi & Burma's Struggle for Democracy*, Chiang Mai: Silkworm Books, 2011.

Christopher Roberts, *ASEAN's Myanmar Crisis: Challenges to the Pursuit of a Security Community*, Singapore: Institute of Southeast Asian Studies, 2010.

David Beetham, *The Legitimation of Power*, Atlantic Highlands: Humanities Press International, 1991.

David Beetham and Christopher Lord, *Legitimacy and the European Union*, London: Addison-Wesley Longman Limited, 1998.

David Steinberg, *Burma/Myanmar: What Everyone Needs to Know*? Oxford: Oxford University Press, 2013.

De Silva, K. M., *Ethnic conflict in Buddhist societies: Sri Lanka, Thailand, and Burma*, Boulder, Colorado: Westview Press, 1988.

Dietrich Rueschemeyer, Evelyne Huber Stephens and John D. Stephens, *Capitalist Development and Democracy*, Chicago: University of Chicago Press, 1992.

Donella H. Meadows and Diana Wright, *Thinking in Systems*, *A Primer*, London: Chelsea Green Publishing, 2008.

Donald Eugene Smith, *Religion and Politics in Burma*, Princeton, New Jersey: Princeton University Press, 1965.

E. R. Leach, *Political Systems of Highland Burma: A Study of Kachin Social Structure*, London: the Athlone Press, 1970.

Gustaaf Houtman, *Mental Culture in Burmese Crisis Politics: Aung San Suu Kyi and the National League for Democracy*, Tokyo: Institute for the Study of Languages and Cultures of Asia and Africa, Tokyo University of Foreign Studies, 1999.

Ian Clark, *Legitimacy in International Society*, Oxford: Oxford University Press, 2005.

John F. Cady, *A History of Modern Burma*, Ithaca: Cornell University Press, 1958.

Jonathan Rigg, *Southeast Asia: The Human Landscape of Modernization and Development*, 2nd ed. , London: Routledge, 2003.

Josef Silverstein ed. , *The Political Legacy of Aung San*, *Revised edition*, Ithaca: Cornell University Press, 2016.

Khin Maung Kyi et al. , *Economic Development of Burma: A Vision and a Strategy*, Stockholm, Sweden: Olof Palme International Center; Singapore: Singapore University Press, 2000.

Kyi May Kaung, *Modernization, breakdown and structural configurations: Retrogression in Burma* (1962 – 1988), Pennsylvania: Scholarly Commons, 1994.

Laurent Goetschel ed. , Small States Inside and Outside the European Union, Boston: Kluwer Academic Publishers, 1998.

Li Chenyang, Chaw Chaw Sein and Zhu Xianghui, eds. Myanmar: Reintegrating into the International Community, Singapore: World Scientific Publishing Co. Pte. Ltd. , 2016.

Lucian W. Pye, Politics, Personality, and Nation Building: Burma's Search For Identity, New Haven and London: Yale University Press,

1963.

Martin Smith, Burma, Insurgency and The Politics of Ethnicity, London: Zed Books, 1999.

Martin Wight, Systems of States, Leicester: Leicester University Press, 1977.

Michael Mann, The Sources of Social Power, Vol. II, The Rise of Classes and Nation-States, 1760 – 1914, London: Cambridge Universtity Press, 1993.

Mikael Gravers, Nationalism as Political Paranoia in Burma, Norfolk: Biddles Ltd, Guildford and King's Lynn, 1999.

Mikael Graves, ed. , Exploring Ethnic Diversity in Burma, Copenhagen, Denmark: Danish Institute for International Studies (DIIS) Press, 2007.

Minoru Kiryu ed. , Industrial development and reforms in Myanmar: ASEAN and Japanese perspectives, Bangkok: White Lotus Press, 1999.

Mya Than & Joseph L. H. Tan, eds. , Myanmar Dilemmas and Options: The Challenge of Economic Transition in the 1990s, Singapore: ASEAN Economic Research Unit, Institute of Southeast Asian Studie, 1990.

Nikolas Myint, Myanmar-National Community Driven Development Project: procurement plan, Washington, D. C. : World Bank Group.

Norma Bixler Bixler, Burma, a profile, Connecticut: Praeger Publishers, 1971.

Philip Spencer and Howard Wollman, Nationalism: A Critical Introduction, London: SAGE Publications Ltd. , 2002.

Robert Jervis, System Effects: Complexity in Political and Social Life, Princeton, New Jersey: Princeton University Press, 1997.

Seymour Martin Lipset, Political Man, New York: Anchor Books, 1963.

T Chong, Modernization Trends in Southeast Asia, Singapore: Institute of Southeast Asian Studies, 2005.

Thant Myint U, The Making of Modern Burma, Cambridge: Cambridge University Press, 2001.

Trevor Wilson, ed. , Myanmar's Long Road to National Reconciliation, Singapore: ISAS, ISEAS-Yusof Ishak Institute, 2006.

Zaw Oo and Win Win, Assessing Burma's Ceasefire Accords, Washington: East-West Center, Policy Studies 39 (Southeast Asia), 2017.

后　记

　　2011 年吴登盛上台以来，缅甸进入了政治转型期。此后缅甸变革幅度之大，远远超过了世人的预期，引起了全世界各国的关注。2016 年昂山素季领导的民盟执政，缅甸迎来了民主转型的新阶段。然而学界对于缅甸这一时期发生的变化，包括其政治转型的机制和政府内外政策的调整，到目前为止都鲜有总结和理论归纳。

　　2009—2011 年间我从云南大学借调到中石油东南亚管道公司驻内比都和驻曼德勒办公室，参加中缅油气管道的建设工作，亲历了缅甸从军政府到民选政府过渡中的种种变化，2010 年大选中缅甸选民兴奋而又小心翼翼地去投票的情景历历在目。2014—2016 年间，我从云南大学借调到中国驻缅甸使馆新闻和公共外交处工作，再次目睹了从巩发党到民盟的政党轮替，民盟党员在 2015 年胜选后走上街头，表现出压抑不住的狂喜和沸腾。缅甸政治转型引起了我浓厚的兴趣，但是由于当时工作繁忙，我并没有时间对它进行系统的归纳和总结。一直到回到云南大学，我才重新对其背景、原因和影响进行了回顾，在此基础上结合政治学理论进一步分析。因此本书是对 2011—2017年间缅甸政治发展过程的观察和思考。

　　我要感谢云南大学社科处处长、缅甸研究院院长李晨阳，如果没有他的鼎力协助，本书不可能出版。我还要感谢云南大学缅甸研究院孔建勋、孔鹏、杨祥章、钱泉、孟姿君和何雪情，周边外交研究中心的刘稚、卢光盛、吕星、邹春萌、罗圣荣和梁晨等各位同事，他们给予我各种帮助，使我获益匪浅。云南大学张添博士撰写了本书前两章和最后部分，为本书作出了极大贡献。当然，本书仍然可能存在瑕疵或错误，如果它们存在的话，那么责任全部在我一身。

祝湘辉

于昆明云南大学

2018 年 10 月 31 日